大学英语混合式教学研究

石楚瑀 ◎ 著

吉林出版集团股份有限公司

图书在版编目（CIP）数据

大学英语混合式教学研究 / 石楚玛著.— 长春：吉林出版集团股份有限公司，2023.9

ISBN 978-7-5731-4310-5

Ⅰ．①大… Ⅱ．①石… Ⅲ．①英语－教学研究－高等学校 Ⅳ．①H319.3

中国国家版本馆CIP数据核字（2023）第178263号

大学英语混合式教学研究
DAXUE YINGYU HUNHESHI JIAOXUE YANJIU

著　　者	石楚玛
责任编辑	王　平
封面设计	林　吉
开　　本	787mm×1092mm　　1/16
字　　数	220千
印　　张	14
版　　次	2023年9月第1版
印　　次	2024年1月第1次印刷
出版发行	吉林出版集团股份有限公司
电　　话	总编办：010-63109269
	发行部：010-63109269
印　　刷	廊坊市广阳区九洲印刷厂

ISBN 978-7-5731-4310-5　　　　　　　　　　　　定价：78.00元

版权所有　　侵权必究

前　言

语言作为不同文化交流的工具，其形成与文化有着千丝万缕的联系。只有真正了解语言内蕴的文化，才能得心应手地加以应用。鉴于英语在全球文化交流中的核心地位，中国高校不仅十分重视大学英语教学，而且从未停止其教改探索的步伐。随着教育观念的更新与现代化教育技术的进步，混合式教学应运而生并逐渐彰显强大的生命力。它打破了以往单一的教学模式，融线上线下教学优势。不仅促进了师生互动交流，优化了自主学习空间，方便学生随时随地学习，而且激发了学生学习的积极性与创造性，提高了灵活应用英语的能力，使大学英语教学质量明显提升。

大学英语混合式教学是线上与线下教学的有机融合，即将线上线下各环节无缝衔接，使讲授、交流、练习等教学活动在灵活多样的教学手段安排下更加连贯有序、形成一体。这就要求教师在课前必须做好充分准备，精心设计每个教学细节。如课前，安排学生观看线上课程视频，加深对英语语言文化的了解，这既保证了教学的顺利进行，也节省了课堂教学时间；课中，学生跟随教师指导进一步巩固线上课堂知识。又如在口语教学中，线上平台拥有丰富的英美文化背景资料和地道的英语交流视频，可为学生提供良好的语言输入与输出环境，并学到实用的交流技巧与知识；在线下课堂教学中，师生、生生之间能面对面地开展更深入、充分的口语交际，进而使学生的口语交际能力实现实质性提升。可见，混合式教学深化了学生对英语语言知识的理解和应用，最大化发挥了教学效果。

大学英语混合式教学具有线上线下相融合、师生互动多样化及坚持以学生为主体的特点。但高校在其创新发展中面临着监管力度不够以及学生存在语言障碍与技术运用难题、师生互动效果不佳等困境。对此，高校要有效整合线上线下教学模式，基于学生需求构建移动学习模式，并建立多元化评价机制，不断提升学生自主学习的质量及其对教学资源的利用水平，从而培育更多英语语言文化知识丰富、应用能力强的高素质人才。

石楚瑀

2023 年 4 月

目 录

第一章　大学英语教学综述 … 1
第一节　大学英语教学的理论 … 1
第二节　大学英语教学的因素 … 22
第三节　大学英语教学现状与存在的问题 … 24

第二章　大学英语学科教学模式 … 53
第一节　大学英语教学模式概述 … 53
第二节　结构和认知取向的英语教学模式 … 58
第三节　功能取向的英语教学模式 … 63
第四节　任务取向的英语教学模式 … 67
第五节　社会文化互动取向的英语教学模式 … 73
第六节　全语教学模式 … 77

第三章　信息技术与大学英语的混合式教学 … 80
第一节　信息技术与英语教学深度融合的机遇与挑战 … 80
第二节　信息技术与英语教学深度融合的内涵与本质 … 89
第三节　信息技术与英语教学融合模式与创新 … 94

第四章　线上线下混合式大学英语教学 … 116
第一节　高校英语混合式教学线上线下衔接问题 … 116
第二节　基于教学翻译的线上线下高校英语教学设计 … 121
第三节　高校英语线上线下翻转式教学实施路径探索 … 123
第四节　线上线下协同教育模式下英语课堂学习焦虑 … 129

第五节	基于 MOOC 的高校英语"线上线下"混合式教学	135
第六节	基于在线直播课的高校英语"线上线下"混合式教学	142

第五章　大数据时代下的英语混合教学 150

第一节	大数据时代下高校英语教学改革	150
第二节	大数据高校英语翻转课堂教学模式	154
第三节	大数据高校英语空间教学行为优化	159
第四节	大数据对高校英语教育教学的影响	169
第五节	大数据时代高校英语数字化教学的转型	173
第六节	大数据背景下英语教学的微传播	177

第六章　混合式教学模式下大学英语 ESP 和 EGP 融合教学 182

第一节	ESP 教学研究	182
第二节	ESP 教学与需求分析	185
第三节	ESP 教学与 EGP 教学	188
第四节	大学 ESP 课程的建构	191

第七章　大学英语与文化自觉的混合式教学 196

第一节	大学英语教材中的文化自觉及其实现	196
第二节	大学英语教学与文化帝国主义	205
第三节	在英语教学中培养大学生母语文化自觉和自信的路径探讨	212

参考文献 217

第一章 大学英语教学综述

第一节 大学英语教学的理论

一、创客式高校英语教学理论

（一）教学的内涵

1. 创客教育与创客

近年来，一种全新的教育形式——创客教育正在全球教育领域兴起。最早发展创客教育的是美国，主要标志性事件有：2009 年美国总统奥巴马在"教育创新（Educate to Innovate）"大会上发言，以及美国政府于 2012 年启动的"创客教育计划"（Maker Education Initiative，MEI）。创客教育作为重在培养学生创造与创新能力的新型教育方式，一经提出迅速在全球教育界风靡，在许多国家的包括初等教育和高等教育的各个层面都受到了越来越多的重视。

（1）创客教育的起源。创客教育起源于创客运动即美国的"maker movement"。而"创客"一词来源于英文单词"Maker"，是指出于兴趣与爱好，努力把各种创意转变为现实的人。创客的起源可以追溯到 2001 年美国 MIT 比特与原子研究中心发起的 Fab Lab 创新项目，后来在克里斯安德森（Chris Anderson）的《创客：新工业革命》一书中最早用到了"Maker"[①]一词。创客概念提出之后，因其所包含的创新理念契合了工业 4.0 背景下的社会发展趋势，其"做中学"的学习模式同教育 2.0 背景下的 21 世纪核

---

① 克里斯·安德森. 创客：新工业革命 [M]. 萧潇，译. 北京：中信出版社，2013.

心素养的要求异曲同工，而受到了以教育界为主的社会各界人士的推崇。自此，世界各地创客空间蓬勃发展，创客活动如火如荼。当创客和教育相融合之后，创客教育作为一种全新的极具生命力、感染力和创造力的教育模式应运而生了。

（2）创客教育的定义与特征。创客教育是以培养具有创客精神和素养的全人为目标的一个系统的教育理念。创客教育也是一种新型的教育模式，它的主要学习方式是"从创造中学"。创客教育的定义分为广义和狭义，本节中的创客教育指的是广义上的创客教育即一种精神文明导向的最大限度的激发民众的创客精神的教育形态。同传统教育相比较，创客教育具有以下特征：（1）创客教育的目标是培养创新实践能力。创新技能被视作21世纪学生应具备的三大核心技能之一，而创新也是教育现代化的重要内涵之一。（2）创客教育的内容是跨学科学习。创客教育促进了信息技术等科技与教育相融合。同"STEAM"教育相似，创客教育也是一种学科整合的教育，追求在多学科结合的学习中培养学生的综合能力与素养。（3）创客教育的核心方式是"玩中学""做中学"和"DIY"，从而培养学生的动手能力和实践能力。

2. 创客式大学英语的理论依据

传统的大学英语在进入网络时代后，在各种新的教育技术和教学理念的冲击下，需要进行一定的变革以适应这个新的纪元。而创客教育的出现，给大学英语教学的变革提供了一个新的方向——以创客教育理念为指导，发展创客式大学英语教学。创客教育发展的推动力一方面来自政府的推动以及新教育技术的发展，而究其根本，还是来自它背后蕴含的丰富教育理念。而发展创客式大学英语虽然是新兴的教育概念，但其实它的背后有多种成熟的教育理论支撑，其中包括了实用主义教育理论和建构主义学习理论等。

（1）实用主义教育理论。实用主义教育理论的核心观点是"做中学"。因而在实用主义教育理论指导下的教学中，个体在活动中的亲自体验与尝试，是获得真知的主要手段。这也就意味着在教学中，知识不再是本位，教师也不再是中心，要鼓励并帮助学生主动去探索和成长。在学校教育中，学生的主体地位要得到确立，教师要探索有效果且有趣味的教学方法，确保学生的学习要在实践中进行，而学习的目的是发展学生的能力。

创客教育试图让学习者在动手操作中体会到创造的乐趣，变传统知识为主导的课堂为学生创造的乐园，而教师最重要的任务是指导学生在实践中学习、成长与发展。因而可以说创客教育理论正是对实用主义教育理论即杜威的"做中学"教育理念的继承与发展。

（2）建构主义学习理论。根据建构主义学习理论，学习是一个构建过程。学习者首先对事物有一定的认知，然后在具体的情境中实践、体验，再重新建构新的认知。而在这个过程中，教师的作用是辅助引导，做一个合作者、引导者，而不仅仅是传授者。建构主义理念下的教学的中心也是学生，学生已有的知识要受到足够的重视，创新思维的开拓发生在学生新旧知识的融合中。教学中教师应设定具体情境，而这将有助于学生知识的建构。学习中学生应多互动，经验共享，协同合作解决问题。交流讨论、头脑风暴有助于最终达成共识，从而促进新知识的建构。

创客教育呼应了建构主义理论，同是强调学生通过自主探索与师生、生生积极合作以达到提高学生思维和创造能力的目的。

（3）项目教学理论（PBL）。项目教学法主张以项目促进教学。教师将独立的项目交由学生处理，学生负责项目各个环节：收集信息、设计方案、项目实施直至最终的评价。在项目教学法中，最显著的特点是：项目为主线、学生为主体以及教师为引导。

项目教学法强调先练后讲，先学后教。其中学生要自主学习主动参与，从尝试入手开始。学生学习的主动性、积极性和创造性都能得以调动，而这有利于学生自学能力、创新能力的培养。在项目教学中，学习过程即创造实践活动，人人参与其中。项目教学注重的不是项目完成的结果，而是实施的过程。在项目实践过程当中，学生分析问题和解决问题的思想和方法得到了锻炼和培养，对课程要求的知识和技能进行理解和把握，从中也体验到了创新的艰辛与乐趣。可以看出，创客教育所主张的体验式教学同项目教学法的主张可以说是殊途同归。

3. 创客式大学英语教学中的发展路径

创客教育的核心理念是鼓励学生在创造中学习，培养学生的创新思维和能力。而创新思维和能力并不仅仅表现为动手制作的能力，还包含产生新理念新方法的能力。因而，创客教育虽然是起源于动手制作类课程，但是它是适合任何学科的，当然也包括大学英语课程。大学英语课程承担着培养大学生英文水平，从而实现他们的知识体系与世界接轨，学习全球先进知识与技能的任务，其重要性不可谓不高。同时，大学英语教学在新时代、新技术的背景下，改革的迫切性也非常的强，因为传统的教学方式已经不再能够完全胜任当今时代的需求。而创客教学这种新型的教学理念的出现无疑给大学英语教学改革带来了新的推动力。

（1）实施 STEAM 教育模式，增加大学英语能力培养维度。STEM 教育于1980年由美国提出，STEM 指代4个学科：Science（科学）、Technology（技术）、Engineering（工程）、Mathematics（数学）。后来随着艺术学（ART）的加入，改称 STEAM 教育，其目标是培养学生动手、创新、综合运用科学知识的能力。而跨学科知识的整合与学习者之间的协作也正是创客教育的宗旨。所以要发展创客式大学英语教学也要通过学科知识之间的整合来促进学生的全面发展和个性化发展。其具体路径是通过实施 STEAM 教育模式，增加大学英语能力培养维度。传统的大学英语教学只注重英语知识的传授与讲解，缺乏跨学科能力的培养。其根本原因是教育技术、教师能力以及课程设置方面的限制。采用 STEAM 教育模式发展创客式大学英语教学就是要克服这些限制，改变传统的大学英语教学。具体做法是：

提高教师跨学科视野和综合素质。在创客式大学英语教学当中，大学英语教师要转变自身角色，不能够总是沿袭传统大学英语教学当中一味地向学生机械地灌输英语词汇语法等知识的方法。教师应该做课堂活动的引导者、协助者，甚至是新技术、新理念的学习者。如果教师的眼中以及课堂当中只有英语知识的话，学生所能学到的也只能是英语知识而已。大学英语课程所包含的知识远非只有阅读、写作、听说、翻译等英语语言方面的知识，语言的学习也不应该是孤立的，结合其他专业知识的语言学习可以达到事半功倍的效果。因而教师应该以跨学科的知识充实自己，以跨学科的视野组织课上和课下的活动，这样的话，学生从大学英语课堂获得的将不仅仅是英语的知识，还有多学科的综合知识和技能。

设计培养学生综合能力的创客式课程。教师具备跨学科的能力和视野是前提，有了这个前提条件之后就可以设计旨在培养学生跨学科综合能力的创客课堂。创客课堂有助于打破学科之间的壁垒，强化了不同知识的整合，学生在学习过程中不断地进行尝试，在与同学的讨论中不断完善自己的设计与作品。大学英语原有教材的内容通过教师跨学科视野的整合，完全可以用来培养学生的综合知识与能力。例如"A Brush With The Law"一课中，教师可以按照项目教学法的理念将学生分成任务小组，在课前分别负责 PPT 和小微课的制作。内容教师可以提供这样几个任务供各小组选择：文中的语言文化知识、文中的地理知识、文中涉及的西方法律体系以及中西方法律体系的差异。课前各小组成员选定任务后分工配合，利用网络收集素材并基于计算机技术完成制作任务。课中，各任务小组通过 Presentation 的方式展示小组成果，之后可以进行小组互评和教师评价。课后，各小组根据教师和同学的评语进一步完善小组的作品。又如"Dear And Energy Cycle"一课中，学生可以在教师的引导下对生态学和能量循环方面的知识有一定的了解。再如"The Professor And The Yoyo"一课中，教师引导得当的话，学生可以在了解爱因斯坦故事的同时得以涉猎物理学和工程学的相关概念。而通过这种创客式课程的设计，学生从创客式大学英语教学当中受益的无论是深度还是广度都将远远大于传统的大学英语教学。除了课堂上知识的获得之外，学生在小组任务的完成中还增强了自身的计算机技能和协作沟通能力，而这也是创客教育强大作用力的体现形式之一。

（2）采用混合式学习方法，变革大学英语教学模式。混合式学习（Blended Learning）一般指在线学习方式与传统学习方式相结合，广义上也可指各种学习方式的结合，如自主学习方式与协作学习方式相结合，等等。进入 21 世纪，随着互联网的普及现代教育技术的长足发展，在线学习已经成为非常重要的一种教学方式。关于在线学习和传统的面对面教学这二者之间的关系，目前国际教育的共识是，只有将这二者结合起来，优势互补，才能获得最佳的学习效果。

发展创客式大学英语教学，混合式学习方法是很好的模式。通过课堂讲授、阅读、讨论交流、协作学习、案例分析、资料收集、问题解决、反思和角色扮演等活动，混合式学习能充分发挥学习环境的开放性、共享性和学生的主动性与创造性，发展学生的兴趣，能培养学生信息素养的基本能力，同时还能使学生适应与应用新媒体环境，使学生在参与中探索体验并学会分享与合作。具体方法如下：课前准备阶段主要是基于网络的学习者自主学习，学习者登录课程平台自主学习由教师事先上传的教学视频、PPT 课件等线上课程资源然后完成答疑讨论和在线测试，而教师则可以根据学生的讨论和测试的情况分析出学生的知识薄弱环节。课中阶段主要是线下知识的巩固完善，教师有针对性地对重难点进行讲解，对课前收集到的问题重点解释，也可以组织学习者互相讨论，课上主要是解决问题、深化知识的过程。课后学生需要再次登录课程平台撰写学习日志，记录自己这一周的学习情况或遇到的问题。教师还可以根据不同水平学生的学习程度，单独布置课后任务，通过课后在线上完成这些任务，学生可以将相关知识进一步融会贯通。此外，当前丰富的英语学习网站和手机 APP 也可以作为学生课外线上学习的平台，教师可挑选一两款让学生安装使用，甚至可以精选出其中某些任务单元组织学生以游戏竞赛的方式完成。这些课内课外的线上学习手段将极大地补充大学英语课堂线下的学习，不仅增加了学生的学习时长，更提高了英语学习的趣味性，从而达到了良好的学习效果。

采用混合式学习的方法发展创客式大学英语教学，教师能够根据不同的教学目标和教学内容，为学生选取合适的教学模式，线上线下学习模式相互切换，课内学习和课外学习相互补充。在教师引导、启发下，充分体现学生作为学习过程主体的主动性、积极性与创造性。

（3）提倡探究式教学，提高大学英语教学效果。探究式学习指从学科领域或现实生活中选择和确立主题，在教学中创设类似于学术研究的情境，学生通过动手做、做中学来主动地发现问题，并通过调查、收集与处理信息、表达与交流等探索活动，获得知识，培养能力，尤其是培养探索精神与创新能力。创客式大学英语教学倡导学生的主动参与学习，因而大学英语教师首先要做的是调动学生学习的积极性，让学生自己思考怎么做甚至做什么，而不是让学生接受现成的结论。学生从亲自实践当中获得的知识是直接经验，从教师或者书本中获得的知识属于间接经验。实践是知识的唯一来源，因而间接经验还是要在实践中去检验，学生需要在实践中把书本知识变成实际知识，而这正是发展探究式教学的重要意义所在。

探究不仅是学习的过程而且是学习的目的。发展创客式大学英语教学要有意识地培养学生的自主学习能力，自主学习能力有助于学生运用已有知识去探索和发现更多的相关语言以及语言背后的知识和文化。外语本身就是工具性的学科，掌握了自主学习能力的学生将能够更好地运用外语这个工具，从而进一步去学习其他学科的知识。因而，发展大学英语的探究式教学能够帮助学生将外语学习中的知识体系化，从而将自己的相关知识形成一个以语言文化为核心的跨学科统一体。大学英语探究教学的培养目标是多维度的，不仅教会学生语言基础知识和技能以及文化背景，还要培养学生的学习习惯和思维方式。发展创客式大学英语探究式教学可以为学生创造课内与课外、书本与网络、学习与实践相结合的立体化语言学习环境。学生在网络教学环境和多种学习资源下，以自主学习和合作学习为主，教师讲授为辅，通过探究的方式来完成语言知识和技能习得，并通过学习者的自我实现而促进教学效果的优化。

"互联网+"时代已经到来，信息教育技术也正在飞速发展的背景下，传统的大学英语教学需要一场变革，而创客教育的出现给这场变革带来了新的方向。创客教育提倡以学生为主体，从做中学，培养有创新能力的学生，符合高校人才培养目标和21世纪核心素养要求，因而发展创客式大学英语教学将是顺应时代发展的恰当选择。其主要实现路径是：充分利用互联网和现代教育技术，采用线上线下相结合的教学模式，在教师的引导下鼓励学生自主探究协同进步，发展跨学科综合能力尤其是创新能力。当然，创客教育作为一种发展尚未满10年的新型教育模式，其效果如何仍需要更多时间去验证。发展创客式大学英语教学也还有一些问题需要解决，例如如何促进传统教师向创客导师的转变，如何保证学生在探究式学习当中的积极性，如何合理安排混合式学习中线上学习和线下学习的时间比例，如何改进传统的教学评价体系，以及如何采用定量的方法验证创客式教学的效果等，而这些都将是未来创客教育研究的方向。

二、体验式高校英语教学理论

体验式英语教学是当今世界教育学研究和实践中的一种主流思潮。体验式英语教学注重以学生为中心，注重学习者的认知经验，提倡发现式学习、强调学习过程以及学习的互动等。把体验式教学理论应用到实际课堂教学有助于提升学生的自信心和学习能力。

（一）体验式英语教学的理论依据

体验式英语教学是当今世界教育学研究和实践中的一种主流思潮。它注重以学生为中心，提倡发现式学习、强调学习过程和学习的互动。体验式英语教学强调学习者的个体需求和个性化的学习风格，强调合作式学习，强调课堂交际情境的创设和课堂语言实践环境的真实性。

构建主义学习理论是体验式英语课堂教学的教育学依据。构建主义学习理论强调学生对知识的主动探索、主动发现和对所学知识的主动构建。基于构建主义学习理论，皮亚杰认为，学习过程中的建构式个体积极参与的意义构建，是个体根据自我经验而达到的理解。因此，构建主义学习观强调在学习者过往经验的基础上主动选择、加工和处理外部信息，主动建构知识的过程。在该理论的指导下，体验式英语教学模式特别注重学生的自主体验、自主学习能力的培养，强调学生学习的主动性和参与性。体验式英语学习模式鼓励学生学会对自己的学习进行反思，以期发展学生的新技能、新态度、新理论以及新的思维方式。体验式英语学习模式的理念告诉我们，教育就是创造一种直接的和相关的学习环境，让学习者在这样的环境中获得知识、应用知识。体验式英语教学的核心是在整个教学过程中，让学生通过真实或模拟的语言学习活动，获得语言体验、增加信心、体验成功和快乐。美国心理学家罗杰斯认为只有体验学习才是有意义的学习，体验学习以增长学生的经验为中心，以学生的潜能为动力，将学习活动、愿望、兴趣和需求融为一体，所以能够有效地促进个体的发展。

（二）体验式英语教学的优势

邹为诚等在讨论体验式英语学习的教育学理论基础上，提出了五项"以语言体验为核心"的教学原则。和传统教育模式相比，体验式英语教学设计具有以下优势：

（1）以学生为中心。传统的英语课堂教学是教师讲，学生听，这种教学方法不能充分调动学生学习的积极性，也忽视了课堂教学的互动性原则。而体验式英语课堂教学强调以学生为中心，强调学生的个体差异，教会学生如何运用语言而不是孤立地学习。

（2）以任务为基础。传统的英语教学注重词汇的精讲、词汇的意义比较学习，学习分析句法结构、句法的作用和语言的准确性。而体验式英语教学则注重文化内涵的渗透教学，注重以教学内容为基础材料，比较学习研究英语语言国家的文化。

（3）以互动式教学为特征。体验式英语课堂教学注重学生通过网络课题的交互学习，为学生设置运用英语的情景，组织学生参与语言交际活动，使学生在交际过程中相互学习，提高学习者学习的积极性和创造性，培养学生的自主学习意识，学习方式由被动变成主动。

（三）体验式英语课堂设计

体验式英语学习理论强调学习是学习者的学习。为了让学生积极参与课堂教学活动，让学生通过自己的参与、体验产出语言，教师在课堂教学中要注重以下方面的教学设计：

1. 注重教学情境的创设

语言学家克鲁姆说："成功的外语课堂教学应该创造更多的情景，让学生有机会用自己学到的语言材料。"[①] 体验式英语课堂教学设计的目的是让学生在真实的语言环境中感知体验语言在现实生活中的实际应用。因此，教学过程中设置的场景、语境应符合真实的语言交际情景。教师设计的各种教学活动应让学生有足够的机会去体验、感知，使学生获得对语言在实际生活中的应用体验。

2. 注重搭建语言实践平台

学习者是学习的主体，有效的学习需要从学习者的兴趣出发，从解决实际的问题出发。教师的作用在于为学习者提供丰富的学习情境，帮助和指导学习者建构自己的经验并引导学习者从直接经验中学习。体验式英语学习强调让学习者在语言学习的过程中感知、体验语言的实际应用，为此，教师应该为学习者创造搭建语言实践的平台。一是课堂活动的开展。如教师确定语言主题，组织学生开展课堂辩论、主题讨论、即兴演讲、小型英语角等活动，让学生在讨论发言的进程中感知、学习、体验语言的运用。二是拓展课外活动。如举办英语话剧比赛、商务谈判、无领导小组讨论等英语语言实践活动，让学生进入自己的角色，在具体环境中实践、体验并修正语言。三是鼓励学生出国留学。如参加交流生学习项目，到目的语国家学习语言，在真实的语言环境中感知、体验和学习。

3. 注重学生自主学习能力的培养

自主学习能力指的是学生确定学习目标、学习进程，对自己学习能力的评估。自主学习能力主要靠后天的学习来培养。培养学生对自己学习负责的能力，也是培养他们对社会负责的能力。自主学习让不同层次、不同水平的学生都学会学习，得到不同程度的发展。自主学习不是忽视教师对学生学习的指导，不是放任自流。自主学习是在教师的个性化指导下的学习，教师要因材施教，根据个体的实际情况设计学习目标和学习进程，同

---

① 克鲁姆. 三次深呼吸[M]. 程云奇，译. 长春：长春出版社，2007.

时加强对学生学习进程的跟踪检查和指导，这样才能培养学生的自主学习能力，提高学习效果。

4.注重学习策略的指导

学生学习能力的提高要注重学习策略的掌握。学生在学习过程中的许多问题不是对教学内容和材料没有理解，而是缺乏认知策略和元认知技巧。学习策略对学生的学习起着至关重要的作用，学生学习结果的差异性往往是由于不同的学习方法的差异造成的。为此，教师在指导学生自主学习的过程中要注重学习策略的培训，注重学生的个体差异，注重英语学习中常见的难题，如汉、英语言的差异，英语语音、语法、词汇、篇章、文化等方面的问题。教师要帮助学生发现适合自己的学习技巧，制定学习目标，培养使用策略的意识，从而提高学习效率。

体验式学习与交际教学法理论中的任务型学习法是一脉相承的，两种学习理论都是以让学生积极参与课堂教学活动为基础，让学生在参与交际活动的过程中学习掌握语言在实际生活中的应用，学习者通过体验外部世界和自身经验互动从而获得知识。为此，课堂英语教学设计要根据学生的实际水平调整教学内容，创设浓郁的语言交流环境，课外开展丰富的语言文化交流活动，设计各种语言实践场景模拟活动，这样才能让学生在学习语言的过程中体验生活，在日常语言交际中感知认知语言的实际应用。

三、反思性高校英语教学理论

自西方发达国家发展而来的反思性教学模式，是一种教学理念，由于教学内容须依据学生的学习状况不断调整，教学理论也应不断思考与更新。本节意在分析反思性英语教学的教学理念，说明反思性教学理论的教学意义，对反思性英语教学理论进行重新定位与思考。

反思性教学是在教学主体的不断研究下，针对教学行动、教学目的、教学工具等方面的内容做出提高与改进，这样的改进能提高教学手段与教学能力。教师在进行自我评价与自我反思的过程中，扮演着多重角色，既可以进行教育，也可反复思量，被教育。

反思性教学特点诸多，它是循环与提升的过程，在这个过程中，教师在积极关注教学目的与结果，且在教学过程中，教师还应具备在课堂上不断探索的能力。

反思性教学依靠教师之间的对话与交流，探究良好的教学方式，对教学行为进行研究与探索，教师进行教学工作，需要积极进行反思，对教学理论的定位进行积极思考。本节主要对英语教学的理论进行重新定位与思考，探讨良好的英语教学方式。

（一）反思性英语教学模式

随着教育体制改革的深入发展，人们对于教育教学体制的认识不断加深，教师成为提升教育教学质量的关键。教师要对自身教学能力与教学行为进行不断的反思，要反复思考自己在教学过程中所做出的种种决策以及每个决策所产生的后果。在教学过程中教师充当着教学参与者的角色，其教学行为的转变与教师观察能力的提升有关，教师通过在英语教学过程中不断反思自己的教学行为，来促进自身教学能力的不断提升。教师为达到所期望的教学目的，进行教学研究对教学行为进行计划、反馈、调控与改进，以期达到预期的教学目的。

反思性英语教学是一种教学模式，教育工作者自身具备一定的教学模式，在实践经验与教师的间接知识相结合后，教师在结合实践成果与教学反思，形成新的职业能力，逐渐养成专业的英语教学素养。

（二）反思性英语教学的意义

反思性英语教学为教师的自身发展提供发展前景与规划，教师在进行自我教育、自我发展的过程中，不断调整教学方法与教学技能，为了提高自身素质，为教学发展创造一个新思路、新途径，教师必须着眼于自身问题，仔细思量，从教学中常出现的问题着手。教师通过不断调整教学方式与方法，思量自身为什么要成为一个英语教师，成为英语教师要具备什么样的条件，该用怎样的标准去衡量学生的学习。综合多种评判方法，在整个教学过程中不断做出各种判断，去思量与评判，形成新的教学方式与教学行为。

反思性英语教学意义众多，反思性英语教学能使教师在整个教学过程中，不断发现问题，对整个教学效果做出各种判断与评价，构建合理的教学评价体系教师。在整个教学过程中，教师凭借语言知识与能力提高教学质量与水平，效果仍不佳，若教师采用反思性的英语教学模式，教师在教学过程中不断反思与思量，将教学有效性与实践性相结合。

（三）反思性英语教学理论重新定位与思考的实践应用

1.反思性英语教学理论在高职英语教学中的运用

反思性学习是一个较为完整的学习过程，行为研究是反思性学习理论中的一个重要反思方法，行为研究是从反思至计划，再从计划至行动、观察、反思的过程，在这个过程中，须不断反思教学行为在高职英语教学中的应用。

通过教学观察，发现教学中存在的一些问题，再去思考解决问题。初入高职院校，学生会感觉课程难度较大、单词生疏、英语能力提升困难，在了解这些基本的英语教学现象后，教育工作者便要去分析原因。通过调查研究表明，绝大部分高职院校的学生基础知识不够扎实，英语学习需要掌握一定的学习技能，依照心理学研究，技能形成之际，可以通过练习曲线表示，练习曲线中期，往往会出现进步停顿的状况，在这一时期，学生的学习会出现停滞现象。在进入高职院校期间，学生新的学习技能尚未养成。

针对学生的学习状况与当前学习能力，教师须提出有针对性的解决措施，去激发学生的学习动机，教师要不断激励学生，教导学习差的学生勤能补拙，教导学习成绩好的学生不能骄傲。

当学生的学习兴趣提升上去之时，教师接下来所做的工作便是改变学生的学习思想，让学生懂得跨入高职院校，更多锻炼的是学生的英语实践应用能力，而非语法与句型。学生学习思想转变之后，这时便要指导学生采用良好的学习方法，学习的过程是亲自经历与亲身体味的过程，学生学习须掌握一定法则，分段学习，将学习时间分成各个时间段，学习效果俱佳，学生的学习是个不断实践的过程，教学设计富有特色，学生的学习才有意义。

2.反思性英语教学理论在大学英语写作中的应用

反思性教学理论在大学英语写作中的应用颇广，在大学英语教学中，采用过程教学法能增加英语教学的有效性，教师在完成单元课程教学后，积极反思教学活动，对整个教学体系做出如下反思。

教师须反思课堂组织形式、反思自己在教学中的角色、分析学生的学习效果。教师在反思课堂组织形式之处，分析教学活动的三个阶段，即课堂准备阶段、课堂写作阶段、教学结束阶段。课堂准备阶段，教师须组织学生展开小组讨论，让学生对英文作文的主题做出全方位、多层次的考虑与思索，在学生讨论之后，教师将学生观点收集、整理，最终以一个整体纲要的形式展示，将主要与次要、正面与反面的原因一一列好。在课堂准备阶段，学生自由发挥写作，将写好的文章与同学交换修改，不断丰富文章内容，使文章符合题目要求。

在整个教学写作内容结束后，教师对整个教学单元进行总结与反思，反思各个教学过程是否合理得当，对教学步骤、教学时间与内容进行合理调整。

在反思单元课程教学后，教师便要反思自己在教学中扮演的角色，教师是教育者也是受教育者，在大学英语写作的课堂之上，教师与学生都充当写作活动的主体，教师更应做好纠正、检查、指导工作。

教师分析自身所扮演角色后，考察整个教学效果，了解学生教学效果可通过问卷调查的形式，调查学生的英语写作兴趣，体察学生在课堂上的表现，待学生作文定稿后，教师再来判别学生的写作能力与写作趣味。

在了解学生的学习能力的基础上，积极调整教学策略与教学方法，以此取得更好的教学效果。教师与学生互动，注重提问技巧与语言的应用能力，不断反思教学手段，促使学生提升学习兴趣，促使学生英语写作能力与写作水平的提升。

（四）反思性英语教学理论的前景分析

20 个世纪 80 年代，教育改革之风四起，建构主义的引入，对教育学术领域的影响巨大，教师需要在教学过程中不断反思教学问题，尤其对教学目标，教师的计划与设计要与教学目标息息相关，立足于学生的学习实际，从学习者的学习特征与已有的教学设备入手。反思性教学理论教育意义重大，对于英语教学的研究有着关键作用。反思性教学理念的兴起，对建构主义思想具有极大的推动作用，反思性教学在一定程度上弥补了英语教学理论匮乏的问题，教师努力构建符合人们实际需求的反思性英语教学理论体系，提升学生语言能力，促进教师职业素养的提升空间。经过认识主体的自我反思与自我认知结构的更新，教师既是教育者也是受教育者，他们必须能对自己的学习与生活进行积极的反思与监控，通过反思与重新定位，提升思维认识的高度，反思性英语教学理论对其他学科也具有积极的影响，为学会教学与学会学习提供合理的价值观导向，对今后的教学起一定的指导作用。

在教学实践与经验总结的指导下，教师需要不断改变传统的教学理念，采用反思性的教学模式，使教学更富有科学合理性，教师须反复观察学生在学习过程中产生的问题，将反思成果应用于英语教学实践，促进英语教学水平的提升。

四、高校英语的情境教学理论

英语教育在当代社会备受重视，然而由于缺乏真实的语言学习情境，在我国呈现出明显的被动性。许多学生学了多年的英语，过了四六级考试，却无法流利地用英语与他人进行交流，"哑巴英语"现象一直普遍存在。作为一种交流工具，英语是一门实践性很强的学科，具有很强的情境性与实践性。而当前的英语学习却普遍依靠死记硬背，学生空有一肚子的单词和语法知识，却难以运用于实践当中。这样一来，英语教学工作并没有达到它真正的目的。

（一）情境教学的含义

《教育大辞典》给"情境教学"下了这样的定义："情境教学就是指教师创设具体生动的知识场景，激起学生主动学习的兴趣、提高教学效率的一种教学方法。"[1] 张华在《课程与教学论》中提出："情境教学是指教师人为地创设含有真实问题或真实事件的教学情境，学生在解决问题或探究事件的过程中自主地理解知识或建构意义。"[2] 概而言之，情境教学就是指教师通过人为地"创设"一些具体的"教学情境"，更好地帮助学生进行学习活动的一种教学方法。

情境教学理论强调知识与情境活动之间动态相互作用的过程，认为知识与活动是不可分割的，学习者在具体情境中通过活动获得知识，因此，学习是情境性的。在传统的"填鸭式"教学过程中，先是由教师灌输一套

---

[1] 顾明远.教育大辞典[M].上海：上海教育出版社，1992.
[2] 张华.课程与教学论[M].上海：上海教育出版社，2000.

抽象的概念性知识给学生，然后再应用于具体的实践当中。而情境教学理论则认为，概念性的知识只是一种工具，概念性知识的含义不是由它本身所决定的，而是由它所处的群体活动和文化背景共同决定的。概念性的知识只有通过在具体情境活动中的具体运用才能得到充分理解，因此不同的群体在不同的情境下对同一概念的理解是不同的。知识不是一个抽象的概念，不是由客观决定的，更不是主观产生的，是通过个体与环境交互作用建构而来的。

（二）情境教学理论在英语教学中的意义

从教学的角度看，教学离不开情境，不论是自然产生的还是人为"创设"的，总是在某种情境中的教学。从学习的角度来看，知识赖以产生意义的背景，就是情境。可以说，教育从产生的那一刻起，就与情境有着不可分割的关系。英语知识只有在它们产生及应用的情境中，才能产生意义。英语教学离不开情境的创设，情境教学理论对于英语教育来说具有重要的意义。

传统教学观念认为知识是固定的、一成不变的。在我国传统的英语教学中，所传授的知识大多来自教师对书面教材的讲授。而情境教学理论认为，知识具有情境性，也就是说，知识不应脱离具体情境加以学习和训练。离开了具体的语言情境英语知识就偏离了得以产生的土壤，英语教学应置于具体的语境之中。事实上，就其本质而言，英语知识来自个人体验，脱离了个人体验，就不能构成对个体来说有用的知识。对于英语学习者来说，如果不能把书面的或讲授的内容内化为自身的理解与认识，这些知识就只能被称为信息。这些脱离了学习情境的信息，学习者也许能够死记硬背，却不能灵活运用，使之转化成自己知识结构体系的一部分。

英语学习者通过传统教学获得的知识和技能，在具体运用时经常会遇到各种问题，这主要是因为通过传统"讲授型"课堂教学获得的信息通常是脱离语言情境的，这样的信息往往是肤浅的、简化的、刻板的、难以准确迁移的，完全不同于知识与技能在具体情境中的运用。因此，许多英语学习者能够通过考试，但不能将所学信息灵活运用于具体情境中。情境教学理论的研究表明，具体情境中进行的学习活动效率更高，并能灵活运用于具体场合，而在传统教学中被"灌输"的知识，被称为"惰性知识"，很少能在需要的场合积极主动地被运用。或者更准确地说，学习者不知道应该在哪种情境中使用。这是因为英语知识并不是孤立的，它们总是存在于一定的语言情境中而传统课堂学到的知识却是抽象的，脱离了具体的语言背景该理论将知识设想为一种副产品，一种个人与情境之间相互作用产生的副产品，而学习则是个人、知识与情境三者交互作用的结果。情境教学理论的介入可以弥补学校教育中缺少实践的不足，让学生能在真实、逼真的环境中获取知识，提高分析问题、解决问题的能力。

（三）情境教学的创设方法与策略

教学策略为教师选择和运用教学方法提供了富有操作性的指导思想，是指导教师在教学活动中进行教学行为的操作指南。传统"填鸭式"英语教学方式由于缺少英语情境的创设，主要是教师单方面的讲和学生单方面的记，学生很难有机会开口，以至于开不了口，达不到英语教学对听、说、读、写各方面的综合要求，因此，英语教学要注重情境的创设。情境教学理论对教师的要求日益提高，教师必须构建能反映教学目标和内容的情境任务，并通过这些任务评估学生的英语能力，从而进一步提高和完善英语课程的教学工作。

1. 英语教学情境的创设方法

（1）联系生活实际，重现日常情境。在传统的英语课堂教学中，教师只是进行单纯的讲解，比较枯燥乏味，学生难以记住并灵活运用。其实知识的学习与学习者的智力背景有关，相较而言，与学习者背景近的知识容易掌握，与学习者背景远的就难以掌握。因此把英语知识与学习者的日常生活联系起来，有助于学习者的理解和运用。教师要尽可能地创设与所授知识相关联的教学情境，贴近学生的日常生活，使他们产生亲切感、学得更容易，并能在日后灵活运用。教学情境的创设为语言的使用建立了知识背景。学习者可以利用已有的知识体验来理解词汇意义和句法意义。抽象的英语单词教学要尽量结合日常生活，教师应多创设词汇情境，与日常生活联系起来，以加深学生对词汇的理解和记忆。这样做有利于学生对相关知识的理解，并且缩短他们对新知识点认知的时间，能较大地提高学习者的学习兴趣和学习效率。

（2）利用现代多媒体技术创设情境。传统课堂教学由于受时空的限制，很多教学内容无法直接呈现在学生面前。然而随着计算机和网络技术的不断发展，多媒体教学以它的先进性、科学性、直观性、生动性等特点成为现代课堂教学的最佳选择。它集文字、图像、声音、动画等多种信息功能于一身，多层次、全方位地丰富了现代教学手段，创造了更有利于学习者探索的开放性学习情境。因此，在英语情境教学中，要充分利用现代多媒体技术创设教学情境。教师在课堂上运用多媒体教学手段，如幻灯、投影、录像、录音、计算机多媒体技术等，根据教学目标创设合理的英语语言情境。这些情境通过图像、文字、声音等多种手段刺激了师生的感官，使他们可以观其形、闻其声、临其境，再现日常生活场景，传输大量的教学信息，激发他们的想象力和学习兴趣，牢牢地吸引他们的注意力，优化课堂教学效果。例如，学生对电影尤其是经典电影非常感兴趣，教师可以根据教学内容的需要，选取大量的经典英文原版电影片段，尤其是经典对白在课堂教学中加以广泛运用，还可以鼓励学生对某些经典对白进行模仿表演，通过欣赏这些对白和表演，学生既可以听到纯正的美式英语，又能听到纯正的英式英语，还可以了解常用的俚语、俗语等。由于这些经典影片涉及面广、蕴含的文化信息量大，又为学生提供了直观生动的学习情境，学生不仅可以学到英语知识，而且还能更好地了解英美文化。

（3）创设英语活动情境。如能让学生亲自参与到教学活动当中，就更能加深他们对相关教学内容的理解，有利于提高他们的英语交际能力。教师应尽可能地创设相关的教学情境活动，让学生积极参与到各式教学活动当中，如讨论、表演、趣味猜谜、答辩比赛、有奖抢答等，这些教学活动让学生在可见、可闻、可触、可学的情境中充分发挥多种感官的相互作用，创造性地运用所学英语知识，拓宽学习思路，不仅能使他们有意识地使用相关英语知识，更能培养他们举一反三、灵活运用英语的交际能力。例如在进行商务英语的"公司简介"这一教学内容时，我让学生根据各自的兴趣爱好，分组成立自己的公司，讨论出本公司的名称、规模、经营范围等相关内容，然后每个公司派出一名代表对本公司做简要的介绍，还可各组另派出一名代表充当评委，投票选出最好的公司简介。通过这样的情境创设，"公司简介"这一教学活动更具有开放性和实用性，给学生提供了更广阔的参与和思维拓展空间，激起了学生的强烈学习兴趣，课堂气氛非常热烈，有些小组还有模有样地设计了公司的商标。学习者用相关英语知识来讨论自己的所闻、所见、所想、所感，不仅激发了他们的学习兴趣，而且大大提高了他们的语言运用能力。

2.英语教学情境的创设策略

(1)创设"自然"的教学情境,坚持真实性。英语教学情境的创设应该是现实生活中可能出现的,要真实自然,使学生产生亲切感,能够感受到情境的感染和暗示,从而自觉地运用相关的语言知识。教师要给学生创设一个学英语、用英语的语言情境。在教室里,可以用英语办墙报、黑板报,还可以张贴英语课表和英语格言。座位的排定可为半弧形、圆形,拓宽物理空间,便于学生更好地沟通和交流。在室外可以开办"英语角"。在家中可强化对各种物品英语名称的识记,订阅英文报刊,多看英文电视、电影,以此强化学习英语的情境。

(2)创设"流畅"的教学情境,注意恰当性。多媒体计算机教学虽有着无可比拟的优越性,然而并不是万能的,不能完全取代黑板粉笔。而且教学媒体的使用不能过于频繁,以防分散学生的注意力。要根据教学要求选择合适、恰当的教学手段。另外,如果在教学过程中教师不能熟练操作各种教学媒体,及时传递教学信息,那就会给课堂教学带来干扰,反而会产生消极影响。

(3)创设"新、趣、奇"的教学情境,注意新异性。在创设各种教学情境时,要考虑到学习者的求新、好奇的心理特征,尽量提高教学情境的有趣性和新奇性,丰富教学活动,吸引学生的注意力。生动、新颖、多变、有趣的课堂教学活动可以提高学生的学习兴趣。例如英语课前可以固定安排一些英语活动,如考勤汇报、对话表演、讲故事、短剧表演,这些不但丰富了课堂教学内容,而且提高了学生的学习兴趣。

五、高校英语中介学习理论

英语教学中教师和学生各自的作用如何平衡,一直是外语教学关注的问题。费厄斯坦中介学习理论强调教师作为调解者的概念,强调教师必须赋予促使学习者进步、解决问题或进一步学习所需的知识、技能和策略,其目标在于帮助学习者成为自主学习者,掌控自己的学习,从而成为独立的思考者和问题解决者。中介学习理论的内核及其12种特征给英语教学提供了重要启示和新的原则。中介学习理论视域下的英语教学基点以学生为中心,同时协调发挥教师至关重要的中介调解作用,有利于帮助学生成为自主学习者,增强学生的可持续性英语学习能力。

（一）中介学习理论概述

中介学习体验理论（The Theory of Mediated Learning Experience，MLE），亦称中介学习理论（Mediated Learning Experience），是以色列心理学家费厄斯坦（Feuerstein）于20世纪40年代末提出的理论，已被广泛应用于许多国家的教学实践。费厄斯坦与同事建立了国际学习潜能强化中心（ICELP），在英国、加拿大、美国等国设立了45个ICELP分支机构，开展培训、研究和服务工作。

费厄斯坦认为，孩子的学习从出生开始，由孩子身边重要的成人介入调解促成，成人提供给孩子的这些经历，称为介入式或调解式学习体验。父母及教师等选择和组织他们认为有利于孩子发展的各种经历，同时介入影响了孩子早期对于外界刺激的反应，通过向孩子解释哪种反应更为有益或合适的方法鼓励其选择此种反应或应对（费厄斯坦，1980）。皮亚杰认为孩子在与环境的互动中，按照自己的节奏自行学习（Piaget，1966）；而费厄斯坦认为孩子身边重要的成人对于孩子的认知发展起关键主导作用，他并未清楚明了地指出在父母和孩子的互动学习中，孩子自身所起的作用，虽然他承认个人主体在此互动学习中的重要性（费厄斯坦，1980）。

教师作为调解者的概念，不同于教师作为知识传播者的概念。首先，教师作为调解者，必须强调赋予促使学习者进步、解决问题或进一步学习所需的知识、技能和策略，其目标在于帮助学习者成为自主学习者，掌控自己的学习，从而成为独立的思考者和问题解决者。其次，教师作为调解者，强调介入者和学习者之间的互动关系，学习者积极参与到学习过程中。最后，教师作为调解者，强调师生之间的相互性，即学习者对调解者或教师的意图做出积极的回应。

费厄斯坦认为，为提供对学习者真正有教育意义的学习体验，中介学习体验教学具有12种特征，其中的三点适用于所有学习任务。如果教师能够帮助学习者建立起另外九点特征，亦有利于加强学习体验的重要性。重要性：教师必须让学生意识到学习任务的重要性和其对他们的影响，以及这些学习任务具有的更宽泛的文化意义。超出"即时即地"的长远目标：学习者必须意识到当前学习经验不仅即时即地地对其具有影响，而且对其具有长远的影响。分享达成的意图：教师呈现学习任务时，必须目的明确，且学习者能够理解和回应该意图。胜任感：学习者认为自己有能力成功地应对任何特定的学习任务。行为掌控感：学习者有能力掌控、调解自身学习和思考的行为。设立目标：学习者有能力设立现实的学习目标，并能制订计划实现它。面对挑战：有应对挑战的内在需要，并积极寻找生活中的挑战。对变化的理性认识：学习者明白人的变化发展，并能依靠自身识别或评估这些变化。相信事物能够积极发展的信念：此信念指，学习者认为即使面对看起来不可解决的疑难问题，他们也有可能找到解决方案。分享合作：学习者互相合作，认识到有些问题同伴合作更容易解决。个性/独特性：帮助学习者认识到他们的个性和独特性。归属感：学习者建立属于某个群体和文化的归属感。费厄斯坦认为，适用于所有学习任务的特征为前三点，即重要性、超出"即时即地"的长远目标、分享达成的意图。

（二）中介学习理论视域下英语教学的原则

基于中介学习理论的上述特点，笔者总结出费厄斯坦认为的高效教学的三条原则，也是中介学习理论对英语教学的重要启示。如果教师应用中介学习理论指导英语教学，也要遵循该理论的三条重要原则。

首先，师生之间要建立起良好的信任关系，能够进行有效的沟通和交流。教师选择的教学活动及其意义必须向学生阐明，学生理解教学活动的价值后，更容易投入学习任务中。教学实践中，确实有众多的学生因为不理解教师安排或布置的学习任务对其自身的意义，而拒绝投入努力。

其次，教学中的主体是学生，学生应学会承担自己对学习的责任，教师要协助学生学会自主学习，学会思考，成为独立的思考者，能独立地分析问题、判断问题、解决问题，这就要求教师在教学过程中鼓励学生通过自己的思考分析发现问题的答案。同时，教师要教授学生学科的学习策略，就英语教学而言，即帮助学生掌握语言学习规律，成为真正意义上的自主学习者。

最后，教师要鼓励学生之间的生生学习、合作学习，而非竞争关系。现代世界强调双赢的大格局，这就要求学校的教育要鼓励学生之间的合作而非竞争关系，生生学习也是教学强大生命力的源泉。

（三）中介学习体验理论指导下的英语教学活动

活动的意义。基于上文的费厄斯坦中介学习理论的前三点特征，英语教师选择、布置或呈现活动前，可自问以下几个问题来确保教学遵循此原则：我为什么给学生选择特定的活动？这项活动对学习者具有什么个人意义及更宽泛的文化认识？我如何帮助学习者意识到此项活动的意义和价值？此学习活动如何产生意义，以至能对学习者的将来也有用？我该如何帮助学习者理解此意义？我怎样向学习者清楚地传达任务缘由和任务说明？我如何确保学习者做好准备、乐意且能够尝试该学习任务？尝试回答上述问题能够帮助教师清晰明了地选择某项学习活动的目的和意义，以及对学习者的意义。同时，教师要思考如何向学习者传达此意义，使学习者感觉到进行此活动的私人重要性。如若活动不能激发起学生的学习兴趣和激情，教学就缺失了相关性和生命力。

活动价值及长远的目的。从语言学习的角度讲，活动要求学生自我思考，以此增进他们对自己的理解。为达成活动的目的，教师就要向学生传达活动的价值及个人意义。

胜任感。教师要向学生确保他们都能成功地完成，给予他们信心。

设立目标。运用设立目标，教师可衍生这样的练习：学生可以确立个人目标，比如要求自己更富有组织性、更勤奋等。

变化感。为使学生感到该活动给予他们的变化，教师可以要求学生口头或书面地思考问题"我学到了什么""我现在能做什么"或者"我对自己了解了多少"。

个性化。要想改变英语教学中的被动学习，确立学习者为主体的教学理念，使自己成为学生学习的促进者和协助者，英语教师就需要探索和提倡以学生为中心的多样化教学模式。如何平衡教学中教师和学生两大主体各自的重要作用，费厄斯坦中介学习理论给了英语教师很多启示。费厄斯坦强调教师作为学生学习的调解者，必须"授之以渔"，目标在于帮助学生成为自主学习者，掌控自己的学习，从而使其成为独立的思考者和问题解决者。中介学习理论的内核及其12种特征，也给英语教学提供了重要启示和新的原则，如建立和谐信任的师生关系，鼓励学生自主学习，提倡生生学习的新型学习模式等，这些都有利于教师把学生培养成自主学习者，增强学生的可持续性英语学习能力。

第二节　大学英语教学的因素

一、学生因素

（一）学习英语的动机

动机是大学生学习英语的内驱动力，学习英语的动机不同，产生的学习效果也不同。有的学生自愿学习英语，愿意在英语课程上花费较多的时间和精力，英语学习的动机较为积极，产生的学习效果就较好。而有的学生在学习英语过程中较为被动，仅仅是为了应付教师、应付考试，学习态度不积极，这样产生的学习效果就较差，对英语课堂教学也会产生负面影响。就目前而言，大学英语作为一门公共课，很多学生抱着为了通过考试和拿学分的动机，导致学习效果不理想。

（二）学习英语的兴趣

兴趣是学习最好的教师，大学生学习英语的兴趣直接影响着学习效果。一般来说，大学生学习英语的兴趣浓厚，英语学习效果和大学英语教学效果就好，反之，英语学习效果和大学英语教学效果不好。从目前的大学英语课堂教学情况来看，学生对英语课程的兴趣普遍表现不高，尤其是非英语专业的学生，对英语学习提不起兴趣。有些学生想把英语学好，但由于英语基础较差，没有掌握科学的学习方法，很难在短时间内取得较好的学习效果，从而也对英语失去了信心和兴趣。

二、教师因素

（一）教学设计目标

教学设计目标是对学生预期学习效果的依据，对教学效果的提升作用很大。但在英语课堂教学中，由于英语教师对教学设计不够重视，教学设计目标不清晰，仍然照本宣科进行教学设计，没有结合学生的兴趣、爱好和需求等，精心做好教学设计，所开展的英语课堂教学活动也与学生的关注点大相径庭，难以引起学生学习英语的兴趣，导致大学英语教学效果收效甚微。

（二）教学形式和方法

在大学英语教学过程中，教学形式和方法没有与时俱进进行更新，仍然沿用传统的"填鸭式"教学方法，学生的主体地位在教学过程中被忽视，这种单一的教学方法，不仅使得大学英语课堂教学较为枯燥，而且重在理论学习，学生的英语应用能力和实践能力无法在课堂教学中得到提升，使得大学英语课堂教学的效果不理想。

（三）课堂提问方式

课堂提问是英语课堂教学的必备环节。在英语课堂教学中，课堂提问方式是否能够调动起学生学习的积极性，让学生集中注意力关注当前的学习内容，影响着大学英语课堂教学的有效性。目前，在英语课堂教学中，对于课堂提问的方式和方法还存在不足之处，缺乏启发性提问，缺乏对英语教材内容的延伸和拓展性提问训练，难以发散学生思维，提高教学有效性。

三、学校因素

从学校方面来看，学校重视与建设性投入不够，也给英语教学带来了很多不利影响。现如今，信息技术发展迅速，英语课堂教学活动的开展，要想充分利用信息技术展开教学活动，必须构建多媒体教室和信息技术应用环境，这些都需要学校的大力支持。有些学校忽视了对英语课堂教学的建设性投入，没有重视英语课堂教学工作，严重影响了英语课堂教学效果。

第三节 大学英语教学现状与存在的问题

一、大学英语教学问题的症结剖析

笔者认为，我国高校的公共英语教学一直是基于一个统一的教学大纲，缺乏分类指导，学习英语通常是为了通过考试（当然不排除日常交际的功用）。自全国大学英语实行四、六级考试以来，各高等院校对英语越来越重视。很多学校要求所有专业的学生要通过一、二年级的学习最后通过"全国大学英语四级考试"，"四级"考试主要测试学生的听、读、译、写能力（现在又对部分学生增加了口语考试）；这对调动学生学习英语的积极性、提高英语教学水平起到了很大的促进作用。然而，由于没有后续教学，非英语专业学生在通过了大学英语四、六级考试后也就意味着"圆满"完成了在大学期间的英语学习。大三、大四两年基本上没有系统的英语课程，ESP 并未得到应有的重视，ESP 教学尚处于初级阶段，关于 ESP 教学的具体理论研究及实践还不成体系，适合中国学生的教材十分有限。ESP 教学的匮乏与社会发展对人才的需要相矛盾。目前高校培养出的大学生绝大多数看不懂英文的产品说明书，更不晓得某个术语用英语怎么说，他们无法用英语获取相关的专业知识。这样的教学是不完整的，更是无法顺应时代需求的。随着我国入世和进一步实行对外开放，社会对外语人才的需求呈多元化趋势，单一外语专业或单一技术技能型的人才已经不能适应市场经济的需要，人们普遍感到学校中所学英语满足不了实际交际的需要。目前外语界最热门的话题就是"如何培养复合型人才？""如何提高学生的英语实践能力？"这意味着当前的外语教学必须顺应时代要求，转变教学模式，由单科的"经院式"人才培养转向"宽口径""应用型"复合型人才的培养模式。要做到这一点，必须大力倡导 ESP 教学。

与国外 ESP 的快速发展形成鲜明对照，ESP 在我国发展相对滞后。我国 ESP 研究起步较晚，国外 20 世纪六七十年代 ESP 研究兴起之时，我国应用语言学的研究几乎处于停顿状态。从 20 世纪 70 年代起，我国一些理工科院校相继成立了外语系或科技外语系，组织和实施大学英语教学，各个省成立了大学英语教学专业委员会，全国成立了大学英语教学指导委员会，专门组织大学英语教学、研究、考试。对于 ESP 研究始于 70 年代末，到目前为止，我国外语界对 ESP 在课程设置、教学法、教材建设、ESP 工具书编纂等方面进行了多维的探索。为了更好地传授 ESP 课程，对与之关系甚为密切的工具书进行研究，并依据这些研究成果编纂相应的辞书，如《英汉自动学及检测仪表词汇》《英汉计算机技术词典》《英汉美术词典》《英汉社会科学词典》《英汉空气动力学词典》等。但就编纂的宏观结构和微观结构而言，不少辞书存在着诸多缺憾。其间也发表了不少 ESP 的相关文章和论著，遗憾的是，大部分仍停留在介绍国外的研究成果上，只有少数结合自身 ESP 从教经历探讨大学 ESP 教学模式。与国外 ESP 的系统研究相比，国内方面的研究相当有限。

ESP 教学兴起于 20 世纪 80 年代初，标志为科技英语和经贸类英语专业的设置以及由此带动的各类专业英语课程的开设。同时一些外语院系也开始尝试开设"科技英语"课程，并尝试与外界交流。1981 年，在联合国开发署的资助下，ESP 教学网在北外、上外、西外的出国人员培训部成立，任务是帮助 ESP 项目学员（主要是科技人员）用半年左右的时间完成语言训练，掌握英语交际能力，然后按中国与联合国有关组织和机构商定的经济技术合作项目派往国外参加学术交流、学术深造或研究。

一方面，实践领域付出了巨大的努力，另一方面却不时传来学术界对 ESP 是否存在的种种质疑。对于是不是有"科技英语"（专门用途英语在我国的另一种叫法），我国的外语界从一开始就有一场针锋相对的争论。当时中国科技大学研究生院李佩在向中国科学院各研究所发出的征求意见书中就记载了这样的意见分歧：

近年来，我国外语界对大学公共英语教学应取向"科技英语"还是"普通英语"一直有所争议。所谓"科技英语"是 20 世纪 70 年代海外开始流行的"专用英语"引进中国后的一种说法。赞成"科技英语"者认为随着科学技术的飞速发展，国际交往的日益频繁，英语已成为国际学术交流所必备的工具，因此认为"科技英语"或"学术英语"应是大学英语的主攻方向以满足学生的特殊需要。而主张"普通英语"者则认为无论何种专业系统，其所用英语均属于该语言的大体系之中，只有"为科技用的英语"，而不存在什么"科技英语"，只有让学生打下一个扎实的英语基础，方能真正使其起到得心应手的工具作用。

在李佩所选的中国科学院各研究所所长和研究员的回信中，基本上反对"科技英语"说法。比如，"把外文的基础打好，读科技文章就不成问题。""我偏向于以'公共英语'为基本，只有掌握这门语言的'共核'部分，才能有利于在科技方面的应用。""我百分之百地支持大学公共英语应取向'普通英语'的看法。"中国科学院院士，当时复旦大学校长杨福家甚至撰文指出："不能将语言简单地划为'科学英语'，乃至'物理英语''生物英语'，等等"[①]，并断言"'科学英语'根本不存在"。张少雄撰文认真评说了科技英语词汇不存在的种种理由，并由此断言：不仅科技英语词汇不存在，按学科分类方法分割出的各种专业英语，除有一定程度的心理意义以外，并无理论上的科学性，也没有实践上的必要性。[②]

学术上意见不同完全可以争论，但当时这场争论已超越了理论上的探索，直接影响我国的大学英语教学课程设置和发展方向。在较长一段时间里，这种观点占主导地位：我国的大学英语教学是基础英语即普通英语的教学，不需要也根本没有必要进行专门用途英语的教学。按照一般的理解，科技英语是ESP的重要组成部分，我国的ESP教研也是首先从科技英语开始的。如果科技英语不存在，ESP存在的理由就必然苍白无力。出现这种尴尬的局面有多种原因，最主要的是长期缺乏理论研究使得我国高校的ESP教学体系多年来一直处于较为混乱的状态，突出表现在教学大纲对ESP课程定性与定位不明、ESP师资匮乏、教材滥用等。

1983年，上海交大受国家教委的委托，对全国部分院校毕业生在工作中使用英语的情况进行调查分析，这是我国大学英语教学首次对学生的交际需要进行分析，以后又对部分院校新生入校时的英语水平进行调查分析。这些分析虽然不尽完善，却为国家教委1985年颁布的《大学英语教学大纲》（理工科本科）（以下简称85《大纲》）的制定提供了重要的数据资料。85《大纲》将大学英语分为专业英语阅读阶段和基础阶段，指出了专业英语阅读阶段的培养目标是：使学生能以英语为工具，获取专业所需要的信息。尽管85《大纲》中不少内容的确定都采用了ESP的路子，如"微技能表"就是以门比（Munby）的被应用语言学界誉为ESP中最深刻、最严

---

① 于振中，李佩. 高级英语教程[M]. 合肥：中国科学技术大学出版社，1987.
② 张少雄. 英语·教学指导书（第2册）[M]. 长沙：湖南科学技术出版社，2003.

谨的需要分析的《交际大纲设计》（Communicative Syllabus Design）一书为蓝本，但85《大纲》没有明确 ESP 课程，只是遮遮掩掩称是"专业阅读"（尽管最初开设的课程以科技英语为主），没能明确指出它到底是英语课还是专业课，至于到底读什么，深度、难度如何，均没有量化的指标。

85《大纲》对 ESP 教学没有实质性的推动，加之 ESP 本身的跨学科性和当时社会经济状况对英语要求不高，因此在经历了 20 世纪 80 年代末到 90 年代初短暂的科技英语热之后，ESP 教学发展几乎停滞，原本设立 ESP 专业的学校，由于毕业生没有明显的优势，不得不放弃 ESP 特色。例如，原华西医科大学曾在 1986 年开设了医学科技英语专业，学生除学习英语外，每学期还至少学习一门医学课程，学制相应延长至 5 年，其培养目标为医学院校英语教师，毕业生既能胜任公共英语教学，也能承担医学英语甚至医用拉丁语教学。但走上教学岗位的毕业生反馈医学院校有的没有开设医学英语，有的开设了但不是由外语教师任课，因此该校英语专业从 1994 级学生开始，基本上停开了所有医学课程，学制也缩短至 4 年。

就教学对象来讲，ESP 和 EGP 一样在我国有着广大的学习者。许多岗位的工作人员利用业余时间参加 ESP 课程培训，从每年有几十万的学习者参加由剑桥大学举办的 BEC（Business English Certificate）考试就可以看出这种趋势的存在。从国家教委到外语学界的专家、学者以及一线教师都意识到开设 ESP 课程的重要性。

国家教育 1996 年公布的高等学校理工科本科用《大学英语专业阅读阶段教学基本要求（试行）》弥补了 85《大纲》的缺陷。对 85《大纲》中关于专业阅读课教学的要求和安排做了进一步阐述，制定了课程的教学基本要求，加快了专业阅读课教学规范化的步伐。

同时，外语专业教学内容和课程体系改革也在紧锣密鼓的进行中。1994 年底，国家教委制订了高等院校面向 21 世纪教学内容和课程体系改革计划，"面向 21 世纪外语专业教学内容和课程体系改革"课题项目由上海外国语大学和北京外国语大学合作承担，并邀请了北京大学、清华大学、复旦大学、南京大学、对外经贸大学、外交学院、华东师范大学和解放军外国语学院等院校的专家、教授参与工作。为了便于开展研究，分别成立了由上海外国语大学和北京外国语大学牵头的南北方两个课题组，在国家教委高教司外语处的直接指导下工作。课题组自 1996 年正式开展工作，到 1997 年 6 月截止,课题组分两个阶段进行了大量的调查研究、信息数据统计和分析研讨工作。两组分别设计了调查问卷,分析反馈信息,并在此基础上撰写了分析报告。1997 年 6 月,课题组成员参加了高等学校外语专业教学指导委员会英语组年会,1997 年 11 月,又参加了全国外语院校协作组年会。在两次年会上,课题组成员认真听取了外语界专家对外语专业教学内容和课程体系改革的意见和建议,与会专家肯定了课题组的调研工作以及关于外语专业教学改革的总体思路。

经过对全国部分外语院校(系)人才培养和教学现状的摸底调查,基于各院(系)的总体改革和发展情况,结合 21 世纪对外语人才的需求,课题组提交了《关于外语专业教育改革的建议》。《建议》的核心内容是:21 世纪是一个国际化的,高科技经济时代、信息时代、智力和人才竞争的时代。我们培养的学生作为 21 世纪的社会主义建设者和接班人,应该是能立足我国以经济建设为中心的各条战线,面向改革开放前沿,适应市场经济,利用所学语言和知识,在传播沟通信息和进行科研成果的对外交往与合作、从事教育与科学研究等方面胜任工作,并发挥积极作用。这是 21 世纪的中国和世界对外语专业人才提出的新要求。这份建议还指出,外语教育专业改革的当务之急是转变教育思想,更新教育观念。由于社会对外语人才的需求呈多元化的趋势,过去单一外语专业和技术技能型人才已经不能适应市场经济的需要,市场对纯语言专业毕业生的需求量正逐渐减少。因此外语专业必须从单科的"经院式"人才培养模式转向宽口径、应用型、复合型人才的培养模式。其实,英语专业的学生仅仅是 ESP 学习者的一小部分,更大一部分来自非英语专业的学生以及专业工作人员。

ESP 课程的进一步明确是 1999 年修订的《大学英语教学大纲》(以下简称 99《大纲》),正式提出了"专业英语"的名称,对"专业英语"的地位与重要性给予了充分的肯定,并规定为必修课。明文规定:"专业英语是大学英语教学的一个重要部分,是促进学生完成从学习过渡到实际应用的有效途径。各校均应在三、四年级开始专业英语课……切实保证大学英语学习四年不断线。"99《大纲》的要求明确了大学英语第二阶段即提高阶段的教学方向(第一阶段为基础阶段),为大学高年级阶段的 ESP 教学定了位。

但 99《大纲》的问题依然存在。既然是《大学英语教学大纲》做出的规定,那么专业英语课理应属于英语课程系列,是公共基础课。但是由于 99《大纲》

规定"专业英语课原则上由专业教师承担,外语系(部、教研室)可根据具体情况配合和协助",在实际操作中,外语教学部门的配合和协助基本上是一句空话,ESP课程完全成了专业教师的副业。可能是《大学英语教学大纲》对ESP的定位不明导致各个学校教务部门对它的认识五花八门。以同济大学为例,在42个开设有ESP课程的专业中,有21个把它列为专业基础课,15个把它列为专业课,还有6个把它列为公共基础课。同济大学的情况在全国高校中很有代表性。作为专业课或专业基础课,ESP课程理所当然应该由专业教师来组织教学。而作为公共基础课(大学英语课程的一个分支),则应该由英语教师来组织教学。从ESP的全称English for Specific Purposes来看,它首先是一门英语课,应该由英语教师来承担。无论是英美等英语国家还是新加坡、罗马尼亚、中国香港等英语水平较高的国家和地区都把ESP课程作为英语教学的一个分支,由英语教师来承担教学工作。而在我国,由于定位的不明确,ESP课程一小部分由英语教师承担,其余大部分由专业教师包揽,使得从事ESP教学的教师主要有这样两类:

第一类教师:在服务前(pre-service)以学文学为主,后从事EGP教学。由于教学计划改变,或为满足学习者新的需要,转向一些较热门的专业英语,如法律英语、商务英语、科技英语等。由于本身不是某一话语共同体的成员,给教学带来一定的局限性,如不完全熟悉该专业的业务,无法了解学习者的各种需要,不精通该语言体裁的特点或词汇特点,容易将专业学科教学上成英语的辅助课,使语言教学易走弯路,不但费时、低效,甚至误导学习者。

第二类教师:在许多高校,专业英语都是由某一系或专业的英语水平较高的专业教师承担,这些教师的优势是熟悉本专业的词汇与交流机制,既是目标话语共同体的成员,又是该专业的行家里手。但是专业教师讲授ESP课程有很多缺陷。首先,教师自身的英语应用水平和教学水平值得怀疑。不能否认少数专业教师有较高的英语应用水平,就如汉语讲得好的人不一定会教中文一样,他们是否有能力组织有效的ESP教学还很难说。更何况,英语应用能力强的教师不一定被安排去教ESP课程,这就不可避免地使相当一部分教学任务落到了英语应用能力本身还存在问题的教师身上。同济大学的相关调查表明,不少从事ESP教学的专业教师对自己的英语能力信心不足,多数教师只用传统的语法翻译法教学。同济大学作为全国排名靠前的重点大学，情况尚且如此，那么众多不如它的高校情况如何，就不言而喻了。其次，专业教师无论是教学还是科研，都把主要精力放在自己的专业上，ESP课程只不过是"副业"而已，花在上面的精力非常有限，这直接导致ESP教学方法呆板、教学效果差、科研停滞不前。而对ESP教学和科研有兴趣的英语教师则苦于没有机会从事教学实践，即使搞科研，也只能纸上谈兵，无法理论联系实际。

另据韩萍、朱万忠等调查，由于ESP对教师有专业与语言的双重要求，许多高校的专业教师，由于他们自身语言底子不足又缺乏语言教学经验，选择的教学模式主要还是"翻译+阅读"，很少涉及语言综合技能的全面训练，在课堂中扮演的角色仍然是"以教师为中心"的"传道授业解惑者"，学生也只是知识的被动接受者；同样，由语言教师担任ESP课程教学，由于不懂相应的专业知识和ESP教学之于EGP的特殊性，也难以胜任。ESP师资选择陷入两难的境地。陈冰冰对温州大学师生的访谈发现，许多教师对ESP教学没有组织设计交际任务或活动，仍使用传统的呈现式、灌输式教学法或使用精读或阅读的教学模式进行教学，整个课堂只有来自教师的输入（input），忽视了学生对所学语言的输出（output），"哑巴英语"现象仍然没有得到改观。受英语四、六级全国统考的影响，全校外语教师普遍重视基础英语，从事ESP教研的教师寥寥无几，这在该校2004年度校级ESP教研立项的项目数量就可以看出：总共39个项目中，有关大学英语的有6个，而有关ESP的只有1个（《英美报刊选读》教学创新之探索）。同样，其他高校也存在着厚此薄彼的现象。

99《大纲》中要求的各校"要逐步建立起一支相对稳定的专业英语课教师队伍，成立由学校领导和专业英语教师组成的专业英语教学指导小组，统筹、协调、检查专业英语教学方面的工作"，明示了ESP师资力量不稳定的突出问题。一般院校很难找到既通某种专业又通外语的"全科教师"。一般的英语教师缺乏必要的专业知识，讲授的深度和广度受限，加之基础教学任务重，压力大，无力担此重任；而专业教师对于大学英语教学的内容不熟悉，对学生在基础阶段所接受的训练及掌握的语言知识、技能了解不多，在讲课中出现该讲的没讲，不该讲的又重讲的现象，加之自身英语水平的限制，不利于指导学生的专业英语阅读。

尽管专业教师和语言教师的合作一直为ESP研究者所提倡，可是王蓓蕾在对同济大学ESP教学情况调查中发现，ESP教师都是专业教师，其中只有两位和其他教师合作教学。他们的教学重任仍在专业课上，他们认为 ESP 课程备课量大，对教师有专业和语言的双重要求，费时费力，不如上专业课有成就感，师资队伍不稳定。甚至于有些高校或推迟开课的时间，或索性根本不开设 ESP 课程。

事实上，由于长期以来 ESP 在大学英语教育中的定位模糊不清，像上文提到的选择教师的尴尬仍在继续发生，围绕着这个话题的讨论也在继续进行。章振邦教授指出："现在的问题是我国的普通英语教学太长，对专业英语重视不够，从小学到中学到大学学的都是普通英语，所谓'四级''六级'测试，都是在测试普通英语的水平。大学英语教学迟迟不与专业挂钩，怎能要求学生毕业后走上需要专业英语的工作岗位能够胜任愉快？"[1] 刘法公指出，中国英语教学界对基础英语和专门用途英语教学之间存在不少模糊的认识，认为英语教学的任务就是培养学生基础英语的技能。目前，我国许多高校的现状是重视基础英语，忽视 ESP 教学，极大地影响了学生综合英语能力的培养。著名学者秦秀白教授认为我国 ESP 教学尚未进入成熟阶段，一个主要原因是没有解决好 ESP 在大学英语教育中的定位问题。

各专家、学者都曾就此提出自己的解决方案，刘润清建议给大学英语教师举办师资培训班；黄建滨和邵永真认为应"选派英语功底好的优秀专业教师担任专业英语课的教学任务，并在待遇上给予特殊政策"[2]；蔡基刚则认为 ESP 教学应"主要由外语教师来承担，而双语课可由专业教师授课"[3]；还提出鼓励年轻的具有硕士学位的外语教师攻读其他专业的博士学位，加强和双语课程专业教师的业务合作等。

笔者认为最根本的原因还是长期以来我国外语师资培养结构不合理，ESP 教师教育专业空缺造成的。传统的师范外语专业知识结构单一，偏向纯语言知识的传授，学科知识与跨学科知识互不挂钩，外语师资与专业师资培养各自为政，忽视了"ESP as a multi-disciplinary activity"的事实，缺乏对英语作为国际性语言应与时俱进、与世界经济全球化同步发展的前瞻性考虑。当然，我国个别高等院校已经注意到这一问题，并实施一些对应措施，广东外语外贸大学就开设了法律英语的博士点；其商务英语学院每年还派送商务英语教师赴英国兰开夏大学攻读国际商务英语教学或工商

---

[1] 章振邦.新编英语语法 [M].上海：上海外语教育出版社，1997.
[2] 黄建滨，邵永真.新编大学英语语法 [M].北京：外语教学与研究出版社，2005.
[3] 蔡基刚.中国大学英语教学路在何方 [M].上海：上海交通大学出版社，2012.

管理硕士学位；上海外贸学院定期派送英语教师到英国进行ESP师资培训。这些做法当然值得极力推荐，可是就国内大部分高校目前的条件来讲，还是不太现实，即使能够做到，也是杯水车薪，解决不了整个问题。

除大纲和师资问题外，教材的问题也相当严峻，不容乐观。开展专门用途英语教学必须依靠合适的系列教材。没有一系列科目适当、难度适中、语言适宜的专门用途英语系列教材，就无法保障教学质量。国家教委没有组织各系统各专业统一编写专业英语教材。基本上每个学校以自行编写或选编为主，教材没有统一的教学目标，缺乏统一的指导思想，存在着较大的盲目性和主观性。各教材之间缺乏内在的连贯性与系统性，更少考虑到所选教材之于教学法的可操作性。有的教材是国外专业书的片段拼凑；有的只有课文，没有练习；有的只注重专业知识，完全忽略英语语言的训练。大多数是民间自发独立或联合编写的杂乱无章的教材。部分ESP教材的编写者从事通用英语教学，没有受过有关ESP知识的专门训练，对ESP的核心指导理论——"真实性"的理解不够完全，认为真实的语料仅指真实的书面语篇，忽略了听、说等真实的语篇、真实的课堂活动的运用和对语言教室交际场景文化真实的设计以及对学生真实学习策略的培养。一些教材虽然运用了真实阅读语篇，但内容陈旧，不能充分调动学习者学习的积极性，教学效果不理想；某些教材练习仍然以语法、词汇、翻译等传统练习为主；还有一些则全盘采用外国杂志上的原始材料，难度大大超过学生已有的语言与专业水平，阻碍了课堂交际活动的安排。更严重的问题是，教材几乎全是由教师在课前选定，学生对教材的选择没有发言权。任何ESP课程的设计都要以学习者需求为基础去进行，而在我国，ESP需求分析对绝大多数课程设计者来说还是一个陌生的概念，更不用说有人去做了。没有需求分析，课程设计者对各个领域的ESP课程是否有必要开设缺乏概念。比如，该以使学生达到什么程度为培养目标，达到这一目标需要多少学时，应该采取大班上课模式还是小班上课模式等。因此，就出现有的专业安排ESP课程，有的专业则没有，学时差异也很大，无论专业本身对听、说、读、写要求如何，都采取大班上课模式。

目前，组织人力编写出较为完整、统一的专门用途英语教材是亟待解决的英语专业学科建设问题。近几年来，宁波大学、汕头大学、广州外语外贸大学、北京外国语大学的专门用途英语教师已陆续编写并出版了"现代国际商务英语""报刊英语""旅游英语""国际商务英语""国际金融英语""商贸法规英语"等教材并同时开设相关课程,这一尝试值得借鉴推广。

鉴于师资匮乏、教材滥用等问题,很多院校的专业阅读课迟迟不能开设。即便开课,课时也不能保证,收效甚微,形同虚设。王蓓蕾在对《同济大学ESP教学情况调查》一文中指出:"调查表明,从总体来看,62%的学生能看懂原版资料,但遗憾的是,80%的学生却无法用英语交流相关信息。看来ESP教学仍停留在专业阅读阶段。各专业的差异也较大,如地质学专业70%的学生能看懂原版资料,而给水排水工程竟有50%的学生看资料有困难。"[1]

ESP课程具有边缘性,是专业内容与英语语言技能培养的结合,各个领域的内容差别很大。目前我国多数ESP课程缺乏教学大纲,虽然1985年、1999年的《大学英语教学大纲》对ESP课程做出了一些指导性的规定,但过于笼统,不能算作真正意义上的教学大纲,况且每个领域(如医学、法律、计算机、金融等)的ESP内容各不相同,不可能共用一个大纲。教学大纲的缺乏使得教师对教材的选取和讲授内容的多少自由度过大,责任心欠缺的教师可能会偷工减料,使教学内容大打折扣,即使责任感强的教师,也会由于对课程的认识不一致而影响教学内容和效果。教学必须有相应的评价机制,ESP教学不同于一般的教学,不能用一般的教学评价机制来衡量,需要建立客观、公正、符合ESP教学规律和特点的评价机制,而大多数高校还没有建立起相应的ESP教学评价措施,使得教学长期处于无人监管的状态。

教学发展的停滞不前使有关部门认识到问题的严峻性,在ESP教学举步维艰、效果不佳的情况下,转而把希望寄托到双语教学上。教育部办公厅在2001年9月下发了《关于加强高等学校本科教学工作提高教学质量的若干意见》,强调指出:"积极推动使用英语等外语进行教学,按照教育面向现代化、面向世界、面向未来的要求,为适应经济全球化和科技革命的挑战,本科教育要创造条件使用英语等外语进行公共课和专业课教学。对高新技术领域的生物技术、信息技术等专业,以及为适应我国加入WTO后需要的金融、法律等专业,更要先行一步,力争3年内,外语教学课程达到所开课程的5%~10%。暂不具备直接用外语讲授条件的学校、专业,可以对部分课程先实行外语教材,中文授课,分步到位。"这里所

---

[1] 王蓓蕾.同济大学ESP教学情况调查[J].外语界,2004(1):35-42.

说的外语教学即双语教学。一度有关部门及高教界人士对双语教学提高学生ESP应用能力寄予厚望，但在具体的教学操作中，双语教学依然困难重重，成了很多学校教学上的一个死结。接着，教育部2004年颁布的新的《大学英语课程教学要求（试行）》，虽然强调教学要与学生未来工作需要相结合，但对ESP教学几乎没有明确地提及。大学英语教学依然沿袭通用英语一统天下的套路，ESP教学似乎已被淡忘，无人问津了。

ESP在中国已有几十年的发展历史，遗憾的是出于种种原因，它依然未能挣脱大学公共英语和专业课程的羁绊。传统的"语言中心"和"教师中心"的教学法仍然根深蒂固，ESP课程不免处于尴尬的境地，既不能满足学生提高语言能力的要求，也无法和专业课的重要性相提并论。时至今日，ESP依然在夹缝中苦苦挣扎，祈求能有一片完全属于自己的生存空间。

二、英语基础知识教学中的问题

（一）语音教学中的问题

我国的英语语音教学主要存在5个问题：对语音教学的内容和任务把握不够、对语音教学重视不够、教师语音不标准、对语音教学的长期性认识不够、学生的语音练习机会太少。下面我们就对这5个问题分别进行说明和分析。

1. 对语音教学的内容和任务把握不够

语音教学的内容不仅包括字母、音标和拼读，还包括语流、语调、重音等。但有的英语教师只关注前面几项内容，而忽视了后面几项，这就很容易造成学生发音尚可，拼读也还熟练，但语流不畅，语调不过关，最终影响朗读、口语能力的发展。这是因为，语调、重音等因素对语义的影响有时比单个音素还要大，而且也对学生语感的培养极为重要。因此，英语语音教学不能只停留在单个音素和单词读音的层面上，还应帮助学生在音长、重音、语调、停顿、节奏等方面打下坚实的基础。

除了知识性的传授以外，语音教学中教师必须使学生具备以下6种能力：

（1）能够听音、辨音和模仿语音。

（2）能够将单词的音、形、义联系起来，并能迅速做出反应。

（3）能够按照发音规则将字母及字母组合与读音联系起来。

（4）能够迅速拼读音标。

（5）能够将句子的读音和意义直接而快速地联系起来，从而达到通过有声言语进行交际的能力。

（6）能够朗读文章和诗歌。

2. 对语音教学重视不够

语音不仅是语言的基本要素，更是语言赖以存在的基础。可以说，世界上所有的语言不一定都有文字形式，但一定有各自的语音。因此，英语语音教学也应该是整个中学英语教学发展的起点。然而在实际教学中，对语音重视不够的情况并不少见。这一现象不仅表现为对学生的发音问题（如浊辅音发成清辅音、短元音发成长元音等）不认真纠正就放过；还表现为学生的语音基本技巧不纯熟，无法快速地将字母和语音联系起来，达不到直接反应的水平。总之，对语音教学的重视不够往往直接导致了学生语音基本技巧自动化程度不够。

这一问题不仅阻碍了英语的后续教学，更影响了学生的语言能力和各项语言技能的发展。有调查显示，我国英语教学存在两极分化的现象，包括班与班、校与校、地区与地区的宏观分化和班内学生之间的微观分化。这种分化无不与语音教学有着莫大的关联。因为如果语音基础不好，读单词就会有困难，不会读或读不准单词也会直接影响到单词的记忆和积累。而词汇量不够的话，阅读也就困难重重。另外，语音基础不好就无法将音、义快速联系起来，这也给听力学习造成了很大的困难。而英语听力能力的薄弱不仅会导致听力学习效果不佳，教师如果用英语授课，学生也难以跟得上，最后连听课都困难，就只能放弃英语学习。

3. 教师语音不标准

作为语言的基本功，语音看起来简单，但实际上要想做到发音准确是十分不易的。部分英语教师自身也存在发音不准确的问题。还有一些英语教师不分英式发音和美式发音。这在中国人看来似乎没什么，但在英语本族人听来就十分怪异了。要想解决这些问题，教师必须自觉地提高英语水平，进行一定的专门发音训练。此外，也可以使用录音机等教学工具，一方面保证语音的准确性，另一方面也保证每位学生都能听得清楚，从而起到正音、正调，提高学习兴趣的目的。

4. 对语音教学的长期性认识不够

英语教学是从语音教学开始的，但这并不意味着语音教学只存在于英语教学的初期。事实上，语音教学应该贯穿于整个英语教学之中。这点常为一部分教师所忽视，导致学生的语音越来越差。高年级学生反而不如低年级学生敢于开口讲话。这些问题的产生都和教师对语音教学的长期性认识不够有很大的关系。因为语音是一种技巧性能力，"久熟不如常练"，语音的学习自然就需要经常练习。不仅要指导学生练习，教师自己也要不断地进行纠音和正调。当然，入门阶段以后的语音教学大多是融入语法、词汇、句型、课文教学和听、说、读、写训练之中的，虽然并不明显，但却体现了英语学习的综合性质和科学规律。

5.学生的语音练习机会太少

语音练习机会少是英语语音教学中的一个显著问题，也是学生英语语音学习效果不佳的一个重要原因。要想解决这一问题，首先，要坚持听音在先，听清、听准、听够，然后再模仿发音或读音。其次，教师可在纠正语音的时候画龙点睛地讲一些语音知识和练习诀窍，如设计单音成组比较练习，音调、词调、句调结合练习，或英汉语音对比练习等。此外，教师还应注意学生普遍存在的语音问题，并有针对性地对学生进行"发声"指导，帮助学生纠正这些语音问题。

（二）词汇教学中的问题

我国的英语词汇教学主要存在4个问题：教学方法单一、忽视学生主体地位、与实际生活联系不够、缺乏系统性。下面我们就对这4个问题分别进行说明和分析。

1.教学方法单一

词汇是学生在英语学习过程中最感头疼的部分。词汇的记忆和使用往往令学生感到枯燥、乏味。而综观我国的英语词汇教学可以发现，大部分教师依然采用传统的教学方法，即"教师领读—学生跟读—教师讲解重点词汇用法—学生读写记忆"。这种教学方法单调、乏味，学生处于被动的学习地位，这无疑加剧了学生对词汇学习的抵触情绪，词汇教与学的效果都不会太好。

面对上述问题，教师必须重视教学的改革，采用多样、有趣的词汇教学方法来调动学生学习的积极性，提高学生学习词汇的兴趣。例如，教师可以利用实物、多媒体等教具来呈现和讲解词汇，从而达到抓住学生的注意力，提高他们词汇学习的兴趣的效果。

2. 忽视学生的主体地位

随着英语教学的不断发展，越来越多的人认识到学生在英语学习中的主体地位。然而，这种主体地位在实际的英语教学中仍未得到很好的体现，词汇教学也不例外。词汇教学本应注重对学生智力的开发，重视对学生的观察力、记忆力、想象力、思维能力以及创造能力的培养。而现实状况却是"教师只顾教，忽视学生学"。教师大多采用"填鸭式"教学，将词汇的发音、意思、搭配等知识灌输给学生，要求学生死记硬背下来，而忽视了对学生主观能动性的激发。实际上，学生的词汇学习到达一定阶段后大多已经具备了一定的英语词汇基础，且有能力对相关的词汇规律进行归纳和总结。因此，教师不应继续"独揽霸权"，而应发挥引导作用，使学生逐渐能够独立思考和总结、发现词汇规律、掌握词汇学习的方法，这样的词汇学习才能更加长久、有效。

3. 与实际生活联系不够

词汇教学方法的单一导致词汇的呈现、讲解大多局限在黑板和教师的口头讲述上，这也意味着其与实际生活的联系也十分微弱，而不能使词汇学习与学生的实际生活联系起来就难以引起学生的词汇学习兴趣，也无法因材施教。

为解决这一问题，教师就要将词汇教学和实际生活多加联系。例如，教师可将所授词汇放在一个真实的语境中来呈现或讲解，也可以适度扩展一些学生感兴趣的词汇，还可以补充一些和所教词汇相关的课外内容，并做适当的引申。学生只有认识到所学词汇的实用性，才会产生强烈的学习动机，词汇学习的效果才会更好。

4. 缺乏系统性

英语词汇的教与学都可以按照一定的系统来开展。把握好这种系统性有助于加强词汇之间的联系，从而提高词汇教学的效率和效果。然而，目前我国大多数的英语词汇教学都严重缺乏这样的系统性。肖礼全曾指出："从小学到中学再到大学，所有的英语课本所包含的课文，其内容的主题都没有一个系统可循，几乎每一册课本都可能包含10个甚至更多的主题，如生活常识、人物事件、生态环境、旅游观光、社会道德、天文地理、历史经济等。"[1]由于这些课文没有共同的主题，其所包含的词汇也就缺乏共同的纽带和轴心，学生能够依附的知识体系繁杂，因而也就无法形成一个可以展开或聚合的体系。这就容易导致学生在应用、记忆、复述、联想这些词汇时陷入一种无章可循的散乱状态，最终导致学生的英语词汇学习效果不佳。

要解决这一问题，教师就应将词汇教学纳入知识系统学习的轨道，用专门的知识系统来引领和组织英语词汇学习。例如，定期按照一定的标准（如相同主题、反义关系、相同语境等）对所学词汇进行归纳总结，这样学生才能更加有效地理解和使用词汇，词汇教学才会取得更大成效。

（三）语法教学中的问题

语法是构筑一切语言的奠基石，是语言教学和考试中必不可少的部分。语法教学效果的好坏直接关系到学生对语言的理解和应用能力的高低。就我国目前的英语语法教学现状来看，其中存在5个问题：教学环境差、教学方式单一、教学时间不足、语法地位降低、教学缺乏系统性。下面我们就对这5个问题分别进行说明和分析。

1. 教学环境差

语言环境对语法教学的影响很大。若语言环境有利，则便于学生在真实的语境中理解和使用语法。若语言环境不利，就会对语法教学造成很大的阻力。在我国，英语教学是在汉语的环境下进行的，而英汉两种语言又分属于不同的语系，这就使英语语法教学处于一个不利的语言大环境之中。另外，国内大部分英语语法课堂教学中，教师大多采用汉语授课，更加大了语言环境的不利影响。学生在缺乏语境的情况下，对语法的理解和掌握不够深刻，只能机械地记忆教师教授的语法条目，却无法真正掌握其使用方法，以致错误频出。要想解决这一问题，教师应尽量用英语授课，并注意结合真实的语境来教授语法，便于学生的理解、记忆和使用。

2. 教学方式单一

"先讲语法规则，后做练习"是我国英语语法教学中最常使用甚至是唯一的教学方法。然而，这种教学方法使学生处于被动的接受地位，无法调动学生学习的积极性。这种教学方法往往会令学生感觉好像听懂了、会

---

[1] 肖礼. 初中英语阅读教学中如何培养学生语用能力[J]. 学周刊，2021（19）：31-32.

用了，可是要使用的时候又感觉很陌生，总是遇到这样那样的问题。尤其是当几个语法现象共同出现的时候，学生往往就会不知所措。因此，面对复杂而繁多的语法条目，教师务必要注意教学手段的多样性，以激发学生的学习兴趣，深化学生对语法条目的理解，实现语法教学效果的最大化。

3. 教学时间不足

在缺乏英语大环境的基础上，我国英语语法教学要想取得成绩，主要靠课堂教学效果。然而，英语课堂教学除了涉及语法教学以外，还涉及语音、词汇、听力、口语、阅读、写作、翻译方面的教学，这样一来，用于语法教学的时间就少之又少了。教学时间的不足也是制约英语语法教学效果的一个重要因素。

要想解决这一问题，我们不能硬从其他语言知识和技能的教学中挤时间，而应将语法教学与听、说、读、写、译的教学融合在一起，这样就大大增加了语法教学的时间和效果，同时也不影响语言技能的教学，可谓一举两得。

4. 语法地位降低

近几十年间，英语语法教学经历了从"天上"到"地下"的巨大变化。早些年，语法教学是整个英语教学的重点，甚至还有教师将二者等同起来。一时间，语法教学的地位"无人能及"。然而随着由此观点指导下的英语教学弊端逐渐暴露，大量淡化英语语法教学的现象也随之逐渐显露。导致这种现象产生的原因有两方面：①有人认为，学生小学就开始学语法，到大学阶段语法学习已基本完毕，无须重复。②还有人认为，试卷中考查语法的题目较少，分值比重也很少，不值得花费太多的精力去学习。事实上，这两种观点均失之偏颇。下面我们就对这两种观点分别进行评述。

第一种观点将语法学习的时间长短和学习内容的多少、学习效果的好坏等同起来，这是不正确的。学习时间长并不代表学到的就又多又好。即使学生掌握了初、高中全部的语法内容，也并不意味着他们能够理解所学语法项目的全部用法。因为中学阶段的很多语法项目有时并不适用于大学阶段遇到的一些语法现象。例如，中学时期学习的条件状语从句的使用要求是"从句用一般现在时，主句用一般将来时"。但是当学生日后遇到类似下面的句子时，就会难以理解。

If it should fail to come, ask Marshall to work in his place.

本例中，不管主语的人称和数如何，从句动词一律采用"should+不定式"的形式，而主句动词则可根据语义意图采用不同的形式。其中，should 表示一种不太肯定的婉转口气，并不影响条件的真实性。条件状语从句的这种用法在初、高中时期并不多见，学生仅靠对条件状语从句的一般认识是无法彻底理解本句含义的。

  由此可知，尽管很多语法项目看似学过，但却往往包含了多种用法和意义。这些用法和意义显然无法在英语学习的初级阶段就全部学到。如果学生不能深入、持久地学习和更新语法知识，就很难理解那些看似熟悉的语言现象。

  第二种观点本身就是目光短浅、只见表面不见本质的。尽管英语考试中直接考查语法的题目所占分值不高，但作为语言构成的基础，语法无论是对英语学习还是对英语考试而言都具有极为重大的意义。这是因为，任何句子的分析和理解都离不开语法。无论是听力、口语、阅读、写作还是翻译，没有扎实的语法基础，学生就可能听不懂、说不对、看不明白、写不出来、翻译错误甚至翻译不出来。可以说，英语测试就是建立在语法基础上的，对学生语法的考查其实贯穿了英语考试的始末。

5. 教学缺乏系统性

  语法教学系统性的缺乏体现为，学生虽然对个别语法条目非常熟悉，但却对与之相关的语法条目及其之间的差别与联系没有一个鲜明而完整的印象。例如，有一定英语基础的学生都能说出一些语法名词，如现在分词、过去分词、一般现在时、一般将来时、虚拟语气、独立主格等，但是如果让学生回答英语语法中有多少词类、几种时态、几种语态等问题，他们往往回答不上来。这种系统性的缺乏对学生全面、深刻地理解和使用语法知识而言是极为不利的。要想解决这一问题，教师应在语法教学过程中，对学过的语法项目多加总结，以帮助学生形成一个完整的语法体系概念。

三、英语听、说教学中的问题

（一）听力教学中的问题

  我国英语听力教学中存在的问题主要有学生畏惧听力、听力基础薄弱、教学模式单一、缺乏适度引导、教材现状不佳等。下面我们就对这几个问题分别进行说明和分析。

1. 学生的问题

（1）畏惧听力。听力是一种综合的语言能力。听力技能的培养涉及理解、概括、逻辑思维、语言交际等能力的培养。但在实际英语听力教学中，很多学生因为跟不上语音材料的语速，且思维缓慢，而不能使听到的语音转化成实际的意义，因而听力效果不佳。也正因为如此，学生对听力学习总是心存畏惧。

（2）听力基础薄弱。学生听力基础的薄弱体现在多方面。

①英语基础功底差。很多学生即使到了大学阶段，所掌握的词汇量、语法仍然十分有限，对语音的识别能力还很欠缺。这些都直接成了听力的重大障碍。

②缺乏英美文化知识。听力材料中不可避免地会包含一定的文化信息，而学生对英语国家的历史文化、自然地理、风土人情、思维方式、行为习惯等不了解，就势必会影响听的效果，甚至会产生错误的理解。

③不良的听力习惯。我国的英语教学具有很强的应试性，这种环境不利于学生养成良好的听力习惯。另外，学生在课外也很少练习听力，因而导致他们的听力能力欠佳。

以上这些听力基础的欠缺积累起来也会导致学生产生怕听的情绪。

2. 教师的问题

（1）机械的教学模式。当前我国英语听力教学多采用"听录音—对答案—教师讲解"的教学模式。这种模式下的听力教学不仅缺乏对学生的有效监督，而且忽视了学生对于语篇的整体理解，只是毫无目标地、机械地播放录音，一遍不行就放第二遍、第三遍，教师盲目地教，学生盲目地听，丝毫不会产生听的兴趣，教学效果自然不佳。

（2）缺乏适度引导。在应试教学的影响下，英语听力教学也多是围绕考试这个指挥棒而转的。教师大多将教学重点放在如何应付考试上，以考试的方式训练学生的听力能力，而不对学生做任何引导就直接播放录音。这就很容易使对生词、相关的知识背景等尚不熟悉的学生在听的过程中遇到种种障碍，不仅降低了听的质量，而且使学生产生挫败感，因而对听力学习失去信心和兴趣。

与之相反的是，有的教师总是在播放录音之前对学生进行过多的引导，不仅介绍了生词、句型，还将材料的因果关系等一并介绍给了学生。这样一来，学生即使不用仔细听，也可以选出正确答案，这就很难激起学生听的兴趣，听力教学也就失去了意义。

由此可见，如何对学生进行适度的引导是关系听力教学质量的一个重要问题，太多或太少都会影响教学效果，教师应根据实际情况进行把握。

3. 教学条件的问题

（1）听力时间不足。由于大多数学生很少在课下积极主动地练习听力，因此，听力学习的时间主要集中在课堂上。而一节课时间有限，而且也不可能全部用于听力，因此，学生能够听的时间其实很少。而听作为一种综合性技能，它的提高并非一朝一夕能够实现的，这就造成学生听力水平提高缓慢。

（2）教材现状不佳。教材是教学得以开展的重要依据，对教学大纲以及练习的设计和安排有着直接的影响，对教学活动的开展起着关键的作用。好的听力教材不仅可以丰富学生的文化素质，还可以开阔学生的视野。但我国很多学校使用的听力教材存在内容陈旧、编排不合理等问题，不能反映迅速变化的时代，也无法体现最新的教学思想和教学方法，这也是我国英语听力教学效果迟迟得不到提升的一个重要原因。

（二）口语教学中的问题

随着经济、科技、政治等各方面的全球化发展，人们需要用英语进行交际的机会也日益增加。口语教学引起了越来越多人的重视，而我国学生的英语口语交际水平与实际的需要还相差很远，"哑巴英语"现象普遍存在。造成这一现象的原因在于英语口语教学中存在诸多问题。下面我们从学生、教师、教学条件三个角度来分析英语口语教学中存在的问题。

1. 学生的问题

（1）语音不标准，词汇匮乏。受汉语语言环境的影响，语音基础不好的学生有的发音不准，影响了语义的表达；有的带有地方口音，听起来十分可笑；还有的不能正确使用语调、重音等，直接影响了英语口语语音语调的标准性。另外，由于缺乏练习，学生往往很难将学到的词汇用在口头表达中，而造成无话可说或不知如何去说的尴尬。

（2）心理压力大，缺乏自信。受应试教育的影响，初、高中的英语教学将重点放在了阅读和写作的训练上，而忽视了英语口语的教学。这就使学生即使日后意识到了口语的重要性，也总是心虚、不自信。虽然有些学生的口语能力不像他们想象的那么差，却仍然不愿意开口说英语。即使有一小部分学生愿意做口头交流，也总是带有紧张不安的情绪，担心自己说错、被批评、被耻笑，更不要说那些发音不好的学生了。这些负面的情绪和压力对学生口语能力的提高显然十分不利。

2. 教师的问题

（1）教学方法滞后。我国的英语口语教学是作为英语整体教学的一部分而出现的，而并未被独立出来进行专门教授，因此英语整体教学中存在的问题也直接体现在口语教学上，其中教学方法滞后就是一个重要的问题。口语教学中，教师也习惯性地采用传统的"讲解—练习—运用"的教学模式。这看似体现了教学的规律，实际上却制约了学生说的积极性。在此教学模式下，学生只能被动地接受教师所讲授的词汇和语法知识，在没有语境的情况下做大量机械的替换、造句等练习，这样根本无法有效地锻炼口头表达能力。

（2）汉语授课。提高英语口语能力的一个重要方法就是多听、多说。然而，很多英语教师考虑到学生的英语水平参差不齐，为了使所有学生都能跟得上教学进度，而不得不放弃英语授课，这无疑恶化了英语使用的环境，减少了学生用英语进行交际的机会。另外，为了追赶教学进度，应付大学英语四、六级考试，教师也多用汉语讲授知识点。

3. 教学条件的问题

（1）课时不足。口语教学的一个显著而直接的问题就是教学时间得不到保证。口语能力的提高需要花费大量的时间，进行大量的实践，而我国的口语教学被纳入英语整体教学之中，教学多重形式、轻运用，因此口语教学未能得到时间上的保证。

（2）缺乏配套教材。有调查显示，我国众高校非英语专业的英语教材大多按精读、泛读、快速阅读、听力等单项技能分册发行，而专门的口语教材却十分少见。大多数教材都将口语训练当作听力训练的延展而附在听力训练之后，其内容也多简短、缺乏系统性。这是很难达到英语口语教学在整个英语教学比重标准的，同时也会使学生误以为口语不那么重要，因而从思想上轻视口语学习。而市场上为数不多的口语教材也多难以担当重任。因为这些教材要么是专门针对某一专业、领域的口语教材，难度极大；

要么是有关简单的问候、介绍、谈论天气日常用语的教材，过于简单，无法满足社会各领域对相应口语能力的要求。由此可见，配套教材的欠缺是制约口语教学效果的一个重要因素。

（3）口语评估制度欠缺。评估可以检验教学的质量，是教学中不可或缺的重要环节。我国最常使用、影响最大的评估方式就是考试。例如，小学、初中、高中都有相应的期中、期末考试，大学有英语四、六级考试。然而，这些考试多是对学生听力、阅读、写作、翻译技能的检测，而无法考查学生口语学习的质量。而专门用于检验口语水平的测试少之又少。造成这一现状的原因在于，口语考试的实施与操作都有一定的难度，如口语测试材料难易程度的把握、考试形式的信度与效度等问题。对此，大学英语四、六级考试委员会在全国部分省市实施了大学英语口语考试，并规定了统一的等级评审标准。显然要想切实提高教师和学生对口语的重视程度，提高口语教和学的质量，仅仅增加大学四、六级口试是远远不够的，但大学四、六级口试制度的出台对于完善英语口语评估制度无疑提供了良好的示范作用。在此指引下，我国将来势必会推出更多、更科学的口语评估方式。

四、英语读、写、译教学中的问题

（一）阅读教学中的问题

阅读教学看似简单，实际上也存在很多问题，主要包括教学观念错误、教学方法落后、教材设计不科学、课程设置不合理。下面我们就对这几个问题分别加以说明。

1. 教学观念错误

培养学生快速从语篇当中正确获取所需信息的能力是阅读教学的目的，而在实际的英语阅读教学中，这一目的已被很多教师曲解了。他们经常将阅读教学混同于词汇教学、语法教学。阅读教学中，教师常常过分重视语言知识的传授，抓住一个单词、语法点大讲特讲，阅读教学呈现出"讲解生词—逐句逐段分析—对答案"的错误形式，而忽视了学生对语篇的理解、从语篇中获取信息能力的培养。造成这一问题的根本原因就在于对阅读教学的观念错误，对阅读教学的目标认识不清，因而导致了阅读教学成为语法、词汇教学，学生阅读速度慢、质量差的情况并未得到改善。对此，英语阅读教学必须更正教学观念，将阅读作为一种实用的语言技能进行教授，不仅要传授学生语言知识，更重要的是传授他们语篇和文化知识，同时还要注意提高学生的思考能力、分析能力、判断能力，拓宽学生的视野，激发学生对英语阅读、英语语言及英语文化的兴趣，提高他们英语的综合运用能力和人文素养。

2. 教学方法落后

英语整体教学方法的单一、滞后在阅读教学中也有所体现：教师大多让学生自己阅读完后做题目，然后领着学生对答案，再对错题进行讲解。这种教学方法的应试性比较高，因而显得十分死板，学生的阅读习惯、阅读技巧等均得不到培养，主体地位得不到突出，主观能动性未得到很好的发挥，阅读的实际需求也得不到满足，学习兴趣更得不到培养，最终致使阅读教学收效甚微。尤其是在一些教学条件落后的偏远地区，英语教师对阅读教学的重视不够、研究不足、实践不多，以致难以形成科学、高效的教学方法，大大影响了阅读教学的质量。

3. 教材设计不科学

不同阶段的英语阅读教学会使用不同的教材，这些教材本身大多已经十分成熟，但不同阶段的教材之间却缺乏必要的连贯性，这也是英语阅读教材存在的最主要的问题。具体来说，小学阅读教材注重词汇，中学阅读教材注重语法，大学阅读教材则注重阅读技能的训练。虽然这三个时期的教材各有侧重和针对性，符合学生认知和阅读学习的规律，但由于每个阶段结尾与下一阶段的开始缺少必要的承接和过渡，学生一下子很难跟上进度，从而造成阅读教与学的脱节。

4. 课程设置不合理

阅读课程设置不合理也是影响阅读教学质量的一个重要问题。很多学校、教师错误地认为阅读教学是英语教学的附属品，导致阅读课程教学目标、教学计划不明确，阅读教学的课时、课程设计、师资力量以及教学组织都得不到保证，直接影响了阅读教学的效果。

（二）写作教学中的问题

写作教学长期以来都是英语教学的重点，因而相较于其他英语技能而言，发展得更为充分。但其中也存在不少的问题，如系统性不足，重形式、轻过程和内容，教与学相互颠倒，重模仿、轻创作，课程设置不合理，缺乏相关教材，批改方法缺乏有效性。下面我们就对这些问题分别进行说明。

1. 系统性不足

写作教学的系统性不足主要表现在三方面：教学目标不系统、教学方法不系统以及写作指导思想不系统。

（1）教学目标。任何一种技能的学习都不是一蹴而就的，其教学也不可能取得立竿见影的效果。因此，英语写作技能的培养也需要一个循序渐进的系统过程。这种循序渐进首先就要体现在教学目标的系统性上，这是实现英语写作目标的基本保证。

英语写作目标缺乏系统性是因为总体目标（针对学生的生理、心理特征，结合写作教学的自身规律，并在英语课程要求中明确规定的总体任务）与阶段性目标（根据总体目标制定的一系列的阶段性目标）之间互不协调，总目标与子目标之间连贯和衔接的科学性严重缺失。造成这一现状的原因可能是显性目标与隐性目标系统不平衡，也可能是教师对写作的目标体系与学生实际写作之间关系的模糊认识。无论是什么原因，这种写作总体目标与阶段目标的不协调显然会影响目标的实现。因此，学校、教师都必须克服这些不利因素，把握好英语写作教学的总体目标和阶段性目标。

英语写作教学目标之所以难以实现，一个主要原因就是教师对英语写作教学目标与学生实际之间关系的认识不清。事实上，目标是教师和学生对学习结果的期待，是一个未实现的状态，因此教学目标与学生的实际之间必然存在一定的差距，适当的差距对学生写作能力的提高而言是有利的，而过大或过小的差距则不利于学生写作能力的提高。基于这一点，英语写作教学可被视为帮助学生向目标逼近的过程。英语教师和学生可以借助目标与实际之间的距离，设定一些教学或学习步骤，并熟悉实现每一环节目标的条件、困难和可能性。否则，一旦教师对写作教学的目标与学生实际之间的关系和意义认识不清，就会导致行动和反应上的迟缓，直接影响写作教与学的质量。

（2）教学方法。英语写作教学系统性不足还体现在教学方法上。所谓方法，就是一种对活动程序或准则的规定性，是一种能够指导人们按照一定的程序、规则展开行动的活动模式。系统性是英语写作教学方法的内在规定，是有效运用教学方法的重要基础。离开了系统，教学方法也就失去了意义和价值。这是因为，教学方法实际上是整个教学系统的一个子系统。它与教学目的、教学内容以及师生间的互动均联系密切：没有明确的教学目的，写作教学就会迷失方向；而脱离了教学内容，教学方法也就毫无意义；缺少了师生之间的互动性和双边性，教学方法也就没有了价值。因此，不同的教学目的、内容、师生关系应该对应不同的写作教学方法和运作。不同的内外条件，写作教学方法的系统运作会呈现不同的水平和层次。因此，英语写作教学方法的运作必须根据教学系统中的各项组成部分来实施，否则就会造成种种矛盾和冲突，影响写作教学的效率。而对照我国英语写作教学中所使用的教学方法可以看出，这些方法大多是无效的、失败的，因为它们大多不系统、不连贯，缺乏针对性。

（3）写作指导思想。写作指导思想是否系统对写作教学质量的影响极大。写作技能和写作能力的生成虽然需要通过大量的练习来获得，但多练不等于泛练。如果写作练习缺乏目的性，即使花费很多时间也是无用的。另外，从遣词造句到段落和篇章的生成，从撰写记叙文到写议论文，从构思、行文到修改，整个写作是一个由浅入深的系统操作过程。因此，教师对学生的指导也应具有系统性。然而，我国的英语写作教学大多缺乏这样一种系统性。教师教的时候以及学生写的时候都没有一个明确的目标，更没有一个长远的规划，而是跟着教材随机地教授写作方面的知识和技能，这就大大降低了写作教学的效果。

2. 重形式、轻过程和内容

长期以来，我国英语写作教学一直存在重形式、轻过程和内容的问题，导致这一问题产生的原因如下：

（1）欠缺英语思维。英语写作教学中，教师往往强调学生要用英语思维来写作，避免使用中式英语。然而要做到这一点很难。毕竟对中国学生来说，英语是一种外语，汉语才是母语。学生的汉语思维模式已经根深蒂固，要想使英语思维成为习惯是极为不易的。另外，很多人认为，英语写作中侧重语言形式的作用是必然的。所以，在英语写作教学中，重视文句的规范性与文章结构，忽视文章的内容和思想的现象仍然大量存在。部分教师也将文章结构和语言形式看作写作教学的主要内容。而初学写作的学生更是将学会把握文章结构和形式视为写作学习的终极目标。这些最终都使写作的教与学流于形式，很难触及写作的核心。

（2）受历史传统影响。在早期的英语写作中，为了快速写出一篇符合要求的英语文章，人们常常模仿类似文章的语言形式和文章结构来写作。

久而久之，教师和学生都将形式作为英语写作教学的重点，而忽视了写作的过程和内容，写作变成了一种模仿，而非创造。

事实上，内容和过程对于写作来说也是很重要的。一篇好的文章应该具有丰富、深刻的内容，而这些内容仅仅靠对形式的模仿是无法实现的。语言的形式和文章的结构仅是作者表达思想和情感的一种手段。学生能否把握文章的结构和格式固然重要，但如果过分强调它们的作用显然并非好事。因为文章的思想和观点是写作和写作教学的根源，而文章结构和语言形式则是写作和写作教学的支流，根源上得不到保证，支流显然就失去了存在的基础。因此，英语写作教学必须处理好源与流、本与末、主与次的关系，在注重写作形式教学的同时还要重视写作内容的教学以及学生写作能力的培养。

3. 教与学相互颠倒

写作教学也并非一种知识性课程，学生的写作技能无法靠教师的讲解来获得。原因如下：

（1）写作是一种实践性活动，涉及写作的技巧和能力。因此，写作教学应该以学生的实践和操练为主，以教师的知识传授为辅。

（2）写作教学的目的在于提高学生的写作能力，因此写作应该是一种学生个体的活动，从构思、写作到文章修改，都应该使学生参与其中，教师过多讲解只会耽误学生的写作时间，进而影响学生写作的积极性和主动性。

然而，我国英语写作教学一直存在教与学相互颠倒的现象，主要体现在以下两方面：

（1）写作教学中仍存在教师大量讲解理论知识的问题，使学生，尤其是初学写作的学生，很容易觉得写作枯燥、无用，产生厌倦、畏难等情绪，因而丧失写作的兴趣，最终影响英语写作教学目标的实现。

（2）教师常以自己的写作经验为基础来指导学生写作，常对学生使用一些不恰当的话语指令或规则指导学生，剥夺了学生的话语权，限制了学生的独立思考，简化了学生写作过程的心理体验，遏制了学生写作中的创造性，使他们产生盲从心理。这显然颠倒了写作教学中的师生地位，而且也很容易使学生在写作过程中在构思、行文和情感体验上出现雷同现象，写作创造能力得不到真正的提高

4. 重模仿、轻创作

重模仿、轻创作是我国英语写作教学的一大弊病。尽管模仿是写作教学的起始状态，也是学习写作的必经阶段，更对我国学生（尤其是初学英语写作的学生）学习写作起到了促进作用，但模仿并非写作的最终状态。它虽然能够提高学生写作学习的效率，但过度模仿并不利于学生写作能力的持续发展。因为写作不仅是一种个体的心智行为，更是一种创造的过程。从构思、行文到修改，写作过程始终体现着作者的个性特点与独立思考能力。写作过程中的意义和价值都是由学生创造而来的，一味地模仿必然会抑制学生写作的积极性与主动性，进而影响学生的写作动机和兴趣。

5. 课程设置不合理

除英语专业以外，我国部分的英语写作教学是被纳入英语整体教学之中的，而并未被独立出来进行专门教授。这就很容易因为课时有限而无法花费太多的时间来组织学生写作。久而久之，学生也会误以为写作学习不是重要的。如此一来，不仅写作教学本身得不到时间上的保障，学生也会产生轻视写作的思想。

6. 缺乏相关教材

目前我国的英语教材大多是融语音、词汇、语法、听、说、读、写、译为一体的综合性教材，关于"写"的专门教材相对较少。即使在英语整体教学中，虽然几乎每个单元都会涉及写作的练习，但却并未形成一个科学的系统，同时也缺乏一定的指导，学生的写作练习也多处于被动地位，这对写作学习而言是极为不利的。

7. 批改方法缺乏有效性

作文批改的方式方法也是写作教学中存在的一个显著问题。很多教师在批改作文时，重点仍然放在纠正拼写、词汇以及语法等方面，而忽略了学生在写作过程中思维能力的培养，这会使学生过分追求写作时的语言正误，而忽视了对文章结构、逻辑层次的把握。

另外，教师对学生作文的批语也同样重要。有的教师一味指责学生写作中的错误，而缺少鼓励，这会制约学生写作的主动性，导致他们消极应付、望而生畏，对自己写作中出现的错误不能很好地改正。

8. 教学改革滞后

随着英语教学改革的不断深入，英语教师对写作教学也有了一定的新认识。尽管如此，英语写作教学方面的改革仍然相对滞后。学生英语思维能力的多方位、多角度、发散性、创造性、广阔性和深刻性仍然没有得到足够的重视和训练。除此以外，作为英语教学的一部分，写作应和阅读、口语、听力、翻译等方面的教学有机地联系起来，而在实际的英语教学过程中，教师并未真正把写作教学与其他方面的教学融合在一起，而是孤立地教授写作，不利于学生对英语学习的全面认识，也不利于学生对写作学习的深入了解。

（三）翻译教学中的问题

除听、说、读、写以外，翻译也是英语教学必不可少的一个重要组成部分。但在英语翻译教学中存在着很多的问题，既有教师方面的问题，又有学生方面的问题。教师方面的问题主要包括：教学方法落后，重视程度不够；学生方面的问题主要包括：翻译时"的的不休"，语序处理不当，不善增减词，不善处理长句。下面我们就对这些问题分别进行说明。

1. 教师的问题

（1）教学方法落后。教学方法是英语翻译教学的一个软肋。实际的英语翻译教学中，教师常采用"布置翻译任务—批改作业—讲评练习"的方法开展教学。由此步骤可以看出，后面两个步骤都是由教师完成的，学生真正参与的只有第一个步骤。这就使学生处于翻译学习的被动地位，整个学习过程不是在发挥主观能动性的积极思考和探索，而是被教师牵着鼻子走，这显然会使翻译教学的效果事倍功半。

（2）重视程度不够。对翻译教学的重视程度不够主要体现为以下5方面：

1）翻译教学中，教师往往不注重翻译基本理论、翻译技巧的传授，而仅仅是将翻译作为理解和巩固语言知识的手段，将翻译课上成另一种形式的语法、词汇课。

2）学生做完翻译练习后，教师大多只是对对答案，对翻译材料中出现的课文关键词和句型等进行简单的强调，而缺乏对学生进行系统的翻译训练。

3）就时间而言，教师花在翻译教学上的时间很少，通常是有时间就讲，没有时间就不讲，或只当家庭作业布置下去，由学生自己学习。

4）英语教学大纲中对翻译能力培养的要求不具体。

5）英语考试中虽然包含翻译试题，但其所占的比重远远不如阅读、写作等。

以上这些问题最终致使翻译教学质量迟迟得不到提高。

2. 学生的问题

（1）"的的不休"。在实际的翻译操作中，中国学生每每看到英语形容词就自然而然地将其翻译成汉语的形容词形式，即"……的"，导致译文"的的不休"，读起来很别扭。例如：

The decision to attack was not taken lightly.

原译：进攻的决定不是轻易做出的。

改译：进攻的决定经过了深思熟虑。

It serves little purpose to have continued public discussion of this issue.

原译：继续公开讨论这个问题是不会有什么益处的。

改译：继续公开讨论这个问题没有益处。

（2）语序处理不当。英语句子通常开门见山地表达主题，然后再逐渐补充细节或解释说明。有时要表达的逻辑较为复杂，则会借助形态变化或丰富的连接词等手段，根据句子的意思灵活安排语序。相较之下，汉语的逻辑性强，语序通常按一定的逻辑顺序（如由原因到结果、由事实到结论等）逐层叙述。这种差异意味着将英语句子翻译成汉语时必须对语序做出适当的调整。而很多学生意识不到这一点，译文也大多存在语序处理不当的问题，读起来十分别扭。

例如：

The doctor is not available because he is handling an emergency.

原译：医生现在没空，因为他在处理急诊。

改译：医生在处理急诊，现在没空。

（3）不善增减词。由于语言、文化等方面的差异，翻译时不可能也没必要完全拘泥于英语形式，即逐字逐句地翻译原文。事实上，根据原文含义、翻译目的等方面的不同，译文可根据实际需要而适当增减词。而很多学生并不明白这一点，因而其译文大多烦冗。例如：

Most of the people who appear most often and most gloriously in the history books are great conquerors and generals and soldiers...

原译：在历史书中最常出现和最为显赫的人大多是那些伟大的征服者和将军及军人。

改译：历史书上最常出现、最为显赫者，大多是些伟大的征服者、将军和军人。

（4）不善处理长句。英语中不乏长而复杂的句子，这些句子大多通过各种连接手段衔接起来，表达了一个完整、连贯、明确、逻辑严密的意思。很多学生在遇到这样的句子时往往把握不好其中的逻辑关系，也不知如何处理句中的前置词、短语、定语从句等，因而译出的汉语句子多不符合汉语表达习惯。例如：

Since hearing her predicament, I've always arranged to meet people where they or I can be reached in case of delay.

原译：听了她的尴尬经历之后，我就总是安排能够联系上的地方与人会见，以防耽搁的发生。

改译：听她说了那次尴尬的经历之后，每每与人约见，我总要安排在彼此能够互相联系得上的地方，以免误约。

第二章　大学英语学科教学模式

教学模式的研究、建构和应用一直为教学理论界和教师所推崇。教学模式是教学理论的具体化，它源于理论，又源于实践；它使教学理论实践化，又使教学实践概念化；它是理论的存在，又是实践的存在。因此，它使教育和教学理论指导教学实践成为可能，两者互动变得必要，也成为必然。英语教学也不例外，模式化是任何学科学习的本质属性，也是学科教学的基本特点。

第一节　大学英语教学模式概述

教学模式是以教学思想、教学理论为依据而构建起来的模型或范式，典型的模式有夸美纽斯的观察—记忆—理解—练习模式，赫尔巴特的明了—联想—系统—方法模式，杜威的发现问题—提出假设—做出推论—验证假设模式，布鲁姆的掌握学习模式等。我国教学模式的研究开始于20世纪80年代中期。教学模式研究主要涉及教学模式本质的界定和教学模式建构理论的研究。因为研究者研究视野的多维性，教学模式概念的界定呈现出多样性。钟启泉认为，教学模式是能够用于构成课程和课业、选择教材、提示教师在课堂或其他场合教学的一种计划或范型，它具有简约性、理论性和相对稳定性的特点。而顾明远则认为，教学模式是"反映特定教学理论逻辑轮廓，为实现某种教学任务的相对稳定而具体的教学活动机构"。

一、国内英语教学模式研究

中国外语教学理论界对教学模式的理解主要有以下几种："对一个系统或理论构成因素的框架式描绘。""教学模式是有理论支持的教学活动的操作框架。它可能根据一定的教学理论而建成，也可由概括实践经验来形成。""对语言教学理论或/和英语教学过程各主要因素本质及其相互关系等的形象性表述。"而肖礼全则根据教学模式在实际应用中的表现形式分为抽象和具体两种意义。所谓抽象意义是"指较为系统的教学理论、方法和观点，或带有规律性的、有相对固定的方法、步骤、活动的教学实践"；具体意义是"指用图形、表格、线条等对教学相关因素及其关系进行的框架式的、概念式的描述"。

近几年来，高校英语教学界一直在探索一条适合中国国情的教学模式。比如，王才仁提出了一种意在中国适用的英语教学交际模式，该模式"不仅把整个英语教学过程看作交际过程，而且把每一步也看成是交际；整个教学是师生之间的交际的反复循环"。该模式的核心原则是交际，交际是教师与学生之间的纽带，语言的输入与输出都通过交际来实现。该模式吸收了西方第二语言习得理论成果，在"准备—过程—结果"的基础上发展成"输入—加工—输出"的学生语言输出流程。该模式强调交际的互动性和情景性。在该模式中，英语教学内容是语言信息、语用信息和文化信息，语言形式被看作是"为实现意义转换的工具"。在英语教育史上这无疑是一大进步，但是在学生语言输入的正确、得体和流利性方面该模式关注得不够。肖礼全在对20世纪下半叶以来中外4种教学模式评述的基础上，构建了一个"以中国国情为依据，以亿万中国人学习英语为目的"的中国英语教学宏观模式（也叫中国流）。该模式由教学环境、教学主体、教学过程、教学结果4个板块组成。它体现出很强的时代性，如教学过程分为实体和虚拟双轨。它吸收了先进的教学理论，因为该模式把教师和学生都看成是教学的主体，并提倡自主学习和任务型教学等新理念。但是作为一个宏观模式它必须非常简洁明了，否则它无法涵盖"亿万中国人"的亿万种学习方式。该模式力图做到全面，但太全面了难以突出其重点或个性，反而易于失去自身存在的价值。

教学模式本质的界定除了概念界定之外，还包括对模式层次的界定。在现代英语教学中，可以发现三种层次的模式：宏观模式（英语教学过程模式）、中观模式（大纲设计模式）和微观模式（课堂教学模式）。英语单词 approach、method 和 technique 分别具有宏观、中观和微观三个层面的意义。

近 10 年来随着课程改革的不断深入，我国教师、学者以及研究生在英语教学模式方面的研究取得了可喜的成绩。他们对模式的研究涵盖小学、初中、高中和大学等层面，如小学英语自律课堂教学模式、初中英语互动教学模式、高中英语逆向教学模式、三位一体高校英语整体教学模式；他们还从教学方法视角摸索教学模式，如"输入输出平衡"英语教学模式、"四段式"英语教学模式、提纲式英语教学模式、封闭式英语教学模式等；教学方法方面主要集中在"互动""合作""任务""创新"等视角，如"互动"英语教学模式、自主—交互式英语教学模式、任务型教学模式在高中英语教学中的实践研究、"探究合作创新"英语教学模式，等等。此外，在英语阅读课上总结了许多教学模式，如"问题式"英语阅读教学模式、英语阅读教学中的"交流—互动"模式、英语语篇教学模式等。

针对以上我国英语教学模式建构的现状，我们可以发现我国当前英语教学模式的研究基本上是零散的，但是在总体上模式构建的视角有以下 4 个：①理论说——教学模式是从教学实践中形成的一种设计和组织教学的理论，并以简约的形式表达出来。②结构说——教学模式是在一定教学思想或理论指导下建立起来的各种类型教学活动的基本结构或框架。③程序说——教学模式是在一定教学思想指导下建立起来的完成所提出教学任务的比较稳固的教学程序及其实施方法的策略体系。④方法说———常规的教学方法俗称小方法，教学模式为大方法。英语教学模式的发展趋势具有三个主要特点：①由关注"教"的教学模式向关注"学"的模式转化。②在模式构建中越来越体现多门学科知识的整合性特征。③模式研究的理论不断深入和实验研究逐步成熟。

在中学英语课堂教学中，我们很难发现某位教师采用了某种教学模式，但是可以发现 5 种程序设计常式，它们分别是翻译式、听说式、答疑式、网络式和交际式。翻译式是指在教学过程中，依靠母语系统讲授教学内容，熟悉课文，掌握语法规则和一定量的词汇。听说式强调用有限数量的句型来描写无限数量的句子，把英语学习过程看成是养成习惯的过程。答疑式是指教师对学生学习中提出的问题进行分类处理，讲课时围绕学生提出的共同性的、关键性的问题进行多角度、多层次的讲解或组织学生讨论。网络式要求教师和学生共同归纳选择具有共性且富有意义的知识点，让学生通过联想把新旧信息编织起来，形成合理的知识结构。交际式是指教师选择一个功能意念项目，并设置一定的信息沟，使学生为获取所需信息而进行模拟的交往过程。在实际的英语教学过程中，没有哪一节课可以说是用了某种纯粹的教学模式。只有根据教学的实际需要和实际情况，从整体的角度出发来把握英语教学模式，融会贯通地理解和运用多样化的英语教学程序，创造性地组织教学，灵活巧妙地衔接各个教学环节，才能符合教学的动态性与复杂性之要求。

在我国，外语教学界可以引进国外优秀的教学模式加以实践。20世纪80年代起在浙江大学开展了以德国"柏林模式"为基础的"德语作为外国语教学论的实验"，取得了丰硕的成果。柏林模式由德国保罗·海曼于1962年首先提出。该模式提出了影响教学过程的4个基本因素和两个先决条件，即意向、课题、方法和媒介因素，人类心理条件和社会文化条件。前4种因素属于决定范畴，后两种属于条件范畴，所有这些构成了每一种课堂教学的基本框架。模式可以用结构图表示。该结构是多元互动的、相互关联的、开放的、不断自我完善的结构。其最大的优势在于它提出了两个先决条件，将对"此时此境中的人"的透彻理解作为教学的前奏。正确的定位，再加上课堂教学过程中4个基本因素的充分考虑，教学过程本身体现了教学效果。模式结构图清晰明了，充满了智慧，容易被一线教师理解和接受。那就是为什么该模式自20世纪70年代后，一直是柏林州基本的教学模式，并且也是柏林州教师培训班的必修课。许多德国教育教学第一线的工作者都以它为基础来进行教学设计。之后，该教学设计思想又被广泛地应用于日本、韩国、巴西、蒙古等非德语国家的外语教学及其他学科。

二、国外英语教学模式研究

在国外，语言学研究起步较早，已经建立起一套完整的语言学习理论。外国语言专家在对英语作为母语进行深入的研究基础上，将其中的一些理论迁移到TOEFL教学模式的探讨，并总结了7种主要的英语教学模式。这7种模式在英语全球扩张的进程中迅速为各国英语教学研究者和实施者所接受。这7种模式分别为：

（一）克拉申模式

该模式由克拉申（S.D.Krashen）创建，主要描写二语习得过程。该模式的基本思想可以概括为：二语能力是在较低的情感过滤条件下，通过足量的可理解输入，是以可预测的顺序习得的。

（二）贝立斯托模式

该模式由贝立斯托（E.Bialystok）创建，主要说明在形成外语能力过程中的三个层次及其有关因素的作用和组成方式。这一模式特别强调外语能力形成过程中形式和功能练习的作用，强调其他学科知识和文化因素对外语知识吸收的促进作用。

（三）斯特恩模式

该模式由斯特恩（H.H.Stern）创建，它确定了外语学习的5个要素及其内在关系。这一模式的特点在强调外语学习的元认知策略的同时，也特别指出学生本身的心理特质和身处的社会环境等外部因素的影响。5个要素分别为社会背景、学习者特点、学习条件、学习过程和学习结果。社会背景包括社会语言、社会文化和社会经济因素；学习者特点包括学习者年龄、认知特点、情感特点和个性特点；学习条件是指课堂教学和自然接触；学习过程强调学习策略、技巧和大脑活动。

（四）艾伦·霍华德模式

该模式由艾伦·霍华德（Allen Howard）创建，它是一个多中心模式。根据交际的话题、题目或任务制定外语教学大纲，并采用FSE三角形学习模式，F代表functional practice，S代表structure practice，E代表experiment practice。这种模式强调功能和结构分析，对我国的中学英语功能意念大纲的制定具有指导意义。此外，它首次提出任务型教学的概念，为后来任务型教学模式的建立奠定了基础。

（五）坎特林模式

该模式由坎特林（C.N.Candlin）创建，它把学习外语看作是语言形式、概念意义和人际关系的三个知识体系的结合。这种模式认为外语学习实质是在人际交往过程之中语言概念的形成和正确语言形式的固化过程，它十分强调语言使用的正确性。

（六）哈伯德模式

该模式由哈伯德（C.R.Hubbard）创建，它是一种学习外语的交际模式，要求在客观事物的环境中进行愉快的交往。这一模式强调语言学习中的交际性，也就是信息差。它认为没有信息差的存在就不可能有语言交际，没有实际的语言交际，也就谈不上真正意义上的外语学习。它实质上是我国交际模式的范例。这一模式是ARC三角形模式，A（affinity）表示亲近力，R（reality）表示现实的意义，C（communication）表示交际的意义。

（七）蒂东尼模式

该模式为蒂东尼（R.Titone）所创，它是力图吸收其他模式之长的一种综合模式。它既借鉴了克拉申模式的情感策略，又借用了斯特恩模式中的社会影响因素，更贯彻了哈伯德模式的交际性原则。我国现代中学英语教学模式的折中法就起源于此。以上是针对国内外教学模式，尤其是英语教学模式研究的概述，而接下去将从模式的内涵特征为线索分别展开讨论，主要有结构和认知取向的英语教学模式、功能取向的英语教学模式、任务取向的英语教学模式、社会文化互动取向的英语教学模式和全语教学模式等。在这些模式中，任务取向的英语教学模式和社会文化互动取向的英语教学模式在某种意义上说也可以归属到功能取向的英语教学模式，为了凸显它们的主要特征有意独立开来。下面将逐一进行讨论。

第二节 结构和认知取向的英语教学模式

结构和认知取向的英语教学模式是分别依据结构语言学教学观和认知心理学理论而建构的。结构主义语言学认为，语言的结构是内部各个层次有意义的对立体系。掌握语言就是掌握语音、语法、词汇的各种有意义的对立体系。比如，语音中的开、闭音节与长、短元音，语法中的过去、现在、将来时态，所以，掌握语言的过程，充满了对比这种对立关系的活动。同时，由于不同语言的对立体系并不相同，要明确所学外语中的那些对立体系对学生具有特别困难，必须通过与本族语的对比。这类教学模式具有理性主义教学观点，重视语言知识和利用学生的本族语等特征。认知心理学和认知语言学认为，语言能力是个体一般认知能力的一部分。因此，语言不是一个自足的系统，其描写必须参照认知过程。认知法在教学过程中提倡发挥学生的智力作用，重视对语言规则的理解，而忽视语言学习中的情感因素。两种取向的教学模式中较为典型的教学法包括直接法、听说法、翻译法和认知法。

一、直接法

直接法的诞生是19世纪末和20世纪初，欧洲和北美等地加速了工业化的进程，国际交往日益频繁，各国对外语人才的需求量迅速增长。人们发现外语人才的口头表达能力特别重要，而语法翻译法恰恰就不注重学生的口头能力培养，因此，在语言学领域内出现了改革运动，其中以英国语言学家斯威特（H.Sweet）为代表的改革派强调口语和语音训练的重要性，推动了外语教学改革。直接法由法国人古因（Gouin）提出，后由他的弟子索斯（de Sauze）在美国倡导，并由教育家伯利兹（Berlitz）在教学中实施。由于他们的推广，20世纪初直接法流传颇广。

直接法的许多教学理念是与语法翻译法相对的，比如，前者重视口语训练、用演绎法传授语法规则、采用母语解释难点等；而后者却重视阅读和写作能力培养，用归纳法传授语法规则、课堂上拒绝使用母语等。从直接法所遵循的五项原则（直接联系原则、句本位原则、模仿为主原则、用归纳法教语法的原则、以口语为基础原则）可以看出，直接法的教学内容基本上是关注语言的句法结构，即以句型作为教学的基本单位，并且以模仿为主要手段，基于这两个原则，直接法也是以语言的结构为基础的。

二、听说法

听说法被认为是结构取向的模式之一，它比前面两种方法都更加成熟，因为从英语名称来看，听说法（the audio-lingual approach）选了approach（路子）而不是语法翻译法和直接法中的method（方法）。这说明"无论在理论基础、体系还是方法方面，听说法都较语法翻译法和直接法更系统和全面，内涵也比后者丰富得多"。

听说法继承了直接法的4个特点：口语第一，听说领先；变换操练；

严格控制，养成语言习惯；限制使用本族语，课堂教学运用目的语内对比。它本身的创新只有两点：以句型为教材和操练的核心；用对比作为以所学外语进行类推和回避学习难点的基本方法。一般来说，听说具有三个特点：听说领先、句型操练和对比。

听说法的发展促进了布龙菲尔德教学法的教学过程不断完善，使之逐渐演化成为相对规范的五段教学：认知（recognition）、模仿（imitation）、重复（repetition）、变换（variation）、选择（selection）。认知是指对所学句型耳听会意，一般采用外语本身相同或不同的对比，使学生从对比中了解新句型或话语；模仿可以通过跟读、齐读、抽读、纠错、改正；重复环节包括检查，让学生重复模仿的材料，做各种记忆性练习；同时教师要进行检查，当确信学生已能正确理解朗诵所学句型之后，才能进行下一段的变换活动；变换即替换操练，应按替换、转换、扩展三步逐渐加大难度，同时要注意学生的理解情况；替换分单项替换和多项替换，转换包括含义转换、结构转换和增减句子要素，比如主动句变为被动句、陈述句变为疑问句等，扩展包括前置修饰扩展和后置修饰扩展；选择是指在实际交际和模拟情景中对所学语言材料进行活用。

早期的听说法注重机械操练。可是到了20世纪60年代后，机械操练受到了批评，一些应用语言学家开始改进听说法，使操练朝着有意义和有利于实际交际的方向发展。其中最具代表性的是波尔斯顿（C.B.Paulston）提出的"MMC"法，第一个M是指机械操练（mechanical drills），第二个M是指有意义操练（meaningful exercise），C是指交际性活动（communicative activities）。这三个步骤为递进式的，早期先进行机械操练，然后进行有意义的练习，要求教师给出结合学生生活的情景，让学生在规定的情景中做语言操练；在第三步骤的交际活动中，可请以英语为本族语的人来交谈，要求学生在交谈中尽量用所学语言结构等。

三、翻译法

翻译法的形成与发展直接与语言认知有关，它起源于中世纪，经过了语法翻译法、词汇翻译法和自觉对比法，再发展到认知法，在历史上历时最长，所产生的影响较为深刻。翻译法中最有影响的是语法翻译法，下面我们对它进行简单分析。19世纪盛行的历史比较语言学为语法翻译法提供了理论基础：通过翻译的手段，比较母语与外语语音、词汇和语法的异同达到掌握外语和欣赏外国文学作品的目的。张正东把语法翻译法的发展分为三个阶段：第一阶段为18世纪上半叶，具体教学方法是以外语译成本族语，内容偏重于机械背诵语法规则，其教学目的是为了解外语服务。第二阶段是18世纪下半叶至19世纪末，以本族语翻译成外语为主要方法，内容注意到了阅读，其教学目的是用外语表达本族语的内容。第三阶段是20世纪以来，在众多教学流派的影响下，在教学方法上吸收了许多其他学派的方式方法，但是其核心教学思想如重视系统语法的教学，依靠本族语进行翻译，侧重语言形式和采用演绎方式等都没有改变。

  语法翻译法主要有以下教学原则：关注语言知识的学习，采取单向传授式教学法，重视读写能力的培养，依靠母语进行教学。语言知识包括语音、词汇、语法等，在传授语言知识时，教师常常运用母语，通过对比法和演绎法等方法讲解和分析句子成分，同义词和反义词之间的差异以及语音、词汇和语法规则。教师的讲解是课堂教学的唯一活动，学生学习比较被动。

  在我国20世纪90年代之前，中学英语课堂教学基本上采用语法翻译法，英语语言知识传授是课堂的主要活动。随着1993年人民教育出版社和英国朗文出版社联合出版的新教材的发行，我国中学英语教学开始关注学生口头交际能力的培养。到21世纪初新课程标准（实验稿）的实施，中学英语教学的目标进一步提高，学生的综合语言运用能力的培养成为教学的最终目的。新的教学理念日益深入人心，学生的语言运用能力，尤其是口语水平得到了前所未有的提高。尽管如此，因为语法翻译法对教学条件和教师的要求较松，故国内外仍有不少人乐于使用。

四、认知法

  认知法是在语法翻译法的基础上形成和发展起来的。它是以转换生成语法为理论基础。该理论认为，语言的深层结构体现语言能力的特点，表层结构表现语言行为的特点。人有天赋的语言习得装置以习得深层结构而获得语言能力，有了语言能力就能生成语言行为，运用话语。把这一语言学说与认知心理学的理论联系起来，语言能力就是核心结构。认知法的首倡者卡鲁尔主张学习外语应先掌握以句子结构为重点的语言知识，要理解所学内容；理解、信息加工和逻辑记忆对于学会外语极为重要。在理解的基础上，再让学生在生活实际和交际情景中进行操练，操练中发展逻辑记忆能力。因为学习外语不是形成习惯，而是先天习得能力的发展过程。这些过程落实到教学活动上主要是语法先行并用演绎法教语法，故卡氏又称认知法为经过改造的现代语法翻译法。而左焕琪却认为认知法重视语法，必要时用母语进行教学，要求通过有意义的练习而不是大量使用演绎法。

认知法被认为是当代外语教学法，它的一些教学原则已被当代各个学派所接受。如学生中心原则，容忍错误的原则，听、说、读、写并进，视听兼用的原则，情景原则等。认知法的教学过程可概括为"理解（句子结构和所学内容）→形成（语言能力）→运用（语法，即语言行为）"三大阶段。

五、认知法教学案例（45分钟）

（一）讲授新词

教师在黑板上挂上一幅图画，内有男、女孩各两名，每人在进行一种活动。学生根据已经学过的语言知识谈论这幅画。遇到学生使用与新词接近的词时，教师引出要求学生学习的新词。当学生提到动词时，教师引出动词现在分词的形式与意义。在理解的基础上，学生跟教师朗读新词。了解新词意义后，教师要求学生根据图画内容，尽量运用所学单词讲故事。学生讲完后，教师讲他的故事（课文）。（7分钟）

（二）讲解语法

要求学生根据教师已使用的动词现在分词，小结该语法现象的形式与意义，然后教师进行总结。适当使用汉语解释难点。（8分钟）

（三）语法练习

引导学生由近及远谈论现在正在做的事情：①教室里发生的事。②学生家庭中发生的事。③回到图画，鼓励学生创造性地使用外语，谈论图画中4个孩子的活动。教师在学生用到现在进行时时，加以重复和强调。（10分钟）

（四）传授新课

学生打开书，开展小组活动，逐句讨论课文内容与意义。然后根据课文互相提问。小组讨论结束后，教师先要求学生提出不能在小组内解决的疑难问题。全班就这些问题进行讨论后，教师总结，给出问题的正确答案。教师再一次小结动词现在进行时的形式和意义。（15分钟）

巩固课文

回到课文——听两遍录音后，学生就课文内容提问。

（五）布置作业

听课文录音，改进语音语调；拼写单词并回答书面练习；动词现在进行时问答与填空。（5分钟）

第三节　功能取向的英语教学模式

斯特恩认为功能派与结构派最大的差异是它更加关注语言使用者的社会和环境因素，在语言研究方面体现这些改变的是语义学、话语分析、社会语言学、交往人类学以及语用学的诞生。把交际视为教学内容本身的功能派有两种不同观点：一种是分析性的，被称为"功能分析"（function analysis），另一种是整体性的和非分析性的，被称为"功能大纲"（function syllabus）。近年来，功能分析已经对语言大纲的制定、教材的开发以及教学方法的选用等方面都产生了影响。下面举几个典型的例子来说明功能分析对语言教学产生的影响，如威尔金森（Wilkins，1976）提出意念大纲的概念；欧洲委员会现代语言项目的开展（Trim 1980；van EK and Trim 1984）；威多森（Widdowson，1978）提出的交际语言教学法重视语言的"使用"（use）而不是"用法"（usage）；门比（1978）提出特殊目的语言教学项目内容鉴定模式；卡纳（Canale）和斯温（Swain，1980），卡纳（1983）分析了交际能力的内涵，为语言测试的发展和语言水平研究奠定了基础。

从20世纪60年代开始，语言研究的重点逐渐由语言形式、句法关系转向语言使用、语义和语言的社会功能。社会语言学对语言教学乃至整个语言学界所做的重大贡献之一是提出了交际能力的概念。1972年社会语言学家海姆斯（D.Hymes）在著名的《论交际能力》一文中指出，离开了使用语言的准则，语法规则是毫无意义的。海姆斯认为，交际能力是由语法、心理、社会文化和实际运用语言等能力系统互相作用的结果。1980年，加拿大的卡内尔（M.Canale）与斯温（M.Swain）系统总结了关于交际教学法理论的探讨与研究成果，并提出交际能力应由以下三方面能力构成：①掌握语法（grammatical competence），包括词汇、词法、句法、词义与语音等方面的知识。②掌握语言的社会功能（social linguistic competence），指使用语言的社会文化规则与语篇规则。③使用策略（strategic competence），即为使交际顺利进行而采取的语言与非语言交际策略，后经不断充实，已具体到怎样开始会话、维持对话、要求重复、澄清事实、打断对方、结束对话等。后来，卡内尔对交际能力的构成框架进行简单调整，把语篇能力从掌握语言的社会功能中分离出来，构成了第四方面的能力。同时拓宽了使用策略的能力，包括提高交际有效性的所有努力。功能取向的英语教学模式的诞生与当时的哲学、语言学、心理学、人类学和社会学发展息息相关。以"语言的社会交际功能是最本质的功能"为核心思想的社会语言学的诞生为该模式提供了语言学基础。以功能取向的英语教学模式包括交际法教学模式和自然法教学模式，本章将重点介绍前者。

交际法兴起于20世纪70年代的欧洲，它是一个典型的以语言的功能项目为纲的一种教学方法。但是，实际上交际法不是一个一般意义上的教学模式，它已形成了一场国际性的交际运动（communicative movement），并出现了communicative approaches的多元化局面。交际教学（communicative language teaching）是一个多种理论的联合体，至今似乎没有一种定义能对其内涵做出界定。耶登在1983年就曾把交际教学归纳为六类。在总体上，胡春洞认为交际法有两个基本观点：①外语学习者都有他特定的对外语的需要。②语言是表情达意的体系，而不是生成句子的体系，社会交际能力是语言的主要功能。[①] 因此，交际法的教学目标在于培养学生在特定的社会环境中使用外语进行交际的能力。为了提高学生的交际能力，交际法教学过程可以从以下三方面展开：

（1）分析学生对英语的需要。在制定教学大纲时，首先分析学生对外语的需要。通过对学生需要的分析，就能知道这个学生需要掌握什么样的语言功能、什么样的文体和什么样的语言形式，并以此制定出相应的教学

---

① 耶登.语言教学课程设计原理（英文版）[M].北京：外语教学与研究出版社；剑桥大学出版社，2012.

大纲。由于交际法对学生需要的重视,"需要分析"已成为一个独立的研究课题。

（2）以意念/功能为纲。交际法认为以语法或情景为线索组织教学内容忽视学生的特殊需要,难以培养交际能力。交际法在其形成之初主张以学习者所要表达的内容即意念为线索。这种以语言使用者通过使用语言来实现的交际功能为线索的意念大纲,也被称为功能大纲。交际法第一份具体的教学大纲入门阶段正是以语言的交际功能为线索组织教学内容的大纲。以意念/功能为纲的思想是交际法的核心思想。

（3）教学过程交际化。大纲的制定和教材的编写不是一个完整的教学体系的全部内容,交际能力的培养最后必须在课堂教学中实现,教学过程的交际化也是交际法的一个重要组成部分。它可以体现在以下几方面：以话语为教学的基本单位,语言材料的选择力求真实和自然；以学生为中心,教师是活动的组织者,学生在各种活动中学习外语；教学活动以内容为中心,大量使用信息转换、模拟情景、扮演角色、游戏等活动形式；对学生的语言错误采取容忍的态度,不以频繁的纠错打断学生连续的语言表达活动。

以上三个环节表明交际法在教学过程中以学生的需求为教学的出发点,学生需求是制定教学大纲即学习内容的依据；同时所使用的材料尽可能真实,如可以把目标语的人士带进课堂或进入使用目标语社区,或引入各种书籍与报刊节选的文章或电影、电视和电台报道片段等。鼓励学生在实际生活中使用语言,他们的错误被认为是学习过程中出现的自然现象而无须指责[1]。

斯特恩认为如果在语言课堂上开展标准的交际活动必须包括4个条件：①与本族语人士接触。②有机会融入目标语环境。③创造真实使用语言的机会。④需要学习者个体参与。这些条件在我国较难做到,尽管在一些比较发达的地区,目标语人士可以进入课堂,也有项目支持中学生融入目标语环境。但是,英语教学可以吸收这些条件的精神,利用以下一些活动来优化课堂教学：①充分利用语言课堂的教学行为。②讨论话题尽可能源自学生的个人生活或至少与之相关联。③挑选尽可能多的与对学生具有教育意义和职业发展有利的话题。④设置交际课堂练习,如设置小型活动

---

[1] 邵艳红. 系统功能语言学视域下的中小学英语交际教学重建[D]. 杭州：浙江大学,2017.

让学生练习并熟悉目标语的一些表述特征。有关文献对第四种方式讨论较多，针对前三种尽管有人研究过，但是文献非常有限。总之，交际课堂教学的具体教学方法十分多样，其基本精神是开展师生之间、生生之间有意义的对话或讨论，也称"语言意义的谈判"（negotiation of meaning）。上课经常采取两人结成对子进行对话，4~6人为一组的小组活动和全班讨论的形式。交际法教学虽然提出在语言使用过程中(use)学会语言的用法(usage)，但是它并不排斥有关语言形式的教学。

王才仁在参照国外一些模式的基础上，提出了一个在我国进行英语教学的综合模式：英语教学交际模式。该模式的命名是出于这样一个教学理念：整个英语教学过程是交际过程，而且把每一步也看成是交际；整个教学是师生之间交际的反复循环。下面将对该模式的几个核心环节进行简单介绍：①"教师"和"学生"成为教学的双主体，师生之间的交际构成教学全过程。②社会环境提出教学要求，体现在教学大纲中，对教师有制约作用。③教学大纲由国家制定，是教师执教的依据，对教材的编写和使用起指导作用。④教材要通过听、说、读、写等渠道和一定的情境活化为交际行为，成为信息的源泉。⑤输入是学生接受语言材料三方面的信息：语言信息（包括操作性、观念性），语用信息和文化信息。⑥加工指信息加工，外部加工表现为课堂活动，内部加工指大脑内的活动，互相作用，互相促进。⑦输出指学生运用英语的能力。每一项输出达到正确、得体、流利的程度都会反馈给教师，以便了解教学效果，整个过程达到的程度则最终反馈给社会。①

该模式认为教学的实质是交际，而交际是通过活动得到体现的。比如，教学中师生二主体作用是通过活动来体现的；英语物质操作和观念操作二重性，是通过活动体现的；信息的输入和输出，也是通过活动实现的。所以，活动是更新教学观念，开创英语教学新局面的一个重要哲学支撑点。另外，该模式还强调运用英语时要遵循4个原则：意义性（meaningfulness）、功能性（function）、得体性（appropriateness）和移情性（empathy）。此处前两个原则容易明白。所谓得体性是指所说的每一句话要根据不同的对象、场合和时机选择合适的表达方式；而移情性是指在表达意思时要考虑目标语国家的文化风俗习惯。最后，该模式把我国的英语教学目标定位在

---

① 王才仁.英语常用词语辨析[M].南宁：广西人民出版社，1986.

培养学生的交际能力上[①]。

交际教学的理念正不断地深入我国的英语课堂教学实践。彭那祺通过多年的教学探索，把交际教学融入自己的日常教学，不断提升自己的教学理念，2000年出版了专著。她总结道："和谐"是交际性教学最重要的艺术特色。她认为，"在英语课中最为重要的是要从交际的高度出发，去帮助学生打下坚实的英语基础和培养运用英语的交际能力，并在习得英语的过程中掌握一套成功的英语学习方法和良好的语言习惯。这些将构成他们可持续发展的英语潜能"。[②]

第四节　任务取向的英语教学模式

一、任务型英语教学模式的定义

任务型教学是指一种以任务为核心单位计划、组织语言教学的途径。它是诸多交际教学途径中的一种，其教学思想仍然在交际语言教学思想的理论框架之内。在国外，任务型语言教学已有20多年的实践，最先进行任务型第二语言教学实践的是印度学者帕布。针对任务型教学的研究已经取得可喜的成果，很多学者从不同的侧面对任务型语言教学进行了研究，赋予其新的内涵。

在国内，龚亚夫和罗少茜根据目前的有关文献，把主张任务型教学的专家和学者分为"广义任务派"和"狭义任务派"。狭义任务派认为，只有为了某种交际的目的使用语言的活动才可以称为任务。该任务定义与纽南所提出的"真实世界的任务"或"目标任务"的概念比较吻合。而广义任务派认为，任务可分为"交际任务"（communicative tasks）和"学习任务"（enabling tasks），此处的学习任务与纽南提出的教学任务意义比较接近。[③]学习任务概念的提出对当前中学英语课堂教学活动的设计有

[①] 莫爱屏. 语用与翻译 [M]. 北京：高等教育出版社，2010.
[②] 彭那祺. 彭那祺谈英语交际性教学 [M]. 武汉：湖北教育出版社，2000.
[③] 罗少茜，龚亚夫. 外语教学研究中的知识、能力与运用能力 [J]. 课程·教材·教法，2005（6）:39-44.

更大的推动意义，因为中学课堂的英语学习非常关注课本内容的理解和运用，如在阅读课上，教师根据课文的相关信息设计出一个部分信息缺失的表格，让学生快速阅读后把信息填满。这种围绕课文内容设计的学习任务容易被中学教师所接受。但是，我们的教育要真正意义上提高学生的语言运用能力，并提升学生的素质，那么任务的定义最好能满足斯凯恩对任务提出的五方面要求：①意义是首要的。②有某个交际问题要解决。③与真实世界中类似的活动有一定的关系。④完成任务是首要的考虑。⑤根据任务的结果评估任务的执行情况。换言之，任务关注的是学生如何沟通信息，通过交流互动解决交际问题，而不是强调学生使用何种语言形式；任务具有在现实生活中发生的可能性，而不是"假交际"；学生应把学习的重点放在如何完成任务上，对任务进行评估的标准是任务是否成功完成。[①]

在外语教学中，目前教育部制定的英语课程标准的实施建议明确指出：倡导"任务型"教学途径，培养学生综合运用语言的能力。任务型英语教学提倡以教师为主导、以学生为主体的教学活动，它提倡体验、实践、参与、交流和合作的学习方式。学生在活动中认识语言、运用语言、发现问题、找出规律、归纳知识和感受成功，真正让学生掌握讲英语、用英语的本领，从而培养兴趣，树立信心，发展自主学习的能力和合作精神，为终身学习和发展打下基础。

二、任务型英语教学模式的理论基础

任务型教学概念被提出后，20多年来，它的发展、演化和内涵的不断丰富得益于理论的支撑。言语行为理论是任务型教学与研究一个十分重要的理论来源。言语行为理论旨在回答语言是怎样用于"行"，而不是用于"指"这样一个问题。奥斯汀（Austin）认为言有所为的话语是被用于实施某一种行为的。根据个体说话时所实施的三种行为，奥斯汀提出了三种模式行为，即言内行为、言外行为和言后行为。言内行为是指传统意义上的"意指"，即指发出语音、音节、说出单词、短语和句子等。言外行为是指通过"说话"这一动作所实施的一种行为。人们通过说话可以做许多事情，达到各种目

[①] 罗少茜，龚亚夫.外语教学研究中的知识、能力与运用能力[J].课程·教材·教法，2005（6）:39-44.

的。言后行为是指说话带来的后果。塞尔（Searle）在奥斯汀研究的基础上，把言语行为理论提高为一种解释人类语言交际的理论。塞尔认为，语言交际单位不是单词或句子等语言单位，而是言语行为。于是，语言交际过程实际上是由一个接一个的言语行为构成的。每个言语行为都体现了说话人的意图。他把一句话所实施的言外行为与内容联系起来，即话语行为与命题行为之间的关系。

随着任务型英语教学研究的不断深入，国内学者从不同的视角来探讨和建构它的理论基础。龚亚夫和罗少茜认为该教学模式的理论依据来自许多方面，有心理学、社会语言学、语言习得研究、课程理论，等等。从语言习得的角度可以解释任务型英语教学的必要性；而社会建构理论和课程理论可以阐释任务型语言教学的教学理念。魏永红认为系统功能语言学的诞生对 20 世纪 80 年代以后的语言教学的发展产生了重大影响，包括任务型教学。同时她又从学习论的一些视角，如皮亚杰的认知发展论、布鲁纳的发现学习论、奥苏贝尔的意义学习论和社会建构主义学习理论，以及教学论的活动教学来分析任务型教学的教学理念。下面我们重点从语言习得理论、课程理论和活动教学三个视角来理解任务型教学的必要性和意义。

语言习得是指一个人语言的学习和发展。此处的学习与课堂上教师的语言知识的传授式的学习意义相对。我们通常说："Language is not taught but acquired."（语言不是教会的而是习得的。）语言习得理论告诉我们，在语言课堂上仅仅学一些语言规则和词汇意义并不等于就能自如地运用该语言了。威利斯通过研究语言习得发现，当学生做机械性语言练习时，他们的注意力有意识地集中在语法形式上，可能看起来暂时掌握了所学习的语法结构。而一旦让他们用语言去交流，注意力集中到语言的意义上时，语言错误就会很多。另外，蒙哥马利和爱森斯坦做过一个实验，他们把一个班分成两组，实验组教语法，但同时也有实践的机会，对照组只讲语法。结果表明，虽然实验组用于语法学习的时间少，但是实验组不仅交际能力强，而且语法测试的成绩也比单讲语法的班级好。因此，语法加交际比单纯讲解语法知识更能提高语言的流利程度和语法的准确程度。

语言习得理论并非反对教语法，而是提倡在学习了该语法项目后，能有实践和运用的机会，如在不同的情景或语境中反复接触含有该语法规则的实践机会，并在不同的情景中使用这些固定表达方式。只有不断地在真实情景中使用语言，才能逐渐发展自己的语言系统，这正是任务型英语教学所要追求的效果。语言使用在任务型教学模式中是指用语言来做事情，即完成各种任务。当学生积极地参与用目的语进行交际的尝试时，语言也就被掌握了。当学习者所进行的任务使他们当前的语言能力发挥至极点时，习得也扩展到最佳程度。课程理论是指人们对课程与社会、知识、学生等关系的规律性认识。英语学科课程理论是从学习者的角度，将学习理论、课程理论和教学实践综合的一种课程理念。它具体为由意识（awareness）、自主（autonomy）和真实（authenticity）三要素组成的3A课程观。课程理论有助于我们对任务型教学模式的教学理念做更深入的理解。

在3A课程框架中，利奥·范·利尔（Leo van Lier）首先提出意识的重要性。意识是指在课程学习时教师要让学生知道自己在做什么和为什么做，只有当学生明白自己学习的内容与他的生活或发展是有价值时，他才会投入注意力，对某物开始关注，有意识地参与，用心去感受过程，用心去反思效果。这份意识给普通教师的启示是教学不能只给学生灌输知识点，而是首先要在思想上让学生明白学习的目的和意义。任务型教学模拟人们在生活中使用语言的情景，通过各种有明确目标的活动，使学生能有意识地参与语言的交流，从而掌握语言。学生一旦找到了学习的价值，内在动机被激活后，学习就进入第二阶段——自主阶段。

此处的"自主"指的是学习者可以根据自己的兴趣对要求完成的任务具有一定程度的选择权利，如可以自主确定总任务下的次任务内容，以何种方式完成任务，以及小组成员的分工，等等。学习者被赋予了选择权，同时也被赋予了责任。学习者带着这份责任会尽力做事，这份发自内心的动力有助于对信息进行深度加工，提高学习效果。同样这份对自己学习负责的责任感有利于学生成为富有责任感的公民，达到民主教育的目的。学生通过参与任务型教学，不仅学会了语言，更重要的是学会了做人，因为学习过程就是人生磨炼的过程，这就自然要求学习过程的真实性。

利奥·范·利尔的"真实"包括教材的语言材料没有被加工，课堂中使用的语言与生活相一致，更重要的是人的"真实行动"。所谓真实行动是指该行动是发自内心的、自愿的行动。在任务型教学中，学生想做的事情是他们自己想做的，他们的行为是自己选择的，他们表达的是他们的真实感受，他们所说的语言是他们想表达的，这才是真实。相反，不真实的行为是由外部因素引起的，是那些因为大家都这样做，或是被要求这样做，自己才这么做的事情。任务型教学鼓励学生表达自己的真实感受，传递真实信息，讲述生活中真实的经历，而不是背诵和转述课文。

活动教学是指以在教学过程中建构具有教育性、创造性、实践性、操作性的学生主体活动为主要形式，以鼓励学生主动参与、主动探索、主动思考、主动实践为基本特征，以实现学生多方面能力综合发展为核心，以促进学生整体素质全面提高为目的的一种新型教学观和教学形式。该教学方式有以下四方面基本主张：①坚持"以活动促发展"为基本指导思想。②倡导以主动学习为基本习得方式。③侧重以问题性、策略性、情感性、技能性等程序性知识为基本学习内容。④强调以能力培养为核心，以素质整体发展为取向。

以上有关活动教学的基本主张表明，它与任务型教学的理念非常吻合。首先，任务型教学中以任务即"用语言做事的活动"为其基本教学组织形式。这样做的理论假设是有效的语言学习不是传授性的，而是经历性的，让学习者参与有目的的交际活动，在交际中认识、掌握、学会使用目的语是习得第二语言的最有效途径。其次，从学习方式来看，任务型教学积极倡导合作学习、交往学习、探索发现学习、体验学习等学习方式。通过用目的语交流、沟通、协商，完成任务的过程，促进交际各方在目的语的掌握使用上相互取长补短，促进各方中介语系统的扩展、修订、重构，从而使语言的输入也在语言的使用过程，即输出过程中得到落实，语言的输出"能激发学习者从以语义为基础的认知处理转向以句法为基础的认知处理。前者是开放式的、策略性的、非规定性的，在理解中普遍存在；后者在语言的准确表达乃至最终的习得中十分重要。因此，输出在句法和词法习得中具有潜在的重要作用"。最后，从发展能力、提高素质的角度看，人作为社会个体，交际能力是最基本的生存能力之一。通过任务型教学，不仅语言水平得到提高，学生的沟通能力、合作能力也得到了锻炼提高，因此，提倡任务型教学是一种有效的素质教育途径。

三、任务型英语教学模式的特点和原则

在任务的定义部分已经提及斯凯恩对任务型教学的5个构成因素，在

此不再重复。下面将介绍纽南提出的任务型语言教学的5个特点：①强调通过交流来学会交际。②将真实的材料引入学习环境。③学习者不仅注重语言的学习，而且关注学习过程本身。④把学习者个人的生活经历作为课堂学习的重要资源。⑤试图将课堂内的语言学习与课堂外的语言活动结合起来。这5个特点针对我国的中学英语教学来说，要特别注意以下几点：

尽可能把英语课设计成各项语言活动，如回答问题、填信息表、设计课文提纲等，提供给学生进行真实情景下的、基于信息差的、有意义的交流活动。

注重语言知识的教学，但是不要单向灌输，而是在任务布置后，让学生感受到我要完成任务必须得到必要的语言输入，先创造需求后以交互方式、在完成任务的情景中提供。

要充分体现真实性原则，即语言材料的真实，问题设置尽量以学生的实际为出发点，同时要求学生提供真实的感受和想法，教师也要以真实的思想与学生交流，达到心灵的沟通。师生之间和生生之间通过这样的真诚沟通，加深相互的理解，使课堂上共同度过的时间更加美好。

随着对任务型教学的研究逐步深入，纽南在提出任务型教学的5个特点之后，又于1999年提出了五项教学原则：①言语、情景真实性原则，②形式—功能性原则，③任务相依性原则，④在做中学原则，⑤脚手架原则。这五项原则相比他提出的5个特点，在理论上进行了高度概括，对教学实践具有更强的指导意义。第一项"言语、情景真实性原则"在上文已经分析过。第二项"形式—功能性原则"中的形式是指语言形式，即有关语言知识本身，功能是指语言知识在真实情景中的运用。该原则要求教师和学生对语言形式和语言功能有清晰的认识；任务设计要注重语言形式和语言功能的结合，旨在使学生掌握语言形式的同时，培养其使用语言的能力。总之，在进行任务型语言教学时，语言的形式与语言的意义是紧密结合的。第三项"任务相依性原则"是指任务设计既要遵循由易到难的原则，又要体现任务之间的关联性，如总任务涵盖许多小任务，小任务环环相连、层层铺垫，随着小任务的完成，最后达到高潮，完成一个总任务。第四项"在做中学原则"可以说是任务型教学最核心的原则，"做"可以指我们前文中的"活动""交互"等概念,在此不展开讨论。最后一项原则是"脚手架原则"。该原则可以从两方面进行理解:一方面,教师设计任务,一定要适合学生的实际,让学生通过努力能够顺利完成,从而获得安全感和成就感。另一方面,在具体完成任务的过程中,任务如何完成,任务的成果会是什么样的,教师都能在教学的初级阶段提供给学生一些可以借鉴的思路或样品。

第五节　社会文化互动取向的英语教学模式

　　课程作为一种社会文化,教学活动作为一种社会文化的传承与发展的现象,教育社会学流派对学校课程与教学的影响已经显而易见了。其中的解释理论(也有人称为"互动理论")成为我们本节讨论的社会文化互动取向的英语教学模式的理论基础。该理论由现象学、知识社会学、符号互动论、俗民方法论、拟剧论等社会学术思潮共同构成。在课程与教学方面,其基本要点包括:①关注教学活动中教师与学生如何构建、解释并控制其日常生活过程中的问题,关注师生人际互动过程。②强调师生共同创造课堂生活,解释师生各自的角色和各种行为所表达的意义。注重师生在课堂中对话,认为要通过理解、解释去剖析师生的观念与行为。③分析课堂教学情景时,认为语言是最基本的符号,课堂教学是通过语言进行有效沟通的;在教学过程中,师生对课堂情景的不同理解是影响课堂教学效果的重要原因之一;社会互动是指人与人或群体与群体之间发生的交互活动或反应的过程。此外,英国新教育社会学家扬(M.Young)于1971年出版的《知识与控制:教育社会学新探》一书,发展了知识社会学理论。其基本观点是:把教育现象看成是一种创造性的事实而非一种既定的事实,师生互动是一种解释的过程而非一种由教师要学生被动接受的过程,教育知识和内容并非肯定是"客观的、公正的、有效的",而是受制于社会、政治的权利影响。[①]

---

　　① 麦克·F.D.扬. 知识与控制——教育社会学新探[M].谢维和,朱旭东,译.上海:华东师范大学出版社,2002.

以上观点表明课程是一种社会文化，课堂教学是社会文化的传承，所以社会文化互动取向的英语教学模式，可以简称为互动教学模式，或"交互（式）"英语教学模式。张森和蔡泽俊认为交互式教学模式是指在主体间的交往中（包括师生交往、生生交往），师生共同参与教学活动，相互承认与尊重，通过多种方式相互作用、相互沟通，促进学生全面和谐发展。它是开放的、建构性的，是一种全新的教学模式。该模式最早由帕林克萨（Palincsar）于1982年提出，它是一种以支架式教学思想为基础来训练学生的阅读策略的教学模式。该模式具有两个特点：重点放在培养学生以特定的、具体的用以促进理解的策略；这种教学以教师和学生之间的对话为背景。那么对于语言课堂，交互意味着什么？里韦尔斯认为"交互"是学生通过使用语言而获得语用能力，在使用过程中学生的注意力集中在传达和接收真实的语言信息上（在关系到交互双方利益的情景中交换信息）。威尔斯（Wells）为交流是话语的基本单位，语言交互是合作活动，不管交流是口头的还是书面的，都包括在信息发送者、接收者和情景环境三者之间关系的建立中。交互不仅是自我观点的表达，而且是对别人观点的理解。

交互对语言学习为何如此重要呢？首先，通过交互学生可以增加他们的语言储备。因为在交互过程中他们倾听或者阅读真实语言材料，通过倾听同学们在讨论时的语言输出，或完成共同参与的解决问题的任务，或撰写对话日记等途径。其次，在交互时，学生能够使用他们所有的语言知识进行真实的交互，而这种表达真实意思的交流对他们来说是很重要的。就这样，他们能从所听的内容中提取信息，因为理解是一个创造过程，此外，他们也能通过创设语篇去表达意图。最后，在二语语境下，交互对在新语言和文化中生存是必不可少的，所以学生需要接受在新语境中交互方式的训练。

交互有利于语言学习，那么在语言课堂上如何进行有效交互呢？里韦尔斯等学者对此展开了研究，并总结了以下一些有效措施：

（1）教师给学生创设大量的倾听真实语言材料的机会。此处的真实语言材料包括教师流利的课堂英语，录音或录像带，报刊、卡通书、书信、产品说明书、菜单、地图等。如有可能，可把英语为母语的人士带入课堂与学生进行非正式的交互。真实材料不一定都很难，它们可以在一些有意义的活动中加以使用。

（2）学生从开始就必须在课堂情景中听说英语。例如，学生可以面对挂图和实物听和说英语；可以通过角色扮演、演戏和讨论听说英语；可以编制电台口头秀或在教室建立一个二手货市场，或举办鸡尾酒晚会或求职面试等活动。

（3）学生参与一些联营任务，指学生一起做一些有意义的活动，诸如，制作某物、娱乐别人、为跨文化口头报告准备材料等。

（4）学生观赏一些原版电影或录像带，观赏以英语为母语的人士如何交互，如观察非言语行为——如何感慨，如何开始、维持对话交流，如何进行意义协商以及如何结束交流，等等。

（5）语音可以通过交互来提高，不仅通过对话式的听说活动，而且可以通过诗歌朗诵与创编对话或剧本等过程来锤炼语音和语调。

（6）跨文化交互对现实世界语言运用来说是很重要的。首先，学生通常拥有相同的观点和价值观，相同的行为方式和言语方式。他们能辨别自己对目标语人士以及相互文化的思维定式。这种学习经历可以直接进行观点交流或介入另一种文化的活动。这种有指导地引领学生进行成功的跨文化交际活动或项目可以帮助学生建立自信。其次，观察来自不同文化的人士进行交互，清晰自己如何应对不同民族人士，监视自己的言语风格，以及操练不同的交互技巧，这些都能促进学生将来在不同文化环境中生存。最后，在英语作为外语教学的国家，学生可以把那些有可能因为文化差异而导致交流失败的片段表演出来。如有可能，还可以与以英语为母语的人士从他们本民族的文化视角来谈谈他们所做决定是否合适。歌曲、音乐和舞蹈也能让学生欣赏对方民族的文化底蕴。

（7）在阅读活动中，在读者与文本之间应该有精彩的交互，如解释、拓展、讨论其他的可能性或其他结论。通常阅读可以让学生进行有效的口、笔头输出。

（8）针对写作活动，要注意写好的东西应该有人来阅读，如在班级报纸上刊登或抄写在通知栏上。对话日记是交互性写作的典型例子。

（9）交互并不排除语法学习。语法知识有利于交互水平的提高，但是要把语法学习过程交际化，让学生通过有效的意思表达的经历来内化语法规则。

（10）测试也应该是交互性的水平测试。多项选择和填空题是语言知识的测试，不是正常语言使用活动。测试应该尽可能地转回语言的正常使用上来，使测试成为一个在理解和表达方面意义建构的有机过程，因为测试本来就是学习过程的一个部分。

近年来，我国的学者和教师也越来越关注英语课堂教学的互动性。李秀英和王义静认为"互动"英语教学模式是高校英语教学的必然趋势。作为教师，我们不能把自己看作是不断向学生传递信息的源泉，而应是组织学生大量参与使用语言的学习活动的组织者和参与者，从而为学生学习使用语言创造机会，提供指导，使学生通过自己的语言实践来掌握这些知识和能力，并为取得富有成效的结果提供监督，帮助学生负责自己的学习，并在学习过程中逐渐掌握最适合自己情况的学习方法。李秀英和王义静提出"互动"英语教学模式设计的根本原则必须符合创造性的有意义的语言操练。[①]具体地说，互动活动的内容应有助于激发学生的兴趣、学业目标和事业目标等；在互动教学过程中新导入的内容必须与学生已有的知识、背景等相关；互动活动的内容还必须能够激发学生参与活动的内在动机。这样的活动可以包括以学习者为中心的、合作性的教学，以内容为中心的活动，语言、文化相结合的活动，以语言表达能力培养为基调的活动，以技能培养为基础设计的测试。此外，李秀英和王义静在具体课堂教学过程中，把"互动"英语教学模式设计成以下种类：以问题为中心的操练活动；以词语使用为方式的词汇学习过程；以人称替换、原文内容为主线的故事"重组"活动；以翻译为检测手段的巩固方式；听说结合的听力教学方式；形式多样的趣味英语活动。

这些有关高校英语教学的"互动"理念和根据这些理念设计的教学活动在2000年前后显得比较新颖，其实这些操作方式就是课堂教学交际化的具体体现，把学生的主体性充分挖掘出来，试图通过语言运用来学习语言。从"互动"英语教学模式设计的种类看，该模式把各个教学环节都变成了互动过程，这点做得非常好。但是，互动活动在很大程度上仍然是在关注语言本身，如操练活动、词汇学习方式、巩固活动、听力教学方式等，这表明"交互"只是在教学技巧上的一种改变，在总体上没有形成比较完整的新的课堂教学体系。这里的"交互"与前面提到的"交际教学"区别何在？根据本节最前面提到的"解释理论"的主要观点，课堂上通过师生的

[①] 李秀英,王义静.关于大学英语教学改革的若干思考[J].航海教育研究,2000(4): 57-58.

平等交互，其主要的任务是应该加深双方之间的理解以及双方对事物的理解。在交流过程中不断地使用目标语，从而掌握该语言。

要想使自己的课堂更具交互性，建议教师在英语课堂上不妨抛弃那些程式化的教学语言，如：Now we are going to study grammar./Now let's study the new words./Now Let's use this word to make a sentence. 而更多地使用与交谈话题相关的、富有情感的、互动式交际性语言，如：Let's imagine.../Suppose.../In that case, what do you think...What's your opinion about.../Put yourself in the position.../Do you want to make a guess？/Who has a different opinion about...。

随着英语课程改革的不断深入，对互动英语教学模式的研究也在不断深入。例如，张森和蔡泽俊总结了"交互式"课堂教学基本模式的流程为：目标导入—小组讨论—组际发言—成果评价。在课堂上可采用同桌互学、小组讨论、大组辩论、自由发言等形式，营造"生—生""师—生"间自由平等的氛围，通过学生之间的互相提问、互相帮助，让学生学会思考、解决问题、发展思维，从而实现学习的目的。

张森和蔡泽俊提出的交互概念与上文提及的里韦尔斯等提出的概念不完全一样。前者仅仅把交互定位在语言符号的使用上，而后者可以包括语言、活动和非言语性的理解活动（如读者与文本的交互）等[1]。

总之，社会文化互动取向的英语教学是一种面向未来的新事物，它的内涵与形式需要不断完善和丰富，它的教学组织方法也将朝着多样化的方向发展。

第六节　全语教学模式

全语教学模式也称整体语言教学模式，该模式的理论首先由肯·古德曼（Ken Goodman）提出，其核心理念是：语言是整体的，不能被分割成听、说、读、写等技能。同样，语言中的词、短语、句子和段落好比是一件东

---

[1] 陈晓峰. 新思维英语语法教程 [M]. 北京：国防工业出版社，2013.

西内部的原子和分子，我们可以研究原子和分子的特性，但是其整体意义总是超过各部分加起来的总和。此外，该理论还把语言教学的范畴推广到与学生生活有关的其他各个方面。学习语言的目的是满足学生现实生活中的真实需要，为了能够进行有意义的人际交流，解决生活中的实际问题。它的优势是能够使一个主题概念多角度、多层次地反复重现，使学生有机会把过去的知识和经验与今天的学习任务结合起来，使新旧知识在头脑中形成网状记忆、网状联想，使英语学习的质量发生飞跃。我国学者王才仁把上面第二层意思进行了拓展，认为"整体语言法"（Whole Language Program）就是把学语言与学习其他文化课结合起来，实行综合推进，既学语言，又长知识，互促互动。一个学英语的人，如果汉语水平不高、知识面狭窄，很难在英语上有很高的造诣，即便能流利地说英语，也无法充分发挥英语的交际工具作用。

语言是一个整体，知识学习也是一个整体，学习者的生活和学习也应该得到统整。对此，左焕琪认为整体教学法的最大特点是："它一反自古以来由教师决定从部分到整体进行教学的传统，强调由学生主动参与并遵循内容从整体到部分的教学过程。"[1]这种反传统的教学方式是受到了语言习得和学习的科研成果启发，该成果表明只有当学生认识到语言整体时，他们才能认识语言的本质。在外语教学中，要注意以下4点：①应先让学生在教师的启发下看到整体，然后逐步掌握教学内容。②每一部分的学习应该是有意义的，而不是无意义的机械操练。③可先用母语讲清概念，然后采取师生与学生之间互相交流的形式练习。④口语与书面语并重，以达到理解透彻与掌握的目的。

整体教学法可用于宏观与微观外语教学中。宏观是指每个单元开始时，先与学生一起讨论该单元的主题的概况，然后学习具体内容和词汇、语法结构等；微观是指如教授某一语法现象，可先讨论同一大类的特点，再学小项。在每次上课时，整体教学把每节课作为一个整体来处理，而每节课又都有侧重。这种教学法的心理基础是格式塔心理学。该理论认为为了培养创造性思维，教师也应把学习情景作为一个整体呈现给学生，人对语言刺激的反应是综合的，而不是通过对语句的分析来理解其内容的。王静认为该整体教学模式可以体现在以下方面：①课堂教学的整体设想。②课堂教学内容的整体处理。③在设计整体教学过程中，教师必须遵循语言学习的规律。④注重发挥

---

[1] 左焕琪.外语教育展望[M].上海：华东师范大学出版社，2002.

教师的主导作用。⑤注意整体教学的适应性。针对课堂教学的整体设想，要注意面向大多数学生，课堂教学要以多数学生的听、说、读、写活动为主，以完成教材内容为主。①

---

① 王静作.大学英语教育与课程体系建设研究[M].天津：天津科学技术出版社，2022.

第三章　信息技术与大学英语的混合式教学

第一节　信息技术与英语教学深度融合的机遇与挑战

一、信息技术与英语教学融合带来的机遇

随着素质教育的开展和科学技术的进步，现代信息技术对于学校教学起着越来越举足轻重的作用。信息技术由此为教师的教学工作带来新的挑战和机遇。教师需要更新观念，实现角色转变，并学习在教学中合理、正确地使用多媒体和信息技术，优化教学方式，模拟学习情境，激发学生学习英语的兴趣，扩大知识面，增加阅读量，培养自主探索的能力和文化素养，提高教学的有效性和时效性，实现资源共享。

随着我国突飞猛进的发展和全球经济一体化的进程，知识文化的传播方式也发生了一系列的变化，信息文明已经越来越成为人们生活工作中不可或缺的重要部分，极大地改变了人们的思想观念和行为习惯。人们在享受数字信息带来的便利的同时，传统的教育观、人才观和教育模式也都面临着新的挑战，这就引起了教学的思想、内容和方法上的深刻变革。

英语教学作为这一课题的重要组成部分，要求教师及时转变教学观念，改进教学方法，积极学习信息技术，以实现传统教师角色的转换，适应信息社会对于教师所提出的新要求。当然，信息技术在提出挑战的同时，为英语教学提供了更多的机遇，它引领教师走上一条新的英语教学的道路，为激发学生的英语学习热情、提高英语的应用能力打开了更为广阔的天空。下面就分别来讨论一下信息技术给英语教学带来的挑战和机遇。

信息技术已经逐步渗透到英语教学的各个方面，如电子课件、多媒体教学、远程教育、计算机辅助教学等，这些在给教学带来巨大方便的同时，对教师的学习和创新能力提出更新更高的要求，英语教师需要积极学习新的知识和技术，学会操作各种多媒体设备，不断更新自己的知识结构，扩大自己的知识容量，这也符合现代社会对人才的要求，那就是"活到老，学到老"。

　　另外，信息技术和多媒体设备的普及，使学生的学习途径更加多样化，除了在学校课堂上学习之外，还能够借助网络课堂、电子书籍、英文视频等来提高自己的词汇量和听、说、读、写的能力。但是如果学生运用不当，又会出现负面作用，从而阻碍英语的学习。这就使英语教学面临新的问题：如何使学生正确合理科学地使用信息技术和多媒体来学习，这需要广大英语教师思考。

　　在信息化社会的背景下，英语教师要积极应对，更新观念，实现角色的转变，来适应新形势对于英语教学的要求。所谓更新观念，就是要求教师树立新型的教育观、人才观和方法论，不断更新自己的知识结构，使信息技术更好地为英语教学服务。所谓转变角色，是要求英语教师在教学活动中，不再固守传统的角色定位，由传统的知识传授者，转变为学生学习的引导者和监督者，课堂教学的组织者和示范者，并且随着信息技术的发展，还会发现更加多样的角色。

　　信息技术把计算机与艺术相结合，可以使信息的获得和传播实现强烈的艺术感染。课堂的内容可以通过图像、视频、动画、声音等来表现，使课堂更加充满感染力。何克抗教授在《创造性思维理论 DC模型的建构与论证》一文中指出：基于言语概念的逻辑思维离不开表象。[①] 任何语言的抽象概念和形式结构如果不能通过表象来表现，就不能表达出应有的意思。对于一门从未接触过的语言，学生缺乏对这门外语的了解和体验，因此很难挖掘出对这门语言的热爱和求知欲。所以，这就要借助于多媒体为学生营造出形象生动的环境，使学生能在身临其境中使用语言，从而达到学习语言的目的。

　　夸美纽斯说过："兴趣是创造一个欢乐和光明的教学环境的重要途径

[①] 何克抗.创造性思维理论DC模型的建构与论证[M].北京：北京师范大学出版社，2000.

之一。"① 人们总是对自己感兴趣的事情才能真正投入热情和努力，才会主动自觉地学习而不会感到枯燥。但是，在从小到大的英语学习中，因为一成不变的传统教学模式，很多学生已经逐渐丧失了对英语的兴趣，并且因为英语学习的枯燥和抽象化，造成其英语学习上的困难，从而降低了对于学习英语的信心。然而，现在在多媒体技术的辅助下，教师可以模拟出在日常工作学习生活中的现实情境，与现实生活紧密联系，使学生如置身于真实的情境中，曾经抽象的英语语法变得具体，曾经枯燥的英语知识点变得生动形象，多媒体技术可以把平面的英语知识转化成图文并茂的语言知识，转化为动态的视频，把听、说、读、写结合起来。

在目前的教学中，存在学生英语阅读量小的问题，这是学生手中的资料有限且更新慢造成的。现在互联网上有大量的英语学习网站，包括一些名校的英语学习资料，可供学生浏览和下载，这样学生就可以在课下通过更多的途径来提高自己的英语阅读水平。

英语是国际公用的语言，为全球的跨文化交流起到了桥梁的作用。因此，英语的学习就是一种跨文化的学习和交际活动。现代信息技术可以为跨文化交流能力的提高起到促进作用。学生可以通过互联网收听 VOA、BBC 等新闻时事，在锻炼听力的同时，了解当今国际时事，掌握社会发展趋势；学生也可以从因特网上找到经典的国外原声影片和纪录片，了解各地风土人情和当地文化；学生还可以通过网络了解最新音乐资讯，学唱英文歌曲，对于英语学习也大有裨益；另外，还能通过网络看英文经典著作和诗歌等。这些在提高学生英文水平的同时，还能提高他们的文化修养和知识素养，全面提高学生的素质。

传统的教学模式都是以教科书、习题册和磁带等实物形式出现的，由于教材等编写的问题，造成教学内容的滞后性，可能会与社会和语言的变化相脱节，造成学生所学非所用。而信息化教学就解决了这一问题，为教学提供了及时的、生动的课外资料和补充。另外，传统的备课、考试等环节都依赖于纸质的教材、试卷，对于信息的查找、整理、选用所需要的时间成本会大大高于使用数字化信息技术，其效率也势必要远远低于数字教学。而通过电脑、投影仪等设备，可以轻松地提供学生以图像、视频、声音等形式，形象生动地呈现出原本抽象、晦涩的理论内容。

21 世纪是一个信息爆炸的时代，每天都有大量的信息资源通过各种途

---

① 夸美纽斯. 大教学论 [M]. 傅任敢，译. 北京：教育科学出版社，1999.

径和方式在进行传递。但由于某些局限性，不可能获取所有自己所需要的信息，这就需要信息的共享。信息技术为此就提供了巨大的便利。比如，可以通过信息搜索来查找任何自己需要的内容；也可以通过网络资源共享，把自己所有的资源共享到服务器给需要的人使用；还可以通过存储和输出设备（如 MP3、MP4 等）来进行信息的传递，既便于携带又经济环保，而且还可以随时更新。这些都是通过信息技术来实现的。

随着人类社会的发展和科学技术的进步，越来越多的数字化技术和设备被广泛运用到日常生活和工作中。教师在运用信息技术进行英语教学时，能够深深体会到其对于提高英语教学质量和效率的巨大作用。英语教师要认识到，信息技术能够辅助教学工作的开展，同时教学工作又能推进信息技术的进一步发展，二者是相互影响、相互作用的。面对信息化的浪潮，教师要积极更新观念，转变自身角色，充分调动自身的主观能动性，挖掘自己和学生的潜能，与时俱进，勇于迎接挑战，相信在信息技术的帮助下，英语教学之路会走得更好更远。

二、信息技术与英语教学融合带来的挑战

21 世纪以来，信息技术快速发展，信息技术的广泛应用推动着教育教学的重大变革。作为职业教育最高层的高职教育，其信息化建设的意义与作用显而易见。信息技术与职业教育的融合并不是简单的技术引入与应用，将改变传统课堂教学结构与模式乃至学校教育体系的根本性变革。余胜泉教授支持"突破既有体制制约，以信息化服务为核心，推进教学管理模式的组织结构实现优化和变革"[1]；胡晓松教授认为，"以教学手段创新为起点，在教学组织形式、教学内容及呈现方式、教与学关系乃至教书育人进行一系列创新，创设有支持的自主学习的全新教育模式"[2]。李玉顺教授提出，强调深度整合不应忽视教师的作用，"要以提升教师能力推动信息技术与教育深度融合，提高技术辅助下的教与学方式创新、信息技术与教学融合的水平"[3]。

本科教育部分课程正在进行信息化与教学融合的课程改革，如翻转课

---

[1] 余胜泉. 现代教育技术与信息技术应用 [M]. 天津：天津教育出版社，2008.
[2] 胡晓松. 当代社区教育的比较研究 [M]. 北京：中央民族大学出版社，2001.
[3] 李玉顺. 迈向智慧校园的学校信息化管理与实践——北京市中小学数字校园建设经验（中学篇）[M]. 北京：北京师范大学出版社，2018.

堂和思政慕课等，学生学习效果反映良好，可是高职教育信息化还未开展推广。以乘务学院为例，目前，该院毕业生 90% 以上就业于各大航空公司，而用人单位普遍反映该院毕业生英语水平较低。针对这一问题该院一直坚持重视英语课程，聘请大量师资采用小班教学，一个学期英语课程可达 160 课时。但是学生的英语水平并没有显著提升，相反英语相关证书的取证率逐年下降。与此同时，学生抱怨英语课程太多不爱学，教师硬着头皮教，推着学生学。为了让学生课上专注，学院也想了不少办法，比如避免信息化的干扰——收取手机，避免课上睡觉——加大课堂提问和作业检查力度，避免课上闲聊——减少课堂讨论。然而这些方法没有从本质上改变学生对英语课的态度，学生上课状态低迷，课堂教学效果不理想。

调研发现，在信息化时代，如果说学生完全排斥英语是不准确的，学生每日依赖网络通过手机获取英文资讯、观看英文电影、欣赏英文歌曲等，但就是厌恶在课堂上捧起英文课本学习英语。英语基础弱的学生认为课本内容复杂、专业、枯燥，从而产生放弃的想法；而英语基础强的学生则认为内容过于浅显，自学就能轻松完成学习，课上不能满足自己的学习需求。在这种情况下英语课堂学习气氛愈来愈差，成绩差的学生看到成绩好的学生都不认真听课更加肆无忌惮。

若将信息技术适当地引入英语课堂，构造多模态的网络生态环境，可以改变以教师为主宰的传统课堂，突出以学生为主体，引入更多的教学资源，以多模态形式展示教学内容，激发学生的学习兴趣，调动学生的主动性；突破教学重点与难点，从而增强英语课程教学效果与提高质量。

教师应该转变观念，少抱怨学生基础差；创新教学活动、改进教学方法，更新教育观念。最终目的是让学生掌握知识并且在实践中灵活运用；所以教学的终端是学生，而不是教师个人才能的展示。让学生参与课堂，发挥其在课堂中的主动和能动作用；树立学生在课堂上的主体地位，让学生成为学习知识的主人，使学生从被动的学习者转变为主动的学习者，从而建立高效课堂。依靠互联网和信息技术的进步，翻转课堂、慕课、微课、各种学习应用软件、网络学习平台等的兴起，让学生成为主体地位更容易实现，而教师则转变为学生学习的幕后工作者，借助信息技术通过引领、督促、检查与推动帮助学生完成学习任务。强调学生是学习的主体，是信息化教学的直接参与实践者，更是终端受益者。教师运用多种模态，具体生动地向学生展现教学内容，如一系列动态图片、音乐音频、影片片段、动漫演示等，激发学生的英语学习兴趣，使他们对教学内容更易于理解并印象深刻。在传统英语课堂中，为了掌握学生的作业和学习情况，教师不得不占用大量课堂教学时间。在课堂检查的同时，也会造成其他学生的分心与等待。阶段考试更是需要聘请大量教师协调时间耗费至少4个课时才能完成。若是将信息化合理引入，课后教师可以使用网络学习平台和测试APP进行作业布置，在规定的时间内学生需要完成在线测试和语音上传，更灵活地安排时间检查学生作业，完成批改。同时信息化软件可以将每个学生的学习过程完整地记录下来并且根据相关设置进行成绩分析，快速生成数据。教师可以根据学生的测试记录为学生推送不同等级的资源和安排个性化的学习，加大对学生的语言输入力度，人为最大化地创造英语语言学习环境。利用信息化教学手段，可以体现学生的主体地位，开展个性化的教学与测试。

信息化教学的学习方式有别于传统教学方式，主要表现在其灵活多样性。课堂不再是传授知识的唯一场所，课本不是仅有的学习资源，互联网提供丰富的信息知识补充课本内容；教师不仅仅是知识的灌输者，更是学习方法的引导者，未解知识的解惑者。课堂教学与现代信息技术的合理融合，通过丰富自主学习的知识资源，拓宽自主学习的路径，正确引导学生自主学习，改变学生习以为常的"被动式"学习模式，为学生养成终身学习的习惯打下基础。

在高职传统教学中，师生互动只限于课堂；师生之间并不熟悉，学生甚至认不出自己的授课教师。采用信息化辅助教学，师生互动将不受时间与地点的约束，学习过程从固定单向灌输转变为双向互动的多元化模式。课前，教师在学习平台发布课前预习任务单，推送相关学习资源；课中，教师可选用最新的英文新闻与视频，吸引学生参与课堂并鼓励其大胆发言，利用学习平台快速建立讨论小组，布置思考题组织学生自行查找资料整理后找到答案，增强学生自主学习的信心。课后，利用平台布置作业，群里及时统一答疑解惑和辅导与纠正单个学生，拓展课堂知识帮助有能力的学生进行深一层次的学习。

采用互联网信息化教学手段，教师不再是单纯的独裁者和灌输者，而是课堂的引导者。利用信息技术教师可突破固定课本内容的局限，为学生提供丰富生动及时热门的学习资源，让学生接触到来自不同国家与地区的英语母语者发音，提高学生的听力理解能力，真正实现英语的无障碍交流。强调学生为课堂主角，让学生真正成为学习知识的主人，由被动学习者转变为主动学习者，学生参与课堂发挥主动和能动作用；结合案例教学法和情景教学法，培养学生的分析能力和解决问题能力，从而建立高效课堂。信息化融合的英语教学，教师不仅需要良好的专业知识素养、课堂组织能力，还需要掌握现代化信息技术，如操作各种软件、制作视频动漫、搭建管理学习平台、与学生进行"线上线下"互动和数据统计与分析。关注学科的前沿科技最新理论，与时俱进，并且乐于与学生分享和讨论，开拓思路。

职业教育信息化与教学融合可以突破传统的教学方式，激活新的思路，新的教学方式可以创造多元化互动式的学习方式，从而提升学习效率。每一个学生都是一支需要点燃的火炬，在信息化时代教师必须积极学习、开拓思路、与时俱进，调整与学生的关系，建立平等的、民主和谐协作的关系，成为学生的点火者、引路人。

随着现代信息技术与大学英语教学的深度融合，产生了微课、慕课、翻转课堂以及网上自助学习平台等多种新的混合教学模式。这种多元化的教学模式对大学教师的信息技术素养、教学方法和手段提出了更高的要求。

在信息技术飞速发展的今天，网络资源极大丰富，学生能够通过网络获得海量的专业知识，教师不再是学生获得知识的唯一来源，也不再是专业知识的专享者。教师的信息优势被打破，如不加强自身专业知识的深度学习，不了解学科前沿动态，就很难适应大学英语教学内容的更新和学生对英语专业知识的更高要求。而且由于传统大学英语教师所学专业的局限和学科背景的单一，知识结构大多囿于英语语言文学范围，在"互联网+"时代背景下面对来自不同学科背景的大学英语学习者时，学科知识会显得狭窄，很难满足学生对自己所学专业相关英语知识的需求。

随着21世纪人类已全面向信息社会迈进，培养创新型人才需要信息化教学环境的支持。在传统的大学英语教学中，教师只是课程内容和教材设计的执行者、实施者，而在"互联网+"时代背景下，教师必须逐步转变为教学内容的开发者、设计者，才能更好地利用网络辅助英语教学。因此需要有熟练的电脑操作技术，熟悉各种教学软件、能制作精美的教学课件；同时还必须具有较强的网络管理能力，能利用微信等积极参与网络资源的建设和网络平台的管理。此外，还需要具备制作微课所需的相关技术，如视频音频录制、剪接、配音、合成等。因此，大学英语教师必须跟上时代的步伐，否则就会被信息时代和网络时代淘汰。

在传统的大学英语教学中，教师主要靠口头讲述和板书进行知识的传授，而学生基本处于机械记忆、被动接受状态，教学形式单一枯燥。而在信息技术时代，计算机网络技术成了辅助大学英语教学的必要手段，慕课、微课、微信、自主学习平台等相继投入使用，如果教师继续沿用传统的教学方法，不及时更新、采用先进多样的教学手段，教学效果势必大打折扣、教学质量难以提高。

网络资源的开放性使得信息资源丰富、及时，唾手可得，还意味着信息资源的共享，部分学生甚至有可能比教师提前或者更全面地掌握一些信息。尤其是慕课和网络公开课展现了很多名校、名师、名家的教学过程，使得学生对大学英语教师自身的专业知识有了更高的期待和要求，因此大学英语教师必须加强专业知识的学习，不断完善自己的语音、语法和语言组织能力，同时关注本专业领域的学科前沿动态并将其运动用到自己的教学过程中，以激发更多学生英语学习的积极性。

此外，大学英语教师还应努力拓宽自己的知识面，更多涉猎不同专业专门用途英语的知识，如医学英语、法律英语等，以适应不同专业背景的大学英语学习者的要求，同时为大学英语高年级阶段开设后续课程做好准备。总之，大学英语教师应树立终身学习的理念，努力提升自身专业水平并不断更新知识结构。

在"互联网+"时代背景下，传统的"填鸭式"教学方法已不能适应大学英语教学，一支粉笔、一块黑板的传统手段和配置也已无法满足当代大学生的求知欲。大学英语教师要善于学习，除了熟练运用多媒体设备授课，增强课堂吸引力之外，还应充分利用微信、自主学习平台等多种辅助手段和慕课、微课等丰富网络资源为学生设置具体学习任务并检查学习效果，从而实现"平台、教师、学习者和学习资源的深度互动"。同时还能让学生有效利用课余和碎片时间，将大学英语的学习贯穿于整个学习阶段，使课余课后的自主学习规律化、常态化，以督促和帮助学生养成良好的语言学习习惯。

同时，大学英语教师还应勤于思考，着力改进传统的教学方法。不再沿袭过去教师一人唱独角戏，学生被动接受的教学模式，而是借助多媒体影音设备，为学生创设生动有趣且真实的英语学习情境，让学生主动参与到语言练习活动中来,增强交流性和实用性。此外,教师也可以将学生分为若干学习小组,为其设定具体学习目标,让学生就课前布置的微课、慕课、视频话题和内容进行讨论,最终以汇报、辩论、表演等方式呈现学习成果,促进学生合作学习、增强团队意识,而教师本人也应以合作者和引导者的身份加入活动中,同时答疑解惑,以"润物无声"的方式将语言教学的要点渗透到课堂活动中;大学英语教师还应特别注重培养学生的问题意识,启发、鼓励学生大胆提问、质疑,从而在英语课堂教学改革过程中真正为学生构建起一个体验、探究、合作、交往、互动的英语学习平台。

随着计算机网络技术的不断发展,现代信息技术与教学的结合无疑已是大势所趋,这一结合给当代大学英语教师提出了更高的要求。一方面,大学英语教师必须具备基本的计算机操作和网络知识,才能具有搜索网络信息和资源的能力,才能与层出不穷的新知识、新信息保持同步,进而不断更新和改进自己原有的专业知识体系。另一方面,在信息时代,当学生面临浩如烟海、良莠不齐的英语学习资源冲击时,只有具备必要的信息技术能力,才能恰当整合网络资源,进而给学生推荐、传授正确、适当的语言知识信息,让学生受益。此外,大学英语教师还应积极参加信息技术培训,不断学习新的信息技术,如计算机操作、PPT 制作、音视频录制剪辑合成、网络平台的控制与管理等,将自己的专业知识和教学理念以及学生个性化的学习要求融入自己的 PPT、微课或是网络公开课开发中,从而制作出具有鲜明个人风格特色的教学内容。只有这样,大学英语教师才能真正成为课程的开发者、设计者,从而适应日新月异的时代发展。

在网络技术飞速发展的信息化时代,资源的及时性、丰富性和开放性让教师失去了原有的资源优势,同时随着国际交流和跨文化交际的日益频繁以及社会和学生的要求不断提高,大学英语教师面临着巨大的冲击和挑战。要想适应这一形势,大学英语教师务必要转变自己的角色,明确自己的定位,做学生学习的促进者、引导者,课程的开发者、设计者,教学改革的研究者、实践者,树立终身学习的观念,不断自我完善,谋求发展。率先掌握教育信息技术,具备收集、整合资源和运用、传授信息的能力,积极探索"互联网+"环境下的英语教学改革问题,以不断提高英语教学质量,为培养具有较强语言交流和综合运用能力的复合型人才做出贡献。"互联网+"时代背景下新兴、多元混合教学模式不会取代传统教育,但一定会让传统教育焕发出新的活力。

第二节　信息技术与英语教学深度融合的内涵与本质

一、信息技术与英语教学深度融合的内涵

现代教育中信息技术与大学英语教学的深度融合并不仅仅是把信息技术当成单纯的教学辅助手段，而是把信息技术作为一种促进学生自主学习、优化教师教学环境、提升教学质量与效果的工具。教师要主动学习先进的教学理念，充分运用现代教育信息技术，把其作为学生主动学习的认知工具、情景教学的创设工具、教学资源的整合工具，并将这些"工具"运用到教育教学实践中，使信息技术化为优质课堂的隐性助推力，成为课程内容的有机部分，以超媒体结构方式组织教学，设计、开发融文字、符号、图形、图像、活动影像和声音等多种因素为一体的教学课件，用多媒体技术解读、模拟或再现传统教学技术无法展示的课本对话或篇章场景、情景。实现信息技术与各种优质教学资源的有机融合，从而优化教学环境，从根本上改变传统的教学模式，大力培养学生收集获取英语语言信息能力、分析加工语法句型结构能力、英语交流应用能力、互助协作能力和自主创新能力，充分发挥学生的语言学习主体性、能动性和自觉性。教学中的信息技术应用不仅可以丰富教学内容、改变教学模式、优化课堂，而且可以在迎合学生的心理和时代发展特征的基础上，拓展学习空间。学生可以通过手机、iPad 等工具，利用信息技术网络教学平台学习与巩固课堂知识，收集、预习语言文化背景知识以及学习参考资料等，也可利用信息技术进行自主听、说、读、写、译训练，进一步提高英语语言应用能力，养成自主学习的好习惯。

有效利用信息技术改革大学英语教学，不仅能创建新型教学结构，更可以革新教学思想、观念、理念，深化教学内容、教学方法、教学手段和教学过程的改革，实现教学效果最大化。

利用现代教育技术微信公众号和现代教育技术微信群建立"互励互教式"微课教学平台，可以拓展最初的课内知识点讲授，在"互励互教式"

微课教与学下，学生对知识点的掌握、实践能力均有很大进步，思想道德品质也得到了很大的提高，教师从传统知识的讲授者转变为知识的引导者，学生从知识的被动接受者转变为学习过程的主动参与者，教与学的过程从课堂延伸至课外，大大提高学生的自学能力、积极性和主动性。希望通过本研究探索网络微课教学的规律，为今后更多的课程建设提供帮助。

二、信息技术与英语教学深度融合的本质

混合式教学模式以学生为中心，支持学生主动进行意义协商和知识构建，从而提高教与学的效果。实施混合式教学的有效途径就是切实发挥学生学习的能动性。然而，中国学生的在线学习经验缺乏、语言实践能力不足、自主学习意识薄弱、参与积极性不高、对混合式教学方式不适应，使得无论是在线学习还是基于在线学习的课堂教学都不能达到预期效果，从而成为有效开展混合式教学实践的"瓶颈"。本节以大学英语教学为例，探讨混合式教学模式下实践共同体对大学英语教学的作用。为信息技术与英语教学深度融合提供一个新思路。实践共同体（Community of Practice）也称为实践社团、实践社区。这个概念最初由社会学家莱夫等提出，指的是对某一特定知识领域感兴趣的人互相发生联系，围绕这一知识领域共同工作和学习，共同分享和发展该领域的知识。Wenger-Trayner 团队指出，实践共同体的三个结构要素是知识领域、共同体和实践——知识领域决定共同体成员的共同兴趣和身份感，他们受共同愿景的驱动，联系在一起共享、应用、创造知识，促进自我成长；共同体是学习的社会情境，其成员交流协作、互帮互助，共同实践、共同学习；实践是成员主动参与学习、发展共享知识资源并进行实际运用，成员在实践活动中学习知识，然后又将知识运用到实践中，以获得新的实践知识。

实践共同体的形成对有效学习的发生有积极的促进作用。实践共同体的知识转化是一个正反馈循环，正反馈使得共同体成为一个学习主体，在实现个人学习的同时有效促进动态知识生成。实践共同体的维持和发展可以通过组织的参与和管理，提高知识共享水平和效果。这一理论适用于课堂研究，对课堂建设有重要的启示意义。

混合式教学将面对面教学与在线教学相结合，是信息化时代大学英语教学改革的必然产物。北京科技大学"大学英语混合式教学团队"通过教学实践，解构并重构传统课堂，将混合式教学分为在线学习、课内应用和

课外实践三个核心构成部分，它们在丰富的情境与应用的语境中互相联系、互相融合、互相支撑、互相促进。混合式教学弥补了传统课堂教学的不足，有利于充分发挥学生在学习过程中的主体作用，从而促进学生主动学习、自主学习、合作学习。

①在线学习。在大学英语的混合式教学模式中，在线学习形式主要采用小规模私有在线课程（Small Private Online Course，SPOC），教学资源包括语言知识学习和在线学习社区。学生通过自主观看精巧设计的微课视频学习语言知识，完成与课程内容紧密相关的在线练习和测验，以巩固语言知识。在线学习社区是学生与其他学生异步交流的场所，学生通过发帖和回帖，与其他学生和教师通过讨论交流、答疑解惑、沟通协作，分享语言学习资源和经验。

②课内应用。课内应用是指学生通过在线学习获取语言知识后，在面对面的课堂学习中将获取的语言知识加以应用。混合式教学下的课堂教学不再以知识传授为主要形式，而是围绕主题创设语言应用情境，通过各种或基于语言或基于技能或基于主题的任务，使学生置身于知识展示、语言游戏、问题讨论、方案制订、小组汇报等语言应用活动之中，并通过与团队协作，共同在"做"的过程中不断提高英语应用能力。

③课外实践。课外实践是混合式教学模式不可或缺的部分。学生经过在线语言学习和课内语言应用后，最重要的是能将所学语言知识切实运用到实践中。课外实践通常围绕主题创设的真实性语言实践项目展开，是课堂学习的延伸与拓展。如学生合作完成诸如问卷调查、视频制作、海报设计等项目，并用英语进行课堂展示或线上展示，以培养英语的语言产出能力。

在大学英语的混合式教学模式中，学生成为知识的主动建构者，通过在线学习、讨论交流、团队协作等方式在实践中获取知识。学习方式的转变，对学生的自主学习能力、合作交流能力、语言实践能力等提出了极大挑战。为了使混合式教学模式实现预期的教学效果，有必要创建实践共同体，为语言学习提供互动交流、合作学习、共同实践等方面的支撑，充分调动学生的学习能动性，保障学生有效地参与混合式学习。

基于大学英语混合式教学模式的实践共同体是一种由学生和教师组成的学习型组织。学生为了获取英语应用能力，与其他学生和教师在实践过程中交流讨论、互动协作、共同实践，不断共同建构并发展英语语言知识和能力。

实践共同体的成员是北京科技大学中参加大学英语混合式教学的 1603 名 2015 级学生。这些学生属于不同专业，共同在中国大学 MOOC 平台上学习大学英语系开设的 SPOC 课程，获取语言知识，进行讨论交流，并分别进入各自的面授课堂与其他成员合作，完成语言展示、语言应用和语言实践等任务。

大学英语的实践共同体包含发起者、核心成员和一般成员三类成员角色。其中，发起者是指教师和助教：教师通过发布线上教学资源和课堂交流帖子、组织线下交流讨论活动、布置课后合作实践项目，积极推动实践共同体的形成和发展；助教则通过在线回帖为学生答疑解惑，维护共同体的正常运转。核心成员是指英语能力较强的骨干分子，他们通过线上主动发帖和回帖、线下积极引领课内活动和实践项目，分享英语语言知识和学习经验，领导其他成员进行语言实践学习。一般成员是指英语学习的参与者，他们通常按照课程要求完成线上线下语言学习任务，在发起者和核心成员的引领下参与线上线下的交流和分享，完成实践学习。

实践共同体成员具有共同愿景，短期目标是完成大学阶段的英语学习，获得课程分数；中长期目标是通过英语课程学习，提高英语应用能力。在共同愿景的驱动下，实践共同体成员积极参与相关的学习活动：① 自主学习在线课程，通过观看微课视频，完成在线练习，获取进行语言实践所需的知识。在这个过程中，可以随时在讨论区与其他成员讨论课堂话题，就在线学习过程中产生的疑惑提问，大家群策群力共同寻找解决方法，并分享学习过程中积累的学习资源和经验。② 进入面对面课堂内，在教师创设的相关学习情境中分享在线学习成果，并与其他成员互动协作，完成学习任务，应用语言知识，在共同学习中巩固在线学习成果。③ 对知识内容和语言能力进行梳理，与其他成员合作完成教师布置的语言项目并进行实践产出，在实践中相互启迪，获取新的语言知识与能力。

实践共同体成员的学习目标是通过在线学习、课内应用和课外实践，完成技艺传授、镜像学习、语言应用和以文成事等学习活动，最终获取语言知识，提高英语应用能力。无论是在线讨论区的互动交流，还是课堂内语言应用任务的协作完成，都有利于学生不断地分享、应用知识，并在运用知识的过程中构建、内化知识。课外实践项目基于在线学习和课内应用取得的学习成果，要求学生在"做"的过程中将学到的知识内化为个人知识，并创造新知识。随着一个教学过程的完成，实践共同体成员也完成了一个语言知识获取的循环。

随着信息化时代的到来，学习者的学习方式正经历前所未有的革新，现代教育技术与外语教学的深度融合使混合式教学模式应运而生。学生作为学习的主体，需要提前做好充分准备，以迎接这种前所未有的学习方式。习惯于"填鸭式"教育、"被动学习"的学生，要想适应混合式教学模式恐怕不易。实践共同体为学生提供了交流讨论、相互协作、共享知识、实践知识的途径，是大学英语混合式教学实施的有力保障。

（一）支持协作学习，实现知识获取

实践共同体成员由参与混合式学习的学生构成，他们具有共同的学习愿景、相似的知识领域，既是学习资源的提供者、分享者和受益者，又是新知识的生产者。在语言知识学习的过程中，实践共同体的发起者、核心成员和一般成员相互介入，所有成员共同协商，共同积累在线学习和自主学习的经验，相互协作完成各种语言学习活动、任务及项目，并通过镜像学习提升自己的英语语言水平和英语应用能力。

（二）强化语言应用，完善知识建构

实践共同体理论认为，学习是在实践的过程中进行意义协商、构建知识。大学英语实践共同体强调学习的共同参与，而不是单纯的知识输入。在这个实践共同体中，学生与其他成员和教师通过在线学习、课内应用和课外实践，积极参与真实情境的语言应用，分享知识、经验和想法，由知识的旁观者转变为知识的实践者，将所学的知识运用到实践中，并在实践中建构新的知识，使有意义学习通过参与实践得以实现。

（三）支撑语言实践，完成知识转化

实践共同体的学习活动以应用实践为主，学生积极自主地参与在线学习、课内应用和课外实践，这是一个学生交换显性和隐性知识并共同创造新知识的过程。在这一过程中，学生不断提高语言实践能力，通过语言实践激发已有的语言知识，同时通过资源共享、语言应用和实践活动等在实践中促进知识的应用，推动语言知识由隐性转化为显性，继而在语言实践过程中内化知识，使自己真正成为知识的"小主人"。

混合式教学模式是信息化时代教学改革的必然趋势，而大学英语混合式教学模式是外语教学与现代教育技术深度融合的产物。但是，要想让已经习惯了传统教师讲授型课堂的中国大学生转变学习方式，就需要有语言学习、应用等方面的支撑，这是有效实施混合式教学模式的关键问题。构建基于大学英语混合式教学模式的实践共同体，为解决这一关键问题提供了有效环境与途径。学生在语言学习的过程中自主交流、相互协作、共享知识，并在语言实践的过程中共享、运用、内化、创新知识，这有助于在线学习和课内教学的有效实施，能切实提高学生的英语应用能力。

第三节　信息技术与英语教学融合模式与创新

一、信息化背景下大学英语多元混合式教学模式改革研究

本节首先对信息化背景下混合教学模式进行了概述，分析了信息化背景下混合教学模式的作用以及大学英语教学现状。从人本主义心理学派学习观、现代认知心理学派学习观两方面阐述了信息化背景下大学英语多元混合式教学模式理论基础。并针对大学英语教学中存在的问题，从线上学习资源整合、创新教学模式、改革教学方法三方面提出了信息化背景下大学英语多元混合式教学模式改革策略，从而促进大学英语教学的良好发展。

网络信息技术的飞速发展，转变了人们的生活方式，同时也影响传统的教学方法。随着素质教育的发展，英语学习在大学教学中的地位逐渐提高，长久以来英语一直是学生学习较为困难的学科。在网络技术与通信技术飞速发展的过程中，信息技术逐渐应用到教育领域，与传统的教学手段相结合，逐渐形成新的教学模式。大学英语多元混合式教学模式具有便利性、普适性等特征，能够为学生提供更多有利的学习资源，转变学生以往学习模式，从而提高大学英语的教学质量，提高学生的综合素质。

（一）信息化背景下混合教学模式概述

1. 混合式教学模式概述

混合式教学来源于"B-Learning,即"Blended Learning"或"Blending Learning",是指将传统的教学手法中融入现代化的多媒体技术,大学英语是一门实践性和应用性都十分强的学科,教师需要应用多种方法对学生的能力进行提升。混合式教学是以学生为中心,关注创新教育的一种教学模式,要在课堂教学中体现学生的主体地位和教师的引导、启发作用,混合式学习模式是以实践性教学过程为宗旨的教学方法,采用先进的教学理念和教学思想,运用现代化的教学手段,围绕学生自主学习能力的激发与引导而构建的教学系统。混合式教学模式充分利用网络教学资源,突破时间和空间的限制,这种教学模式改变了传统教学模式中的理论框架,通过实践将英语知识运用到生活中,有效地提升了英语教学的效率,提升了学生的综合学习能力。

2. 信息化背景下混合教学模式的作用

混合教学模式能够打破传统学习方式,创建不受时间与空间限制的学习环境,带给学生全新的体验,使得英语教育的平台得以拓展,在传统的教学手段上实现教学方法的创新,新媒体拥有更广的发展空间,使得大学英语的教学不再只停留在讲台之上,在摸索与实践中不断创新教学手段。信息化背景下混合教学模式使得大学英语教育的资源更加丰富,传统的教育模式中的教学资源仅仅停留在教材之上,或配备一些听力材料或者练习册等,学生对枯燥的英语学习本就没有足够的兴趣,再加上听力训练和练习题,使得学生的大学英语课程失去了趣味,混合教学模式具有很强的适用性,并随着时间的推移与现代化网络技术的日益成熟,在信息化的背景下,新媒体的使用越来越广泛,整合了众多的信息资源和媒体形式,教师能够将各单元的重点知识合理整合,按照知识点的类型进行分类,有利于提升大学英语教学的效率。信息化背景下混合教学模式为学生提供了更多的学习资源和发展空间。在教学过程中,教师可根据学生的个人性格因材施教,使学生主动参与大学英语教育。

大学英语作为必修课,在大学教学中占有重要的地位。大学英语课堂通常以大班形式授课,学生往往是被动的接受者。随着我国与世界各国之间的交流日益频繁，社会人才竞争日益激烈，目前市场对于具备英语综合能力的人才需求急迫，但是当前许多学生的英语水平整体还比较薄弱，教师没有为学生提供良好的学习环境，也没有营造浓厚的学习氛围，更没有根据学生的性格特点、兴趣爱好设定现代化教学课程，极大程度地降低了学生的学习兴趣。教师在教学过程中，在一定程度上忽略了信息技术的使用，与当前网络急速发展的社会现象出现了脱节。

（二）信息化背景下大学英语多元混合式教学模式理论基础

1. 人本主义心理学派学习观

人本主义学习的代表人物是罗杰斯，其观点将学生作为教学的主体。他认为在学习的过程中，教师在传授知识的同时，要为学生创设轻松的学习环境，使得学生在学习的过程中减少压力，能够体现教师对学生指导的意义。教师在教学的过程中，要留心观察学生的一举一动，时刻关注学生的学习情况，对于在学习上有问题的学生，要及时进行辅导，并对学生进行鼓励，对表现优异能够帮助他人的学生给予表扬。在此环境中，教师要帮助学生形成良好的自主学习意识，使学生能够在脱离课堂的环境下有规律、有方法地进行自主学习。人本主义学习观对于知识的定义是能够展现学生表现与价值的主题内部结构，该学习观强调学生的自主观念，从很多方面体现了以学生为中心的真正含义。

2. 现代认知心理学派学习观

建构主义在 20 世纪 90 年代开始流行，其代表人物是皮亚杰，其认为知识的形成是外部环境和内部环境共同作用的结果，学生在自我学习的同时，能够同构在学校的学习，通过教师的指导获得知识，同时也能在相应的社会背景下通过时间和摸索获得学校以外的知识，在构建知识体系的过程中逐渐体会学习的内涵。这也是教师工作的重要任务。教师在教授学生知识的同时，要帮助学生构建知识体系、掌握学习方法。在认知派的建构主义学习观中，强调了外部环境的重要性，外部的环境会对学生的学习状态和学习效果都造成一定的影响，好的学习环境能够为学生创造好的学习氛围，从而提升学生学习的主动性，帮助学生更好地建构知识体系。

（三）信息化背景下大学英语多元混合式教学模式改革策略

1. 线上学习资源整合

大学英语教育在新形势下的发展方向是为社会经济发展输送复合型应用人才，在大学英语教学实践当中应将对应学科专业知识进行融入，减轻了学生的学习负担，使学生的英语知识更加具有针对性。信息教学依靠信息时代而言，而信息时代具有交互性、开放性、丰富性等特点。因此应充分发挥其优势，为学生提供丰富的教学资源。混合式学习模式与大学英语教学目标产生极大的契合性，帮助大学英语教学目标更好地实现。在混合式学习模式当中的学习任务目标设立中，融合对应学科知识的教学方向，同时在教学情境设计当中融入对应学科知识元素。不仅使学生能够更加准确地对英语知识进行理解，而且也间接地对对应学科知识进行了习得，教师可根据学习内容，选择重点的部分，设置悬念问题，引发学生思考，在课堂上更好地营造教学情境，充分吸引学生注意力，提升学生学习兴趣。此外，大学还需定时开展知识讲座，及时更新教学内容，真正做到与时俱进为学生扩充教学资源，从而提升学生学习效率。

2. 创新教学模式

信息化教学是一种全新的教学模式，它以学生作为课堂主体，可与各种教学手段相融合，以此培养学生的自学能力与表达能力和英语综合能力。教师可在导入新课这一环节中，利用信息资源的丰富性与开放性，从不同的方面与角度为学生提供教育资源，并将其用多样的方式呈现给学生，激发学生学习兴趣。可以引入翻转课堂教学法，教师可利用教学平台将重点学习资料上传至云端，学生可根据个人情况选择适合的时间自助学习和下载，有时，教师可将教学内容进行筛选，为学生创建有趣的情境，使学生投入情境中，主动参与学习。翻转课堂打破了传统教育模式的禁锢，将课堂时间进行了重新规划，课堂时间可以为学生解答疑问、重点拔高，对课堂时间的合理安排是翻转课堂的优势所在。合理的课程安排能够使学生注意力保持集中，积极参与课堂。此外，教师也可将学生分为小组，时常询问小组协作类问题，以此培养学生团队协作能力，并能利用团队工作监督部分学生。在大学英语教学中会出现较多的教学重点与教学难点，因此教师要适当挖掘教材的潜在内容，利用信息技术手段为学生创设情境，使学生直观地感受到情境中的语言、环境等，从而使学生融入角色，引起共鸣。

慕课教学不同于传统模式的教学，慕课教学能够充分调动学生学习的积极性，并根据学生的实际需求设置灵活的课程内容，在课上课后都可以进行英语的学习，使教学模式更加新颖，支持学生个性化学习。教师可通过互联网对学生的学习情况进行考核，同时学生可以借助校园网络对教师的教学情况进行评价。

3. 改革教学方法

信息化背景下大学英语多元混合式教学模式可与多种教学模式相融合，进行创新与整合，逐渐形成新的教学方法，互动式教学模式是较为新颖的教学手段，在大学英语教学中有着重要的作用。互动式的教学模式不同于传统的教学模式，具有创新性、创造性的特征。其注重教师与学生之间的互动和交流，在课堂上组织相关的课堂活动，提高学生的学习兴趣，互动式教学模式旨在提高学生的综合素质，打破传统教学模式中的束缚，保持师生彼此之间身份平等的互动。应建立信息化学习平台，为学生提供丰富的学习资源与海量的知识，两者共同组成教学模式系统模型的根基。创建现实的情景认知、信息交融、合作学习等具体功能服务且为英语教学模式系统中的学生提供相应的服务应用，通过相关教学法的借鉴和融合，混合式教学法逐渐体现出实效性。

为了加强大学生英语能力的培养，首先，要准确地认定语言学习和语言应用能力之间的关系，防止基础能力和上层能力有所冲突。想要有效地提高大学生的英语应用能力就要摒弃传统的教育观念，将应用能力作为培养的根本目标，把教学模式从传统的知识讲授转变为语言知识和语言技能学习。其次，需要根据学生的学习能力和现阶段对英语的要求制订合理的教学方案和课程安排，加强重点性和有特色的英语大纲安排。最后，还需要重视英语的人文教育，提升学生自主学习的意识和能力，重视对学生的奖励机制，最大限度调动学生学习的积极性。加强跨文化知识的学习、提高英语应用能力的同时也要加强文化思想培养，二者要相结合，不可偏失。

随着移动互联网的普及与应用，教育领域发生了巨大的变革和创新。早在 2010 年的高等教育英语课程教学要求中就明确提出："各校应积极引进和使用计算机、网络技术等现代化教学手段，开发和利用数字化教学资源，构建适合学生个性化学习和自主学习的新的教学模式，培养学生的自主学习能力；借助虚拟现实技术构建仿真的职业工作场景，提高学生的职场交际能力。"2012 年教育部相继印发了《教育信息化十年发展规划

（2011—2020年）》，其中也提到"加快职业教育信息化建设，支撑高素质技能型人才培养"。为此，以互联网技术支持为特征的混合式教学模式在当今大学课堂上得到了广泛的应用并且取得了良好的教学效果。本节以"互联网+"背景下，结合大学英语教学现状，着重探究混合式教学模式在大学英语教学过程中提升学生英语应用能力的策略。

所谓"互联网+"，其实就是互联网与各个传统行业相结合，实现互联网与传统行业的融合，创造出新的发展模式，这种模式兼具跨界融合、尊重人性、创新驱动等特征。在现实生活中较常见的是淘宝网的营销。淘宝网其实就是"互联网+"传统集市的结合，"互联网+"传统集市变成了淘宝，"互联网+"传统银行成了支付宝。当"互联网+教育"融合时，学生不再局限于学校和课堂，而是通过一部电脑或移动终端，一个教育专用网站，自主选择学校，选择教师。这种模式不但没有取代传统教育，反而让传统教育焕发出新的活力。

随着教育信息化技术的深入应用，混合式教学再次吸引了人们的注意，它把以往的教学优势和数字化教学优势有效结合，形成互补，进而获得更好的教学效果。华东师范大学的何克抗教授把"混合式教学模式"定义为"把传统教学方式的优势和网络化教学的优势结合起来，既发挥教师引导、启发、监控教学过程的主导作用，又充分体现学生作为学习过程主体的主动性、主动性与创造性"。[①] 不难发现这种混合式教学理论其实是把建构主义学习理论、人本主义学习理论与结构主义学习理论相结合，其中混合式教学受建构主义学习理论的影响最大。在混合式教学模式中，要求学生主动地接受知识，是接收信息的加工者。

高等教育是我国教育体系的最高层次，不仅担当培养学术人才的重任，还担当为各行各业培养技能型人才的重任。大学英语是高等教育中一门必修课。刘黛琳教授提出"英语着力提高学生的语言应用能力、职业技能与职业素养，促进学生全面发展"[②]。如今，各大高校的外语教学改革如火如荼地进行，一些高校已取得了阶段性的成果，但是存在的问题不能忽视。经过笔者调查省内外的高等院校，对大学英语教学现状进行调查，发现存在如下问题：

① 何克抗.创造性思维理论DC模型的建构与论证[M].北京：北京师范大学出版社，2000.
② 刘黛琳，川内.财经英语[M].北京：中央广播电视大学出版社，2011.

学生英语基础薄弱，英语水平参差不齐。因为高校学生的生源地和入学方式不同，所以学生的英语基础薄弱，英语水平参差不齐。以笔者所在学院为例，学生的生源地主要集中在山西省内及全国的其他省份，来自省内城市的学生，英语基础要比省内农村的学生英语水平高得多。随着高考单独招生政策的普遍推行，一些没有足够能力考上大学的学生，尤其是英语成绩较差的学生，通过单招考试，成为一名高等院校的大学生。另外，多年的义务教育，使学生认为英语学习就是为了考试。正因为如此，如今的大学生英语水平不容乐观。

大学英语课时少，班型大，课堂内外没有积极有效地互动。大学英语是大学生必修的课程。目前，各高等院校的课程设置趋势是重技能、轻理论，重专业、轻基础，大学英语在各个高等院校普遍存在的问题是课时少。以笔者所在院校为例，大学英语每周仅为四学时，且由于学生人数多，因此英语课的班型有时都是合班课，每个班有100人左右一起上英语课。这样计算下来，学生全年英语课下来，如果不积极主动，那么恐怕在课上没有一次说英语的机会。大二学年，很多学生对英语学习产生抵触情绪，导致一进大二就彻底不再学英语。课上学生没有机会和教师就英语学习进行沟通，课下师生之间更无互动。

大学英语教师缺乏信息化技术的掌握与应用，无法充分使用多媒体教室的功能。大学英语教师大部分都是英语语言文学专业毕业，从高校毕业直接进入校园走上讲台。教师具有专业的英语语言与文学知识，但是对信息化技术的知识掌握得甚少。目前，大多数高等院校的教室都是多媒体教室。教室内不但有投影仪、电脑，还有无线网络接口。在授课过程中，虽然能应用简单的多媒体课件，但是把各项信息化技术融入课堂难上加难。但毋庸置疑的是信息化技术在英语课堂中的应用不但能丰富课堂内容，而且能更好地调动学生英语学习的积极性。

大学英语教材内容新颖，但实用性不佳。当前的大学英语教材充分体现大学外语教学改革成果。本科院校的英语教材注重理论性，大专英语教材注重培养学生英语应用能力，充分体现实用为主，够用为度。强调学生的主体地位和能动作用、注重反馈及注重在课堂中培育师生关系和生生关系。但是在帮助学生打好语言基础的同时，该教材缺乏注重培养学生在不同职业场景中的英语交际能力，无法体现它的职业性和实用性。

（四）"互联网+"时代下混合式教学模式提升学生的英语应用能力策略

"互联网+"的演进与发展离不开网络背后的大数据，信息技术的支持加上知识推进了向智慧型学习环境的创新。在"互联网+"背景下，融入混合式教学模式的大学英语提高学生英语应用能力的策略有以下3方面：

1. 基于混合式教学模式，构建网络教学平台提升大学生英语综合应用能力

混合式教学模式将传统教学模式的优势和网络教学的优势结合，以建构主义学习理论为基础。混合式教学模式在大学英语课堂中的应用可以充分调动学生自主学习英语的主动性。虽然一些学生的英语基础较差，但是能够主动对所学英语知识进行探索和发现。通过混合式教学模式，教师不但可以通过网络进行授课，还可以备课、布置作业、批阅作业、在线答问，同样学生可以在线下与教师互动，答疑解惑。比如，通过网络教学平台。教师将上课的资料上传到教学平台上，学生在课余时间既可温故知新，又可在网上完成教师布置的作业，教师可以集中回答学生提出的问题。这种学习平台强化了大学英语教学中的实践教学环节，提升学生听、说、读、写、译的综合能力，让学生真正体验语言交际功能。

2. 基于混合式教学模式，构建真实职场环境提升学生英语文化素养和职业素养能力

正如刘黛琳教授所说："高校外语教学改革，必须以外语能力为核心，以职场背景为依托，以实践实训为途径，提高职场环境下的外语交流能力。"[①]在大学英语课堂教学中，教师采集网络中的音频、视频素材进行编辑，成为上课的多媒体课件。这些资料使学生置于真实的语言环境中，更直观地感受到纯正的英语发音和真实的工作场景，激发学生学习英语的兴趣。此外，师生间的互动途径增多，课上师生直接面对面地交流，课下通过微信或QQ等聊天工具，学生和教师不受时间和空间的限制，从而为学生学好英语提供便利条件。比如笔者在每学年都会为所教班级建立一个QQ群或微信群，方便学生和教师交流。在QQ群或微信群中，每个班级的课代表承担管理员的职责，帮助教师管理群，发布信息，汇总学生问题，笔者只需解决学生的实际问题。这个小小的QQ群或微信群类似一个小小的工

---

① 刘黛琳，川内. 财经英语[M]. 北京：中央广播电视大学出版社，2011.

作环境，进而让学生提前体验真实职场。

3. 基于混合式教学模式，促使英语教师提升信息技术应用能力

混合式教学中，微课中展现的语法、语言现象及语言展示可以让学生更生动直观地理解。此外，教师制作微课时，能把所教知识的积累从以前的备课教案变成文字影视等数字材料。教师可以根据课堂讲授内容更灵活地利用这些数字材料，让课堂更具有吸引力。慕课使学生的学习时间和地点扩展更广阔的空间和拥有更灵活的时间。不难看出，在当今大学中，不断增加微课、慕课的课堂比例，提高学生的学习兴趣，激励教师不断提升技术技能。"互联网+"时代下混合式教学模式在大学英语课堂中的应用，优化了英语课堂教学模式，改变了人才的培养途径。但是对于缺乏学习英语兴趣的学生、缺乏自学能力的学生，通过混合式教学真能提高他们的学习兴趣吗？这样的问题亟待探讨。

信息技术日新月异的发展，以计算机与网络为特征的教学媒体，逐渐改变了传统的教学环境和手段。2007年教育部颁发的《大学英语课程教学要求》中指出"大学英语的教学目标是培养学生的英语综合运用能力，提高综合素养"，并明确指出"各高校应充分利用现代信息技术，特别是网络技术为支撑，采用新的教学模式改进原来的以教师为主的单一课堂教学模式向以学生为主的自主学习的方向发展"。由此，高校英语教学必须面对信息技术对传统教学方法手段的冲击，多元互动教学模式可以使英语教与学在一定程度上不受时间和地点的限制，朝着个性化手段、教学内容、教学场地，促进教学质量提升，全面提高学生英语综合应用能力。

瑞士哲学家、心理学家皮亚杰（J.Piaget）提出的建构主义，是多元互动教学模式的理论依据之一。其核心思想是：知识不是以传授、以孤立方式获得的，而是在学习已有经验的基础上，通过与外界的相互作用，重新建构内容与意义的方式获得的。其核心内容便是强调以学生为中心，以学生为驱动，教师在整个教学过程中，只是引导者和促进者。此外，混合学习理论也是多元互动教学模式的另一个理论基础。这一理论是要把传统学习方式的优势与信息技术的优势结合起来，在多元互动过程中，既发挥教师引导、启发、监控整个教学过程的作用，又能充分体现学习主体的主动性、积极性和创造性。

信息技术环境下的多元互动，就是学生主动参与整个学习过程，在教

师的指导和帮助下，通过学校提供的信息技术条件，调动自身认知经验与学习能力，主动理解、诠释和建构知识的自主学习过程。

（1）教学方式的灵活性。信息技术环境下的多元互动教学模式中，教学方式包括教学方法、教学手段、教学内容、教学组织形式等，这些因素各种组合，相互交织，供师生充分利用，全方位总结英语学习，有效培养学生自主学习能力。

（2）教学环境的开放性。信息技术环境在提供了丰富的英语学习资源的同时，也为学生拓展了学习渠道，教学资源的互通有无，使得学习者具有更大的学习主动权和自主选择权。学生可以根据自己的兴趣爱好和学习要求，自由选择学习的内容、时间和地点，通过信息技术平台整合、分析信息，根据自己的具体情况制订学习进度。而教师也可以依据信息技术平台，一方面，对学生的学习内容进行检测，对学生的学习进度进行监督提醒，以保证学生不会偏离教学的主题。另一方面，也可以与不同地区、不同学校的同行进行相互交流。

（3）教学过程的主动性。信息技术及各种学习软件的推广，为学生提供了更多的学习机遇。学生可以通过信息平台，用图像、音频及文字等方式，与同学、教师即时互动，这样，学生获得更多的话语权，可以最大限度地展示自己的学习主动性以及自主学习的能力。

（4）教学评估的多样性。教学评估是大学英语课程教学的一个重要环节。单一的教学模式，其评价也存在片面性。信息技术环境下的多元互动教学评估，关注学生在多元互动过程中的体验、情感及态度，采取"学生自评＋教师评价"的方式，结合学生自主学习系统的记录，从试卷考试、线上学习以及课下活动几方面进行教学评估。

信息技术环境下多元互动教学模式，坚持"教学并重"，教师要起到导学促学督学的作用，要成为课程主动开发者，不断提升自己的教学理论水平，掌握现代化信息技术。一方面，依据教学大纲，对学生的综合能力进行全面评估，进而设定合理的教学要求及目标。另一方面，要积极向学生传授大学英语学习方法，引导学生了解每次课的总体设计，熟悉教学过程中所有的教学活动，并制订可行的学习目标，同时指导学生学会使用新的技术手段，掌握英语互动学习的技能，使其学会利用信息技术组织整合英语知识要点，完成知识的内化。最后，还应该对学生的学习过程进行跟踪和监控，一方面及时解答学生学习过程中出现的问题，以保障学习进度和效果。另一方面以培养学生英语学习兴趣为重点，在教学过程中，从"教什么"入手，思考"如何教"，要创设有利于学生学习的语言环境，组织丰富多样的教学活动，鼓励学生大胆展示，以充分调动学生学习的积极性，培养学生学习的好奇心和求知欲，并反思"教得如何"，总结教学经验，提高教学效果。

信息技术环境下多元互动教学模式，要求学生在学习动机、学习策略及学习时间上，成为主动构建者。学生应该充分发挥主体作用，在课前、课时及课后，积极参与教师所设计的一系列教学活动，进一步提高解决问题的能力。并主动运用信息平台，积极与教师、同学进行网上交流，分享学习经验，探讨研究问题，并反馈学习信息等。同时，学会在获取丰富学习资源后，对适合自己水平的学习内容进行筛选，有意识地培养自己的创新意识，不断提升发现问题、解决问题的能力。信息技术环境下多元互动大学英语教学模式充满了挑战性。面对挑战的教师会在完善自己专业知识结构的同时，熟练应用信息技术，这样，当学生的学习行为受到阻碍时，教师能针对具体问题采取卓有成效的方法和手段，引导学生去克服障碍，即一方面对学生进行学业上的指导，另一方面对学生进行心理上的疏导。另外，学生对信息环境下的教师素质有着很高期望，希望教师有诲人不倦的耐心；有良好的表达能力，能给出有效建议；有乐观的生活态度，并且能鼓励他们的创造性思维。由此可见，在信息技术环境下多元互动英语教学模式下，教师需要调整教学思路和方式，在品德、知识、能力、情感以及教育理念等方面不断完善自我，通过自己的积极作用来影响学生的学习行为。信息技术环境下多元互动模式，也提高了对学生的要求。一方面，学生要学会管理时间，通过科学安排线上线下学习，熟练掌握基础知识及听、说、读、译的技巧。另一方面，学生能在教师初期的督促下，逐步自主学习，并在这个过程中，学会根据自己的水平、目标，筛选学习内容，能过个体独立学习，与教师沟通，与同学交流，养成发现问题、解决问题、总结经验的好习惯，从而提高学生的沟通、合作等综合能力。

综上所述，随着教育信息数字化、现代化的发展，多元互动英语教学模式，不仅为学生学习英语提供了更加便利的条件，同时对教师、学生提出了新的挑战。信息技术环境下多元互动大学英语教学模式，采取了多种教学手段更丰富的教学内容，使得教师、学生、教学内容的内涵得以更好的开发，最终力求达到最好的教学效果。

二、大数据视域下的高校英语教学模式创新分析

高校英语教学作为促进学生英语综合应用能力与水平提升的重要途径之一，在科学技术不断发展的推动下，高校英语教学不仅具备了智能化、信息化的特点，而且其教学水平也得到了大幅度的提升。本小节主要就大数据视域下的高校英语教学模式的创新进行了简单的阐述和分析。

（一）大数据视域下优化高校英语教学观念

大数据时代背景下的高校英语教学模式创新，必须充分重视英语教学观念对英语教学水平提升所产生的影响。随着信息化时代的来临，高校应该将促进英语教学质量的提升以及培养优秀英语专业人才作为其教育教学活动开展的首要目标。而英语教学观念的转变则是确保这一目标顺利实现的关键。经过深入的调查研究发现，现阶段很多高校都存在着英语教学观念传统落后的现象。而这也是导致高校英语教学无法适应信息化社会发展需求的重要原因之一。为了改变这一现状，高校必须紧跟大数据时代发展的步伐，积极地进行英语教学体系的重新调整与设计，同时要求高校英语教学工作者转变传统英语教学理念，通过高校建立高校内部信息化与数字化英语教学体系的方式，促进高校英语教学质量和效率的不断提升。

（二）大数据视域下创新大学生英语学生形式

大数据时代为全民信息化时代的来临奠定了良好的基础。通过对影响高校英语教学效率提升原因的分析后发现，在进行大数据视野下的英语教学模式改革与创新时，教师教学手段的丰富以及教学方法的创新，不仅是促进学生英语语言应用能力不断提升的关键，而且也是衡量教师教学能力高低的重要标准。而高校英语教师必须积极地学习先进英语教学理念以及教学设备操作的方法，才能促进其英语教学能力和效率的全面提升。比如，使用多媒体、微课或者慕课的英语教师比使用传统口头教学、提问或者板书教学的英语教师不仅更受学生的欢迎，而且学生学习的主动性和积极性也相对更高。所以，教师必须紧跟大数据时代发展的步伐，充分发挥信息技术的优势，将学生的兴趣爱好与英语教学紧密地结合在一起，引导和鼓

励学生运用现代、科学的方法学习英语,从而达到促进学生英语学习质量和效率不断提升的目的。

(三)大数据技术可以更好地了解大学生的切实需要

大数据不仅具有数据收集、分析的能力,而且利用大数据得出的数据分析结果的准确性以及参考价值也相对较高。所以,高校必须充分利用大数据的这一特点,收集和整理大学生英语学习的实际需求,然后根据最终的数据分析结果,制定切实可行的英语教学策略,才能满足大学生英语学习的要求。比如,高校可以通过了解大学生使用的搜索引擎的方式掌握学生学习的兴趣和需求,寻找学生学习英语知识的兴趣点,然后再根据学生学习的兴趣,制订英语教学计划并安排英语教学内容。另外,高校还可以采取填写网络调查问卷的方式,征求广大学生对英语教学的建议和想法,然后根据实际情况及时进行英语教学方法的改革与创新,才能达到促进高校英语教学质量和效率稳步提升的目的。

(四)大数据视域下可以更好地实现个性化教学

信息和数据泛滥是大数据时代最显著的特点之一,那么怎样在海量数据信息中选择符合自己需要的信息对于学生的学习具有极为重要的影响。这就要求高校英语教师在日常教学过程中,必须在加强学生信息选择能力培养的同时,要求学生运用外界力量就自身潜在的需求以及隐性知识的挖掘,才能确保学生能够顺利地找出符合自己要求的信息。比如,高校图书馆中隐藏着不同的学习资料、文学资料以及学术资料等数据信息。为了充分发挥出这些数据信息对学生学习的帮助,高校必须采取积极有效的措施为学生提供个性化的服务,才能促进图书馆资源利用效率的不断提升。另外,高校应该紧跟大数据时代发展的步伐,积极地利用多媒体教学设备启发学生的兴趣,通过多媒体播放美剧为学生营造良好的英语学习环境,引导学生在轻松愉悦的环境下学习英语知识。由于信息共享是大数据时代的主要特点,高校在开展英语教学时,必须将学生视为大数据时代的信息载体,通过与学生之间建立信息共享平台的方式,激发出学生学习英语知识的兴趣。比如,教师可以将经过整合的英语资料放在共享网络上,而学生则可以通过下载教师共享的资料进行英语知识的学习。经过这样的过程,不但学生自主学习的能力得到了有效的培养,而且学生与学生之间的信息共享也为团队精神与合作精神的培养奠定了良好的基础。

（五）大数据视域下可以更好地进行智能平台的建设

大数据时代为高校英语教学向科学化、信息化、现代化、高效化方向的发展提供了新的契机。作为高校而言，必须充分借助大数据时代的优势和机遇，构建符合自身实际发展需求的智能化英语教学平台。比如，现阶段我国高校流行的慕课、翻转课堂等新兴的英语授课方式，都是在大数据的推动下兴起并被广泛应用的，充分发挥大数据时代的优势，建立智能化的英语教学平台，对于学生英语学习兴趣的调动有着极为重要的意义。

随着高校智能化英语教学平台的建立，英语教学效率以及学生英语学习效率都得到了显著的提升。所以，高校必须紧跟大数据时代发展的特点，积极地进行传统英语教学模式的改革与创新，才能在满足现代社会与大学生英语能力需求的基础上，为大学生后期的成长与发展奠定坚实的基础。

总而言之，大数据不仅是当前时代发展的主要特征，而且大数据技术的推广和应用已经成为社会发展的必然趋势。作为高校而言，必须紧跟社会发展的步伐，充分发挥大数据技术的优势，进行英语教学模式的改革与创新，才能确保英语教育教学工作的顺利开展。同时，高校还应重视大数据时代的特点和要求，进一步拓展英语教学的范围，才能在促进高校英语教学水平和质量不断提升的同时，培养出符合大数据时代特点和要求的综合型应用人才。

大数据是信息技术领域中的一项重要的变革，随着大量非结构化与半结构化数据的出现，大数据中蕴含的信息价值越来越大，社会上关于大数据的研究也越来越多。高校是学生成长的重要场所，在信息时代背景下，学生与外界的联系越来越多，国际一体化成为一个必然趋势，英语教学成为高校教育的重要内容。在新的环境下，高校的英语教学也要不断创新，传统的英语教学模式已经不再适用，在高校的英语教学过程中，对此，要积极加强对各种新的信息技术的应用，利用大数据技术开发自身潜力，加强对高校发展过程中的各种数据的挖掘，从而借助新媒体平台加强各种消息的有效传递，从而使得高校的英语教学效率不断提升，实现数字化、信息化发展。

（一）大数据时代

大数据时代是当前信息技术领域中的一个热词，随着互联网的迅速发展，学生在生活、工作、学习过程中对网络的依赖程度越来越大，我国的网民数量还在不断增加。大数据就是在这样的背景下产生的一个概念，大数据也叫作巨量资料，可以将大数据时代理解为一个海量信息的时代，从字面意义来讲是指有大量丰富的数据存在，但是数据量的规模并不是大数据存在的真正意义，大数据存在的真正意义就是在于应用，是要将这些信息挖掘出来，发挥其真正的作用。

（二）大数据时代背景下高校的英语教学现状

随着大数据的不断应用，当前各个领域对大数据的使用频率也比较高，高校是学生学习的重要场所，同时也是科研聚集的地方，很多教授、教研人员都在积极加强科学研究，在各个领域中随时都有新信息的出现。作为教育的场所，其本身就蕴含了丰富的信息，加强对高校信息的挖掘，可以有效地将高校的信息呈现出来。在大数据环境下，高校英语教学变得更加快捷、方便，大数据是以互联网为基础的，可以借助互联网实现快速的信息挖掘以及传播目的。比如当前很多大学生在学习生活过程中很喜欢观看一些比较优秀的美剧，美剧一般都有一定的连续性，而且逻辑思维较强，是丰富学生的业余生活的一个重要载体，而且学生在观看美剧的时候往往也能从中学习英语，从侧面带动学生学习英语的积极性。美剧在居民的生活中扮演了十分重要的角色，应该要加强美剧的引导和宣传作用，加强他们对英语学习的认识，从而能够积极参与到各种英语学习中。

尽管大数据时代为高校的创新发展提供了机遇，但纵观传统高校英语教学可以发现，高校在创新发展的过程中依旧面临许多挑战，最明显的就是信息化程度不够，对各种现代技术的应用不足，这些信息滞后问题在大数据不断应用的过程中得到了一些解决，比如很多高校当前都已经开始加强高校网络的建立，并且借助大数据挖掘技术，对高校的信息进行深入挖掘和分析，并且正在积极加强应用，将这些数据信息与教学过程实现融合，但需要注意的是，大数据技术在高校中的使用状况并不乐观。

大数据时代背景下高校英语教学策略转变传统的高校英语教学观念加强高校英语教学模式创新，是在大数据时代背景下对高校发展提出的一个全新的要求，也是提高高校英语教学水平的重要途径。信息化时代，承载信息、知识传递功能的高校，必须对传统的英语教学理念进行改革。当前很多高校的工作人员对高校的英语教学的理解还比较传统，使得高校的发展不能适应信息化时代。对此，高校应该要结合大数据时代对高校提出的全新的要求，采取各种手段对高校英语教学体系进行全新的设计，对高校英语教学人员的英语教学理念进行改革，从而在高校内部实现信息化、数字化英语教学，加强对各种大数据技术的应用。

（三）利用大数据技术对学生英语学习需求进行了解

大数据时代整个社会都呈现信息化趋势，在这个过程中，高校要提高教学效率，则必须加强对学生的学习兴趣点的研究，需要在研究学生的基础上，借助大数据技术来分析学生在使用网站的检索功能时产生的一些访问记录，从而对学生的阅读需求进行有效的掌握，根据这些信息挖掘出学生的行为方式和兴趣爱好，给学生推送更多感兴趣的信息，比如有的学生通过学校图书馆系统搜索一些英文原著，图书馆系统可以根据相应的检索分析技术，为学生推送更多与英美文学相关的材料，从而使得学生可以接收到更多的信息。通过大数据分析，高校在推送消息的时候是一种个性化英语教学，这种推送方式有较强的针对性和指向性，被学生接受的成功率更高，也能帮助高校更好地实现英语教学。在利用大数据技术对学生的学习需求以及喜好进行了解之后应该要给学生推送更多消息，让学生能够在学习过程中获得更多丰富的资源素材。

（四）基于学生需求实现个性化英语教学

大数据时代最大的一个特征就是信息泛滥，面对如此巨大的信息量，很多学生都会考虑如何才能找到自己想要的信息。因此，学生需要借助外力帮助他们分析潜在需求、挖掘隐性知识、推送所需信息，以此来满足自身的信息需求。在高校的图书馆中，有很多丰富的信息，比如学术资料、文学资料等，在大数据时代应该要加强对高校图书馆的利用，为学生提供更多个性化的学习资料，让学生在学习生活过程中可以加强对这些材料的应用，提高自己的英语学习水平。再比如可以利用美剧为英语学习的发展提供良好的媒体环境。为了引导学生对英语学习有一个更加全面的认知，媒体依旧有责任，各种美剧不仅是让学生放松生活的调剂，更是引导学生对英语学习文化进行了解的一个重要载体。首先，美剧应该要对英语学习进行准确的定位，能够了解到英语学习在居民生活中的重要意义、美剧对英语学习教育的深入推进带来的意义，从而能够在媒体宣传过程中对居民关注的英语信息进行宣传，使得居民能够在生活和工作过程中利用英语学习改变自己的生活方式。其次，政府和社会要积极合作，引进更多优秀的美剧，使得美剧传播的题材类型越来越多，让居民在观看美剧的时候能够对不同领域的美剧题材有更多的了解，并且也能对不同领域和行业中的英语表达有更深的认识，提高居民对英语学习的兴趣和爱好。大学英语教学过程中加强对新媒体资源的应用，离不开各种信息的共享，学生就是一个重要的分享主体，在新媒体教学过程中，学生与教师之间的交流可以不再是传统的面对面形式，教师可以分享各种新媒体资源，比如教师可以将一些大学英语资源整合在一起，比如整合一些英语访谈节目，将其打包上传到网络上，学生通过对这些信息的下载和学习，可以提高自己的听力能力和口语能力。学生也可以成为传播的载体，通过各种新媒体平台将一些新媒体资源传递给自己的同学，从而实现这些新媒体信息的共享。

综上所述，大数据是当前时代的特征，大数据技术应用的领域也十分广泛。借助大数据技术可以使得高校的英语教学变得更加精准，使得高校的英语教学工作可以更好地开展，能够不断调整发展战略。在未来的发展过程中应该要根据大数据时代的特征以及要求，加强对高校的英语教学范围的拓展，使得高校的英语教学水平不断提升。我国自十一届三中全会后开始实行改革开放，到如今已经经历了 45 个年头。在这四十多年来，我国的经济发生了翻天覆地的变化，城市化水平越来越高，现代化水平也越来越高。到了 21 世纪迎来了全球信息化时代，科技水平和生产水平都有了显著的提高。这一时期也被人们称为大数据时代，在大数据时代的背景下，人们的生产和生活方式都发生了巨大的改变，生产生活以及时代的改革都对高校教育产生了影响。英语作为使用国家最多的语言，成为高校课堂教育的基础课程之一，但在大数据的时代背景下，大学英语教育的模式渐渐显露出了一些问题。为了帮助大学英语教育适应时代发展的潮流，满足大数据背景下对高校学生英语能力的要求，高校不得不对传统的英语教育模式进行改革，从而提升学生的英语水平。

本节从大数据视域下高校英语教学的现状、大数据视域下对高校英语教学模式进行改革创新的重要意义以及大数据视域下高校英语教学模式应该怎样创新这三方面出发，对大数据视域下高校英语教学模式的创新进行了分析。希望本节提出的观点对于促进高校英语教学模式改革，为社会培养可用人才，提高国家的软实力和国际竞争力提供帮助。

在当前的信息技术领域当中有一个非常重要的词语就是大数据时代，在互联网技术的不断发展之下，学生的生活、工作和学习都已经渐渐离不开互联网了，互联网对学生的影响越来越重要。随着时代的不断发展，我国网民越来越多。大数据就在这种背景下逐渐产生了，大数据时代有一个别称就是巨量资料时代，因此我们可以将大数据时代理解成海量信息时代。从字面上来理解，现代社会拥有大量丰富的数据，如何对这些数据进行应用，将数据背后的信息挖掘出来，并且将数据背后信息的作用充分地发挥出来是现阶段值得思考的问题。大数据时代下的高校英语教学也发生了一系列的变化，在大数据的背景下，高校的信息呈现更加迅速和有效，高校英语教学变得更加方便和快捷。当代大学生可以利用空闲时间观看优秀的美剧，美剧具有连续性和逻辑性强的特点，所以在观看美剧的过程中，学生不仅能够丰富业余生活，还可以学习英语知识，培养英语的语感。所以说大数据的时代，给高校英语教学模式的创新提供了机遇和平台，但在实际的创新过程中，依然面临着很多挑战，其中最明显的就是授课方式比较陈旧以及信息化的程度不够高等。

笔者在对一些高校进行实地考察后发现，在大多数高等院校当中依然采取传统的教学模式进行大学英语教学，这一教学模式使用的主要教学方法是教授法，也就是传统的教师在上面讲，学生在下面听。这种教学模式没有将学生的主动性发挥出来，教师在整个英语教学课堂中占据主导地位，学生的兴致难以提升。整个课堂气氛低沉。在这种教学模式下，学生的英语实践能力难以提升，且学习效果不佳，在教学结束后，教师还会给学生布置相应的作业用来巩固上课所讲的内容。这种教学模式在我国的应用时间非常的长，并且在一定程度上是有着良好的教学效果的，但是随着时代的发展，这种教学模式已经不适合现在大学生的发展需要。他们毕业后需要进入社会，但是利用这种教学模式学习到的英语知识难以在生活和工作当中得到应用，不能满足学生对于工作的需要。

我们知道在大学期间学生需要通过全国英语四级和英语六级的考试，所以大多数的英语教师将工作的重点放在了教授英语四、六级的知识上，教学目标是如何通过英语四、六级考试。所以他们对于学生在实际生活中如何应用英语并不十分关注。当大学生离开学校进入工作岗位需要运用英语进行交流时，就会不知所措，难以进行交流。

英语是世界上使用国家最多的语言，随着国际交流的频繁，对于学生英语能力的要求就更高了。我们进行英语学习是为了更好地进行国际交流，更好地了解世界的发展状况，更好地认识世界。因此，我们要求英语教学与时代接轨，顺应时代发展的步伐。

大数据时代为英语教学与时代接轨的要求提供了机遇，在这一时代，大量的信息在人与人之间相互穿越，在国家与国家之间共享。互联网就成为学生获取知识进行交流的主要工具。对于高等院校的大学生来说，就可以利用互联网在网上查找数量较多、质量也比较好的英语知识。当高校的学生改变了对于大数据和互联网的认识，让大数据为英语学习提供更好的服务时，他们的英语学习水平和英语实践能力将有显著的提高。

高校是人才培养的主要基地，所以它对于学生的培养方式和培养手段会直接地影响到高校的教学质量和大学生今后对社会的适应能力。高校日常教学的重要组成部分之一是英语教学，所以在大数据视域下对高校教学模式进行改革创新对于提高高等院校的教学质量，帮助学生更好地适应社会，提高学生的就业率都有着积极的作用。再加上，21世纪的两大潮流是经济全球化和世界多元化，所以国家与国家之间的交流越来越广泛，英语作为最重要的交流语言之一，一直受到关注。在大数据时代，传统的英语教学模式已不适应现代社会发展的需求，所以迫切需要进行改革和创新。因此，在大数据的视域下对高校教学模式和教学方法进行改革和创新，能够实现信息技术与英语教学的融合，加强信息技术在英语教学中的实际作用，挖掘教师的教学潜力，找到更多的教学资源，帮助大学生建立英语学习平台，实现教学资源的传递和共享，提升高等院校的教学质量，推动高等院校英语教学向着现代化、信息化、高效化、数字化的方向发展。

转变传统的高校英语教学观念，为了更好地实现高校英语教学模式的创新，对大数据时代背景下的高校发展提出了更多的要求，转变传统的高校英语教学观念也是提高高校英语教学水平一个非常重要的途径。高校在信息化的时代下，具有承载信息、传递知识的功能。为了提高高校英语教学的质量，培养更加优秀的英语专业人才，就必须对传统的高校英语教学观念进行转变。经过调查研究可以发现，当前，很多高校中的工作人员对高校英语教学的理念比较传统，所以高校的英语教学不能很好地适应现代信息化的时代。针对上述情况，要求高校结合大数据时代对高等院校提出的具体的全新的要求，采取多元化的手段来对高校英语教学体系进行调整和设计，对高校英语教学人员的应用教学理念进行革新，从而实现高校内部信息化和数字化。此外，对高校英语教学人员进行技巧和能力的培养，转变工作人员的教学理念，加强工作人员大数据技术的应用能力。

大数据视域下创新大学生英语学习方式。在大数据的时代下，全民信息化的时代已经逐渐来临。上文对当前大学英语教学中存在的问题进行了浅析，也对出现问题的原因进行了阐释。由上文可知在大数据的视野下对传统的英语教学模式进行改革，不断地丰富教师的教学手段，创新教学方式，对于教师提高学生的语言应用能力有着重要的作用。同时，这也是衡量一个教师教学能力的重要标准。

高等院校的英语教师为了提高自身的教学能力和工作效率，就需要学习先进的教学设备的操作，然后利用多种教学方法进行教学。举例来说，一个使用多媒体、微课或者是慕课教学的教师比一个利用传统的口头教学、提问教学或者是板书教学的教师更能受到学生的欢迎，学生学习的主动性也会更高一些。在大数据的时代背景下，教师要充分地利用信息技术，将英语教学内容与学生的爱好和实际需求结合起来，引导学生运用现代的、科学的办法进行英语学习。

教师为丰富大学生的词汇量，还可以通过播放英语电影来引起学生学习英语的兴趣，让学生在观看英语电影的同时，积累英语词汇，提升英语听力水平，锻炼口语的表达。不仅是这样，通过观看英语电影还可以培养大学生的语感，帮助学生理解语法，更好地运用英语。

利用大数据技术对大学生英语学习需求进行了解。大数据具有收集数据、分析数据的能力，并且通过大数据分析出来的数据结果准确度极高，参考价值也极高。高等院校可以利用大数据的这一特点对大学生英语学习的实际需求进行收集和整理，然后根据收集和整理出来的结果，采取合适的方法满足学生的需求。一般情况下，高等院校可以根据大学生使用的搜索引擎对学生的兴趣和需要进行了解，找到学生对英语的兴趣点，然后根据学生的学习兴趣，制订相应的教学计划，安排相应的教学内容。学校可以通过对大学生在图书馆系统搜索的相关内容，对学生关于英语的学习需求进行了解，然后购买相应的书籍来满足学生关于这方面的需求，从而办出自己的特色，提高教学质量。或者，可以采取网络填写调查问卷的方式，征求学生对于英语教学的建议和想法，然后对可行的建议进行采纳。基于学生的需求实现个性化的英语教学，数据和信息泛滥是大数据时代一个非常重要的特征，在巨大的信息量面前，怎样选择自己需要的信息是非常关键和重要的。英语教师应该对学生选择信息的能力进行培养和提高，而学生就需要在外界力量的帮助下来分析自身潜在的需求以及对隐性知识进行挖掘，找出自己真正需要的信息。在高校的图书馆中往往隐藏着大量的信息，其中包括了各种学习资料、文学资料和学术资料，所以要求高校能够更好地对本校的图书馆资源进行利用，为学生提供更加个性化的服务。让学生在学习与生活的过程中对图书馆中的资料进行利用，从而提高自己的英语学习能力。同时，学校应该充分地利用多媒体对学生进行兴趣方面的启发，在多媒体上播放美剧等来为学生的英语学习提供更好的媒体环境，美剧既可以作为学生放松时的调剂，又是引导学生学习英语文化的重要载体。

在高校的英语教学过程中，信息的共享也是非常重要的，学生被当作是大数据时代的一个信息主体，教师应该将学生的信息主体的作用充分发挥出来，学生与教师之间、学生与学生之间可以进行资源的共享。例如教师将各种英语资料进行整合，然后共享在网络上，学生通过下载对这些资料进行学习。在这个过程中，学生的自主学习能力也得到了培养，而且学生与学生之间的信息共享还有助于团队精神和合作精神的培养。构建高校英语教学智能化平台。在大数据的视野下，高校英语教学朝着科学化、现代化、高效化和信息化的方向发展，高校就应该积极抓住发展机遇，借助大数据的特殊优势在本校内构建英语教学智能化的平台，例如，现在在我国比较流行的几种授课模式，如慕课、翻转课堂等。这些新兴的授课方式就是在大数据的背景下逐渐产生的，它可以利用大数据的优势，建立智能化的网络平台，让学生的兴趣不断提高。同时，这些授课模式对于学生主动接受英语知识来说也有着积极的促进作用，高校的英语教学智能化平台对于实现英语教学资源的传递和共享，以及提升大学生的学习效率也有着积极的作用。所以学校应该将计算机技术、互联网技术与英语知识的传授结合起来，建立起一个高效的、智能的英语教学平台。只有这样，才能对传统的教学模式进行改革，才能在很大程度上满足现代社会对于大学生英语能力的要求，顺应时代的发展，满足适应社会增加就业率的需求。

由上文可知，大数据时代的到来和发展对人们的生产、生活和学习产生了深远的影响，也给高校的教育带来了挑战。英语作为现代大学生必备的技能之一，就更应该主动地进行改革创新，积极地迎接挑战，将大数据给高校英语教学带来的生机和活力充分地发挥出来。面对当前高校英语教学中存在的各种问题，教育工作者应该对大数据时代的发展状况和特征进行研究，充分认识到大数据时代的含义，在了解大数据时代的基础上创新英语教学模式和教学方法。大学生具有其特殊的年龄特征，在进行教学改革时，还应该对这一时期学生的心理状况和年龄特征进行了解，针对大学生的需求进行英语教学，发展大学生的独特个性。所以在大数据的视域下，要想对高校的英语教学模式和教学方法进行创新，就需要利用大数据的相关知识创新学生的学习方式和教师的知识传授方式，需要利用大数据对大学生英语学习的需求进行了解，需要构建高校英语教学智能化平台，更好地实现英语教学资源的共享。只有这样，高校才能为我国培育出更多的优秀人才。

第四章 线上线下混合式大学英语教学

第一节 高校英语混合式教学线上线下衔接问题

混合式教学是一种新型教学模式，它能够有效将线上与线下进行充分的结合，从而有利于拓展学生学习的方式与学习的深度。目前，在大学英语教学活动中，混合式教学可以说是备受青睐，它以创新性、合理性的特点使得大学英语的课堂效率以及学生的学习成果都有着巨大的提升，但是没有什么是绝对完美的，在目前的大学英语教学中，混合式教学模式的普及以及实施过程仍然还有着很多的不足，因此加强相关方面的研究是很有必要的。对此，本节就大学英语混合式教学线上线下衔接问题进行探讨与研究。

在目前的大学英语课堂中，混合式教学还存在着很多的不足与问题，其中就包括线上线下教学衔接不到位的问题。线上线下教学衔接不到位，混合式教学的突出优势就无法得到充分的体现，混合式教学对于大学英语课堂的促进作用也会大大降低，从而无法达到其实施的原本目的，另外其也不利于加强学生英语学习的自主积极性，等等。因此，根据混合式教学中线上线下教学衔接中所出现的问题以及不足进行合理的讨论与分析，并提出相应的改进策略，从而使得混合式教学模式可以更好地适应时代的发展，为教育事业的改革与创新做出巨大的贡献，是很有必要的。

一、加强混合式教学线上线下衔接的意义

从混合式教学模式探索的角度。加强混合式教学线上线下衔接的意义，从混合式教学探索的角度来讲，是很有必要的。因为加强对于混合式教学

中的不足的改进，就会使得混合式教学的探索过程更加顺利，从而混合式教学在大学英语课堂中的实际应用也会更加完善，从而有利于促进混合式教学实现其开设的原始目的，为教育事业的探索增添一份力量。

从学生的角度。混合式教学线上线下衔接的过程倘若不够完善，学生在进行相应的学习中就会遇到很多问题，例如线上线下知识点描述不一致或者知识范围不同、线上线下教学重点不一致等，这些问题就会导致学生在学习的过程中产生迷茫感，不知道到底该将学习重心放在哪一方面，从而耽误了其英语学习过程中的方向性。同时，线上线下衔接的不一致也不利于其进行相应的拓展学习，等等。因此，从学生英语学习过程中的完善性与合理性来看，加强混合式教学线上线下的衔接是很有必要的。

从教师的角度。从教师的角度来看，加强混合式教学线上线下的衔接，不断改进混合式教学的实施方式与实施过程，使其更加完善与合理，不仅仅是其所应该做的本职工作，同时也是其所担任的时代使命。另外，加强线上线下的衔接，使得教学效率能够得到有效提升，在教师教学负担的减轻这一方面对于教师本身来说也是很有意义的。因此，教师应该不断地改进混合式教学的不足与缺陷，从而更好地实现自己的职业价值。

二、线上线下教学模式的优势

有利于改变教学模式，改进教学方法。混合式教学模式具有"双线性"，即线上线下共同教学，其通过线上线下的完美衔接与配合从而可以大大地提高教学工作的质量与水平。双线性的教学模式与以往的教学模式不同，它在其中加入了探究性、自主性以及时尚化的教学理念与教学目标，这样学生在英语学习的过程中就会有更多的机会来进行亲身实践与加强对时尚文化的了解，从而增强了英语课堂与外部世界的联系，有利于吸引学生学习兴趣。同时，作为一种新型的教学模式，混合式教学还有利于教师改进教学方法，例如由以往单纯的讲述变为线上线下共同教学的教学方式，从而有利于提高学生的知识接受效率。另外，混合式教学模式还有着完善的自主纠正功能，从而可以避免以往由于传统教学模式的局限性所导致的学生疑难问题遗留较多的情况，可以更加方便学生进行自我完善式的学习。

有利于突破传统教学的时间和地点限制。在互联网的时代背景下，由于信息的传递性与共享性，网络资源可以随时随地地进行观摩与学习，因此，在这一背景下应运而生的混合教学模式也具有相应的优点，即可以突破传统教学模式的时间与空间的限制，将学习的自由化与个性化进行到底。通过混合教学模式的自由化，学生可以在线上学习中随时选择进行知识的二次学习与自我纠正，从而有利于提升其课堂的自我学习效率，并且在课后的时间里，学生也可以根据自己的喜好随时随地地进行必要的拓展学习与课后练习，这就可以大大提高其学习的自主性。另外，学生还可以根据自身实际情况进行完美的时间与空间的布置，大大提高其自主学习效率。

有利于充分利用网络资源，提高教学质量。众所周知，随着时代的发展与人们思想层次的进步，高等院校与高端知识分子越来越愿意将宝贵的知识与经验进行分享，因此网上的优秀资源是非常多的。相较于教师根据自身经验来制作的教学内容，其往往更具科学性与合理性。所以教学过程中充分地利用网络的优秀资源是很有必要的。而混合式教学模式就可以充分地将网络资源进行整合并加以利用，从而有利于教学质量的进一步提高与教学措施的完善。另外，学生在进行相关优秀网络资源的学习中，也能够学到更多优秀的品质与本领，从而有利于其全面发展。

三、混合式教学线上线下衔接中所出现的问题

线上线下知识范围不一致。混合式教学线上线下衔接过程中经常会出现的问题就是线上线下知识范围不一致的问题。线上线下的知识范围不一致，知识体系相差较大，就会导致学生在进行英语学习的过程中常常会感到迷茫与困惑，难以将二者进行合理的整合与统一，从而导致其在英语学习中出现断层的情况，最终不利于其英语学习的连贯性以及英语知识的系统化的理解，等等。教师在进行线上线下的教学资源的选择与整合过程中，一定要注意其知识范围的合理性，使得二者可以很好地结合与互补，从而避免学生在英语学习过程中出现知识断层的情况。

线上线下工作分配不合理。一个良好的混合教学模式，其线上与线下之间的分工与重心应该是十分突出且互补的[1]。但是很多教师由于经验不足，在进行相关的教学规划中往往没有涉及相关的考虑，因此就会出现线上线下分配不合理的情况，例如线上偏练习巩固、线下偏教导学习以及线上线下都缺少相应的教学指导等，这种不合理的工作分配会导致的后果就是，混合式教学的双线性难以得到有效体现，从而不利于实现其创设的原

---

[1] 李艳，韩文静. 孔子因材施教的教育思想简述[J]. 吉林教育学院学报，2008（4）：39.

始目的。另外，这也会导致学生英语学习过程的不合理性，使得其主客反置，从而不利于其英语学习的连贯性，降低其学习效率。因此，为避免上述情况的发生，教师在进行相关的工作分配时，一定要注意其合理性，并根据学生学习的实际情况进行适当的更改与调整，以使得混合式教学模式可以更好地服务于学生的英语学习过程中。

线上线下资源重合度过高。很多教师在进行混合式教学模式时，由于过于偏重线上的教学效果，或者不重视线下的教学目的的实现，其往往会出现线上线下选择资源高度重合的情况。线上线下资源高度重合，会使得学生在学习的过程中忽略线下教学或者线上教学的学习过程，降低线下教学或者线上教学设置的合理性与必要性，从而使得混合式教学模式名存实亡，彻底退化成传统的教学模式。所以这种行为是不可取的，教师在进行相应的线上线下资源的选择中，一定要注意其内容的关联性与不相关性，注重线下教学的拓展性，从而有利于充分地发挥混合式教学模式线上线下双重性教学目的的施展，充分地体现其符合时代发展的必要性。

线下评价机制缺失或者不完善。很多教师在进行教学的过程中，往往只注重线上教学的评价，而对于线下教学的评价机制的完善性其往往是忽略的。这就会导致学生在学习的过程中，很容易会忽略线下学习的过程，从而不利于混合式教学的双向展开与学生英语学习的完善性。因此，加强线下教学评价是很有必要的。

四、基于上述问题所提出的改进策略

基于互联网的视觉下，实行资源的合理选择。互联网时代下，尽管随着人们思想觉悟的提升，优秀的网络资源越来越多，一些滥竽充数或者没有价值的资源也在相应地变多，甚至比优秀的资源还要多得多。因此，这就需要教师在进行相关资源的选择过程中，一定要擦亮眼睛，加强对于优秀教学资源的选择与合理归纳，从而为学生的英语学习做出更加合理的保障；同时，教师在进行线上教学资源的制作时，也应该多进行商讨与借鉴其他优秀的教学作品，注重资源的教学质量，不能闭门造车，要具有宽容性与包容性。另外，线上与线下的资源整合也不能出现重合度过高的情况，只有线上线下的资源都足够优秀且能够互相验证，混合式教学模式才能对学生的英语学习起到更好的促进作用，教师的教学水平才能更加有所保障。

合理分配线上线下工作重心。混合式教学模式之所以分为两个教学过程，就是因为其能够充分地发挥线上的优势与线下的优势，从而使得二者可以相得益彰，更好地促进学生英语的学习。因此，线上线下的工作重心的合理分配就至关重要。教师在进行教学中心的安排时，一定要根据学生的实际情况进行相应的调整，例如学生普遍不喜欢课上练习，那么就要把线上教学的重心放到教导培训上，线下则主要负责课后的巩固与练习等；倘若学生的自主学习性很差，那么课上的练习时间就要增长一些，线下的则主要负责相关的知识拓展；等等。只有线上线下工作重心明确，工作目标相互顺承，流转起合，混合式教学模式的意义与作用才能够得到更好的体现，从而更有利于学生的英语学习。

完善线下评价机制。对于线下教学评价机制的重视不足会严重地阻碍学生的线下学习积极性，从而为其英语学习过程的完善性设置障碍。因此，教师对于线下教学的评级机制进行合理的完善与改进就很有必要。例如，对于学生视频观看的进度以及观看的时长与平均时间进行合理的考核考量，并以此为依据建立分数评价规则，为学生的线下学习过程做出合理的评价，从而有利于通过线下学习过程评价机制的完善性来增进对于学生线下学习过程中的监督过程，为学生英语学习的积极自觉性做出合理保障。

注重交流能力与团队合作精神的培养。混合式教学模式作为一种自由化比较高的教学模式，因此其发展空间与上限也是非常高的，所以教师在这种模式下就要改变以往的传统的教学思维，不要只注重知识的传授，同时还要注重对于学生交流能力与合作能力的相关培养等，从而有利于学生的全面发展。例如，教师可以在课上进行小组交流讨论、英语话剧表演以及其他等涉及交流与合作的相关课堂活动等，学生通过参与这些课堂活动，不仅会增强他们自身的交流合作能力，从而也有利于促进他们之间的友谊等。

混合式教学作为一种创新性的教学模式，其还有很大的发展空间，因此针对其实施过程中所出现的线上线下衔接不流畅的问题进行合理的讨论与改进，从而促使其更加合理与完善，增进其对于大学生英语学习的促进作用是很有必要的，同时，这也是我们每一个教育工作者所不可推卸的时代使命。

第二节　基于教学翻译的线上线下高校英语教学设计

教学翻译一直都是促进英语教学的重要手段。但是随着信息技术的不断发展，传统教学翻译越来越无法满足新时代学生的学习需求。矛盾突出表现在教师不能及时详尽地反馈每一份翻译作业，偏重笔译练习忽视口译训练，学生机械背诵翻译内容，应付教师抽查等方面。本节认为线上笔译、线下口译或许可以成为教学翻译融入线上线下结合教学的可行途径。利用阿里钉钉等自动评阅平台，学生可以瞬时获得翻译的语法检查，教师也可以人工给予评阅。课堂上，可以组织学生视译、听译，完成课文词汇短语的检查、重要句子的讲解，有助于学生锻炼口语、提高公开演讲的能力。

运用翻译来促进英语教学，一直是大学英语教学的重要研究内容。突如其来的疫情让网课流行起来，信息技术对大学英语教学形式的革命性影响不断突显。一方面，学生对传统课堂教学的兴趣在不断衰减，另一方面，线上教学还远未成熟，作为线下教学补充形式的地位未得到根本改变。如何将翻译更好地融入线上线下结合教学，是亟须探索的重要课题。

一、教学翻译

教学翻译与翻译教学是一对非常相似的概念，穆雷明确提出了它们的区别。他认为前者的定位是外语教学，目的是检验并巩固外语知识、提高语言应用的能力，侧重语言结构的训练。而后者是翻译学的范畴，面向的是职业译员。面对非英语专业的学生，教师应该侧重选择教学翻译，提高学生语言应用能力。

从内容上看，教学翻译主要包含两大块：（1）课文翻译。（2）围绕课文编写的翻译练习。课文翻译最常见的就是从课文中挑选出一些句子，让学生在课堂上练习。而编写的练习题常常用作课后作业，算入平时成绩。显然，这种训练的主要目的就是反复训练学生对语言点的掌握。翻译内容多出自课文，较少涉及时事。从形式上看，教师在日常大学外语教学中更依赖笔译，如课后习题、四、六级试卷的段落翻译等，较少涉及口译。从方法上看，主要是教师布置作业，下次课检查或者上交教师批改，学生往往反复酝酿，把翻译作业做成了背诵作业。

传统教学翻译多在线下进行，暴露出了许多问题[①]。首先，巨大的人工批阅成本让学生从教师处获得的反馈有限，教师不充分或不情愿批改的现象比较普遍。其次，传统的课堂检验方法很容易促使学生背诵翻译，将词汇语法练习变成了记忆练习。最后，学生的视听说技能往往无法得到锻炼，无法弥合与市场需求的差距。面对这些问题，本节认为教学翻译应当同时包括口笔译。笔译可以锻炼学生反复锤炼译文的能力，而口译则可以锻炼学生的口语能力、提升自信等交际能力。本节提出线上笔译、线下口译的教学设计，将教学翻译充分融入线上线下结合教学来弥补上述不足。

二、线上笔译

线上笔译可以依托具备自动测试功能的平台，比如 itest、iwrite。这类由出版社提供技术和内容支持的平台和教材结合紧密，方便教师使用教材资源布置笔译练习。缺点是必须购买服务，而且没有移动客户端。一些移动办公软件恰好可以弥补这些不足，比如阿里钉钉。钉钉新上线的学习圈功能，配备了可以自动批改作业的"英语作业"小程序，主要功能就是以句子为单位批改语法错误，这恰好契合教学翻译的主要目的。通过多次模拟测试，作者发现"英语作业"的批阅结果主要分成三种类型，红色的语言错误，绿色的好词好句，黄色的警告、提示性内容。阿里钉钉使用的自动评分算法能精准识别绝大部分错误，并给出具体错误类型，比如动词错误、词性错误等。这可以极大程度缓解教师需要批阅大量作业而反馈不细致或干脆不反馈的现实矛盾。

线上笔译的训练内容也应超出课文或配套练习。一方面经过多年循环使用，学生很容易获得参考答案而降低训练效果，另一方面广泛涉猎各类题材是大学外语教学的本质要求。因此，教师可适当增加课外内容。

三、线下口译

线下口译利用课堂时间完成。口译的形式多种多样。为了更好地到大学外语教学的目的，可以采用难度较低的形式，如视译、单句口译等。线

---

① 刘英爽. 国际化背景下大学英语跨文化教育的瓶颈和转型趋势 [J]. 教育评论，2016（7）：115-117.

下口译的内容可以是教材的句子，或者课后习题，教师也可以添加一些口译中常用的句型作为补充，满足市场对学生基础口译能力的需求。大学英语学生的记忆能力无法和英语专业或翻译专业学生相比，也无须达到这个要求，因此线下口译可以更加注重视译。学生可以边看材料边输出翻译，既达到了训练的目的，又可以锻炼学生的口语表达、公开演讲的能力。视译的内容也可以更加丰富。比如将传统的单词听写变成视译练习，教师将重点单词和短语投屏，学生进行即时的口译，也可以设置时间限制，比如利用 PPT 等软件的定时换页功能，规定学生必须在一定时间内完成视译。当然，也可以挑选学生进行单句听译，或者组织学生在课堂互相进行听译，教师分组进行监督。

线上线下结合教学方兴未艾，有线上教学不断加强、两者不断融合的趋势。本节提出了线上笔译、线下口译的线上线下结合教学设计。依托自动评阅平台，教师可以开展线上笔译，过去无法照顾每一位学生的困难迎刃而解。课堂开展线下口译，帮助教师充分引导学生参与课堂教学、引导学生注重口语表达。

第三节　高校英语线上线下翻转式教学实施路径探索

互联网技术与教育的深度融合，催生了"互联网+"背景下线上线下翻转式教学模式。这种新教学模式促进了教育资源均衡化、教学方法科学化、学习个性化。线上线下翻转式教学是大学英语教学改革的一项重要的探索和尝试，能较好地发挥在线教育和传统教育的优势，增强学生的学习主动性，形成"教学相长"的良性循环。

随着互联网、云计算、大数据等技术的发展和普及，人类社会已经步入"互联网+"时代。互联网技术与教育的深度融合，催生了翻转课堂、微课、慕课等教学模式，这些新的教学模式对教育者和学习者提出更高的要求和希望，促进了教育资源均衡化、教学方法科学化、学习个性化，有效提高了教育质量和教学效率。2007 年教育部颁布的《大学英语课程教学要求》明确指出，新的教学模式应以现代信息技术特别是网络技术为支撑，使英语教学朝着个性化学习、不受时间和地点限制的方向发展。"互联网+"时代新的教学模式对培养学生的英语应用能力和自主学习能力有着积极的创新意义。

一、大学英语线上线下翻转式教学的现实需求

近年来国内高校大幅度削减大学英语课时，使得广大英语教育工作者面临一些新问题：如何将有限的课内时间与大量的课外时间有效结合；如何将英语学习从课堂延伸到课外，从线下拓展至线上；如何构建一个网络立体式学习空间和学习平台。解决这些问题是当前大学英语教学改革的重点。

在"互联网+"时代，现代信息技术广泛应用于大学英语教学，不但使教学手段实现了现代化、多样化，而且促使教学理念、教学形态发生变革。线上线下翻转式教学模式在大学英语教学上的运用，满足了信息时代网络化教学的需求，极大地丰富了教学内容，拓宽了教学路径，也加速了学生学习角色的转变。

基于网络资源的英语教学，能灵活地给予学生明确指令和学习任务，组织学生进行线上自主学习、探究认知，线下提出问题、讨论结果。与传统教学相比，线上线下翻转式教学将原本的教学秩序进行了翻转和重置，能较好地调节学生的个性差异和学习进度，最大限度地增加学生的碎片化学习时间，让学生更好地进行自我感知、自我认知和自我内化。

二、大学英语线上线下翻转式教学的路径构建

学习用户群构建。学习用户群是由不同个体基于学习过程中的协作交流和相关学习资源的使用而建立起来的网络学习群体或社会认知群体。学习用户群源于"虚拟社区"概念。"虚拟社区"概念由社会学家瑞格洛德于1993年率先提出，意指由一群通过计算机网络连接起来的突破地域、时空限制的人，通过网络彼此交流、沟通、分享信息与知识，形成具有相近兴趣和爱好的特殊关系网络，最终形成具有社区意识和社区情感的社群。

学习用户是构建网络学习系统的第一要素。在线上、线下环境中，凡是接触、了解、使用、传播、讨论有关大学英语各类学习资源的学习者、交流者、参与者，都可以称为学习用户或用户群。学习用户群提倡的是"人

人教、人人学""处处教、处处学""时时教、时时学"的新型开放式学习模式,用户既是学习者又是教学者,既是学习资源的消费者又是学习资源的供给者、生产者和管理者。在"互联网+"学习环境中,教学内容并不限于文本知识,学习用户可以进入语言学习的开放环境,通过网络学习平台,参与学习交流活动,获取学习资源,完成学习任务。

线上学习平台构建[①]。互联网的快速发展为线上学习提供了可靠的外在条件。网络在线教学平台实际上就是供学习用户群体获取资源、交流沟通、开展个性化学习和自由发声的场景。这个场景是开放式的,为学习者的学习和教师的教学提供环境支持。教师借助平台推送学习资源、构建学习模式、开发学习终端,尽可能满足学生的学习需求,尤其是非正式学习和微学习或碎片化学习的要求。构建具有生成性、开放性、联通性、智能性、微型性等特征的网络在线学习平台,能有效解决线下学习资源不足和缺乏真实交互语境的问题。

超星尔雅、超星云课堂、智慧云、爱课程、雨课堂、蓝墨云班课等都是基于线上学习而开发的学习平台。这些学习平台具有易学、易用、易管理等特点,为学习者提供了实时互动的硬件条件,构建了线上线下教学的自媒体交流渠道;采用"线上观看学习+线下讨论测评"的翻转课堂形式,实现了多元化、多模态混合式教学。在这些平台上,教师利用提问、讨论、纠错、问卷、评价、头脑风暴等教学形式,和学生进行线上互动交流。

线上线下学习资源库构建。无论是线上还是线下,学习资源都是教学活动中的核心要素。线上学习资源,除传统学习资源外,还有在线可随时获取的网络学习资讯,以及数字化资源、移动学习资源、微型学习资源等内容,它们以文字、视频、音频、动漫、图表、数据等形式呈现,其中微型化或碎片化学习资源应用广泛。线上学习资源是大学英语课程在线学习的一个重要载体,在线学习内容丰富、形式多样,具有情境性、交互性、即时性、动态性等特点。课程的学习资源建设应坚持"学生为本""实用为主、够用为度"原则,满足网络环境下碎片化学习以及非正式学习的要求,使学习者在不需要花费太多时间的基础上,可以轻松愉悦地掌握某一知识要点,弄懂一个内容片段。

在"互联网+"环境下,大学英语在线课程要利用网络优势,以项目

---

① 王汉英,胡艳红,徐锦芬.美国康奈尔大学外语教学观察与思考[J].教育评论,2015(7):165.

任务为引导，将语言知识、语境描述、语言技能融为一体，动态展示课程学习内容，将语言运用、提问讨论、句型提炼、拓展实践等内容，以微课短视频、文字图片、主题音频、PPT课件、画外音讲解、练习题库等形式呈现给学习者。为了激发学习者的学习兴趣、维持他们学习时的连续注意力，学习内容的设计要遵循低认知负荷原则，做到内容容量小、片段时长短，一个微课就是一个学习点，保证资源的颗粒化和碎片化，方便学生在课后的零散时间里学习和观看。

线上线下教学流程构建。学习已经不仅是为了掌握知识本身，更重要的是掌握学习的方法和获得知识的途径，以及形成知识与人相互作用、相互交织的网络。任何行之有效的教学模式、教学方法都离不开教师和学习者的参与和投入。线上线下翻转式教学流程分为课前、课中和课后三个阶段。

（1）课前：知识传递阶段。教师在课前根据教学内容，制作和创建线上学习资源，包括微视频、微音频、文本等与课程相关的资料。通过网络传输、推送学习资料，发布平台资讯，供学生点击浏览。学生通过观看，了解学习内容，完成课前预习任务，并提出相关问题。

（2）课中：内化扩展阶段。学生针对课前预习的内容，展开线下学习，进行全班讨论或分组讨论。其间，教师听取学生交流，答疑解惑，对学习内容的重点和难点进行讲解、分析和提炼，并且对学生的学习成果给予点评和指导。这种线下学习模式改变了学生"依赖教师灌输"的学习状况，使学生的学习变得更主动、更有个性，既有助于知识的内化，也有助于培养学生的批判性思维能力。

（3）课后：成果固化阶段。教师在章节教学结束后，对学生的学习进行全面评价和总结，反馈上一阶段的学习情况，布置下一阶段的学习任务，并将优秀作业（作品）制作成范例，供学习用户群体观摩。

线上线下翻转式教学，以网络教学平台为载体，以培养学生的英语综合应用能力为目标，以彰显听说能力为前提，以视听说促阅读，以阅读促写作，突出教学的规范性和创新性。翻转式教学要求学习者养成自主学习的良好习惯，从确定主题、寻找素材、提出疑问到探究学习、完成任务，全程自主、自愿、自律。教学评价也体现了多元化原则，须结合学生线上参与程度、学习的主动程度、完成线上线下作业的正确程度，以及期末考试成绩等具体情况进行最终的综合学业评价。

三、实施大学英语线上线下翻转式教学的可行性

"互联网+"背景下的线上线下翻转式教学在实践中产生了令人满意的结果。这种教学模式是大学英语教学改革的发展方向和必然趋势。

学生的网络信息需求使线上线下翻转式教学成为可能。学生对线上学习非常有兴趣。线上学习具有丰富的在线资源、生动的媒体手段、便捷的互动交流、超时空的学习机会等优势，使当代大学生通过互联网自主学习、个性学习的意愿更加强烈。学生对网络信息的需求是多元的、全方位的，表现为综合化和个性化，资讯信息在学生平时的学习和生活中发挥着越来越重要的作用。他们除了学习本专业知识外，还需要了解更多英语方面的综合知识，并且将分散的英语知识融会贯通，构建个性化学习数据库，扩大对英语知识的学习及应用范围，完善语言学习的认知架构，从而提高英语应用能力、文化素养和品位。学生希望从大量的一般性信息需求满足转向对解决问题起关键性作用的高效的信息需求满足，通过教师的指导，培养并提高他们的针对性学习能力，满足高层次学习的需求。大多数学生非常认可线上线下翻转式教学模式，认为网络教学平台能提供丰富的知识，并且愿意主动去学习，参与学习用户群里的互动交流。

教师的技术素养使线上线下翻转式教学成为可能。翻转课堂教学模式的成功实施离不开高素质的一线教师。教师的学科素养、教育教学素养、信息技术素养及教育智慧等，共同决定了翻转课堂教学质量。教师的现代化技术素养直接关系到他们能否熟练操作网络教学平台，能否熟练上传和更新学习语料，能否熟练调用其他学习平台上的资源和数据，事关"交互式"的教学和管理能否实现。具有较高技术素养的教师能轻松驾驭现代媒体，将线上教学作为常态化工作模式，能不断更新教学理念，灵活运用教学方法，动态提供教学信息，个性化定制教学内容，满足学生的多样化学习需要，跟上现代化教学改革的节奏。在翻转课堂教学模式下，教师的角色已从知识讲解为主转向答疑解惑为主，从注重学生对知识的理解转向重视学生高层次思维能力的发展和综合素质的培养，从面向学生全体转为面向学生个体。更重要的是，有效实施大学英语线上线下翻转式教学模式，是新时期教师专业成长的重要途径之一。

现代技术的高速发展使线上线下翻转教学成为可能。随着网络通信技术和互联网技术的快速发展，高校实施线上线下翻转式教学成为可能。先进的技术和完善的硬件设施，为互联网线上学习的开展创造了良好的条件和时机。大学校园网、Wi-Fi 全覆盖、数字化校园和智能型园区建设以及智能手机的普及，为线上英语学习提供了可靠的支撑条件。线上教学是一种借助移动设备，能够在任何时间、任何地点进行教学的方式，所使用的移动设备必须能够有效地呈现学习内容，并且为教师和学生提供双向交流通道，保障在线学习和互动的畅通。利用网络教学平台，学习者可以方便地对学习时间、地点和方式做出个性化的选择，开展动态的自主学习。大学英语线上教学在呈现真实场景、微课视频、动画片段、音频演播等教学内容时彰显了交互式媒体的优势，确保自主学习过程的互动性、趣味性。大学英语在线学习平台提供了过程评价和结果评价相结合的智能型教学评价工具，支持灵活的评价策略，能实时提供学生学习、教师教学和教学过程的量化数据，有效推动了线上教学的开展。

线上线下翻转式教学使培养学生的自主学习能力成为可能。线上线下翻转式教学是培养学生自主学习能力的重要手段之一。在大学英语教学中，这种翻转式教学模式要求学生有较强的自控能力，这是提高学生自主学习能力的关键所在。线上线下翻转式教学是一种逆向的授课方式。它的逆向表现在以下环节：（1）课前，学生对所学内容先观看、先自学，先记录、先认知。（2）课中，教师不刻意讲解全部内容，而是通过活动环节的设计，答疑解惑，给予个性化点评和纠正，再提出新的任务。线上线下翻转式教学强调个性化教学与自主学习相结合。学生在教师的指导下，根据自己的学习特点和水平，选择合适的学习内容、学习方法和学习时间，自愿参与网上学习论坛，自主进入虚拟教学课堂。这样的自主学习氛围能潜移默化地培养学生良好的学习习惯和学习能力，有助于学生较快地提高英语综合应用能力，获得最佳的学习效果。

大学英语线上线下翻转式教学模式吸引了越来越多的教师和学生。线上、线下教学形式各有优缺点，在大学英语教学实践中将线上教学与线下教学相结合，进行教与学的翻转，能够实现两种模式的充分互补，因此，受到广大教师和学生的肯定。

网络教育方式能弥补线下教学模式中学习资源不丰富的缺点。互联网中丰富的信息资源拓展了教学内容的深度和广度，为学生创造了更多的学习机会，提供了更便捷的学习途径。但是，海量的网络信息有时也会分散学生的注意力，使学生对必须完成的学习任务关注不够；教师也难以控制学生的线上学习进程和学习效果；学生长时间观看手机播放的教学视频和微课，也有可能失去学习兴趣。因此，大学英语教学还是不能忽视面对面的课堂教育和一对一的师生沟通，线下教学有助于解决线上学习碰到的一些问题。

线下教学具有实时互动性，教师可以随时关注学生的课堂学习情况，随时调整教学方法，学生在观察同伴的过程中开展交互学习。英语学习离不开场景的感知、同伴的交流、文化的渗透以及思维情感的体验，离不开以知识为载体的现场互动教学。当然，线下教学也有不足，如学习资源多是枯燥的文本资料、学生只能跟着教师的节奏学习、一堂课结束后无法回放教学过程等。课堂上，教师要顾及大部分学生，难以做到面面俱到，不可能始终考虑所有学生的个性化需求。

教师开展大学英语线上线下翻转式教学，必须透彻把握教学理念，细致规划课程方向，明确线上学习目标和线下教学目标，提出具体的教学要求。教师要结合大学英语课程的教学任务，不断增加新的资源，上传新的微视频、课件 PPT、文字资料以及链接等，以充实和更新学生在线学习的资源库，保证学习内容的新颖性、时效性、实用性。总而言之，线上线下翻转式教学改革较好地融合了在线教学和传统的课堂教学模式，能够有效调动学生的学习主动性，实现"教学相长"的良性循环。线上线下翻转式教学有待广大教师在大学英语教学中不断深入探索。

第四节　线上线下协同教育模式下英语课堂学习焦虑

关注"互联网+"时代背景下线上线下协同教育模式中英语课堂教学中学生出现的焦虑现状，分析了导致英语课堂学习焦虑的原因，并提出了降低英语课堂学习焦虑的若干策略，为英语教学提供可操作性的建议。

人类的生产与生活，因为互联网技术的飞速发展产生了深刻的变化。

这个"+",意味着互联网将与各个产业相融合,产生新的运行模式,推动各行业的发展与创新。"互联网+"带来了一场全新的信息革命,成为各个产业改革的动力。"互联网+教育"意在借助以互联网技术为代表的现代教育技术力量推动教育改革。"互联网+教育"给教育行业带来了巨大的变革和创新,传统的教育模式和教育观念正面临前所未有的冲击和挑战,这是时代发展的必然,也是教育发展的新方向。

一、"互联网+教育"的背景与内涵

2015年7月,国务院颁发了《关于积极推进"互联网+"行动的指导意见》,其中明确提出"要鼓励互联网企业与社会教育机构根据市场需求开发数字教育资源,提供网络化教育服务。鼓励学校利用数字教育资源及教育服务平台,逐步探索网络化教育新模式,扩大优质教育资源覆盖面,促进教育公平。鼓励学校通过与互联网企业合作等方式,对接线上线下教育资源,探索基础教育、职业教育等教育公共服务提供新方式。推动开展学历教育在线课程资源共享,推广大规模在线开放课程等网络学习模式,探索建立网络学习学分认定与学分转换等制度,加快推动高等教育服务模式变革"。从中我们不难看出,教育行业与互联网的融合,是一种创新的思维方式,这会产生一种创新的教育形态,也会给教育改革带来机遇。"互联网+教育"涉及多领域多方协同共建,对教育的改变也将是多层次的。陈丽教授将"互联网+教育"定义为"特指运用云计算、学习分析、物联网、人工智能、网络安全等新技术,跨越学校和班级的界限,面向学习者个体,提供优质、灵活、个性化教育的新型服务模式"[①]。随着教育信息化的推进,我国教育在基础设施建设、软件资源与师资培训等方面发展迅速。云计算、移动互联、大数据和人工智能等技术在教育领域的应用不断深化。微课、慕课等教学网络平台的开发,翻转课堂的利用和智慧校园创建,也使得教育的方式呈现多样化、个性化和泛在化。

二、线上线下协同教育

线上学习资源的多样性。互联网时代网络与科技的高速发展丰富了人们的学习方式。网络中充满了各式各样海量的信息,这些信息的传播没有时间和空间的障碍。先进的科技也给学习者带来了新鲜的多感官全方位的

---
① 陈丽.教育变革的力量[M].重庆:重庆大学出版社,2019.

交互体验，在线学习作为一种新的学习模式为越来越多的学习者接受并使用。目前互联网上的线上资源有微课、慕课（MOOC）、私播课（SPOC）。2016年被称为"知识付费元年"，知乎、果壳、喜马拉雅FM、得到等无数个知识平台诞生，知识付费的用户迅速增长。

现在高校中应用较为广泛的是微课和慕课。我们给"微课"（或者称为"微课程"）的定义是："微课程"是指时间在10分钟以内，有明确的教学目标，内容短小，集中说明一个问题的小课程。微课短小精悍，主题突出，在教育领域得到快速的传播和广泛的应用[1]。教育部全国高校教师网络培训中心平台上展示了上万件制作精良的微课作品，推动了高校教师专业发展和教学能力提升，促进信息技术与学科教学融合，搭建了高校教师教学经验交流和教学风采展现的平台。大规模在线开放课程（Massive Open Online Course, MOOC。中文简称"慕课"），发端于美国。2012年，"MOOC元年"开启之后，慕课迅速在全球升温。据不完全统计，中国慕课数量已达6.19万门。

线下课堂教学的不可取代性。慕课以新型的教学理念为基础，借互联网发展和移动智能技术之长，迅速发展成为高校教学中常用的一种教学模式。而慕课的发展并不能取代传统的线下课堂教学。线上的慕课与线下的课堂教学相结合，优势互补。

首先，课堂教学中教师的衣着、身体语言、眼神的交流，对于学生来说，都是无形的信息，这无疑是言传身教的魅力。这是在线观看视频，对着冰冷的屏幕观看数字资源无法得到的。

其次，线上的数字资源提前制作，具有时间短、针对性强的特点。但它无法根据学生现有状态随时做出调整。课程的教授应以学生为中心，符合学生现有的需求。而课堂教学则可以根据学生的状态灵活机动随机调整。

最后，线上资源时间短，呈现碎片化趋势，无法针对某学科中的某项知识进行系统的梳理，从而让学生有"只见树木，不见森林"的感觉。而课堂的教学时间相对较长，教师能带领学生对某个知识点进行系统有条理的梳理，更利于学生知识系统的建构。

线上线下协同教育构建英语课堂。我校一贯重视在线开放课程建设与应用工作。先后立项建设高清录播室、智慧教室等现代化教学场所。教务

---

[1] 秦秀白，张凤春. 综合教程3（学生用书）[M]. 上海：上海外语教育出版社，2014.

处对课程平台进行细致规划,对课程建设做好精准服务。采用项目立项模式,构建国、省、校三级在线开放课程建设体系,明确课程建设目标、课程建设流程和保障措施,组织课程建设研讨会,提升在线开放课程建设的水平和质量。

线上平台提供的丰富资源,智慧教室的推广应用,使学生学习知识的方式与学习环境发生了悄然的变化。教学模式和教学环境的创新,也使课程评价随之发生改变。

三、线上线下协同教育模式下的英语课堂学习焦虑现状

以互联网、云计算、大数据等为代表的现代信息技术,已然对教学方式、学习方式、学习资源、学习环境、师生关系等产生了重大影响。随着科技的不断进步,网络覆盖校园,智能终端进入课堂。学生获得知识的途径多元化,教师利用网络采用线上线下协同教育模式。但课堂教学中学生的学习焦虑却依然存在。课堂中经常会出现"尴尬的"沉寂和"低头族"现象。教室里容易和教师产生互动,得到教师关注的座位成为边缘座位,如距离讲台较近的前几排和过道两边的座位,通常这些座位都会成为闲置座位。因距离和设置而产生交流障碍和关注度较弱的边缘座位反而成为抢手座位,如教室后排座位和靠墙的座位,以及教室中间因课桌联排教师无法进去的座位。另外,课堂问答环节,学生会因羞涩、紧张、害怕而低头或挠头的动作,回答问题声颤或音小,甚至有些学生会手心冒汗,心跳加速。联通主义认为,焦虑情绪是影响学习者建立主题和课题连接的六因素之一。这也与美国语言学家克拉申(1982)提出的情感过滤理论不谋而合。他的二语习得理论影响了各层次综合英语教学的发展。克拉申也认为,当在没有焦虑的环境下,有足够的机会有意义地运用目标语时,最有利于二语习得。而上述这些课堂现象都是学生在英语学习过程中焦虑情绪的体现,无疑会对其英语学习产生负面影响。

四、协同教育模式下降低英语课堂学习焦虑的策略

学校管理层面。学校管理层面应建立全面科学的课程评价体系,这对于学生的学习有着良好的反拨作用,能够促学促教。课程评价内容不仅要

将课程的知识特点与人才培养模式相结合，还要考量"互联网+"背景下线上线下相结合的协同教育模式，科学地划定线上课程和线下课程的考评权重。虽然我校的学生总评成绩已经随着教学方式的改变做了一些调整，将在线开放课程也纳入考核的范围。但考核评价主体相对单一。考核的主体可包括教师、学生群体、学生个体和数据平台这4方面。学生群体的评定有利于促进团队合作，确定平时团队项目中学生个体的贡献。学生个体自评引导学生加强个人反思。目前数据平台的数据只有在课程结束时才反馈给教师。数据平台数据的滞后反馈造成教师对于学生线上课程学习情况不甚了解，学生出现的倦怠情绪和学习中的问题得不到关注和解决。因此要利用网络的即时性，及时将数据反馈给教学双方。

另外，考核评价体系的构建应基于课程教学模式和人才培养模式，充分考虑到学生地区差异和个性化差异，尤其是要考虑到新生的适应性问题。大一学生在报考的江苏省高等学校英语应用能力考试（三级）时，A级和B级可以自由选定。对于报考较难的A级的同学可以采用单项奖励，或奖学金评定中单项进行加分，或者采用免修一门公共选修课程的方法进行鼓励。并且二级学院要定期阶段性地组织师生教学研讨促进会，保持师生间教学反馈渠道畅通，使问题可以及时得到关注与处理。

教师层面。首先，教师应树立主导—主体相结合的教育思想所倡导的教学观念，既要吸纳传递—接受的优点，又要吸纳自主探究的长处，即在奥苏贝尔教学理论和建构主义学习理论指导下形成的有意义的传递与教师主导下探究相结合的教学观念。对于教师设置的任务，学生有些可以积极参与，也有些会消极不合作。课堂上出现这种现象，教师要善于调节自我情绪，不能武断地、机械化地统一要求。每个学生都是独立的个体，基础差异和个性差异客观存在。这种现象在所难免，不必强行要求所有学生必须全情投入全部完成。教师要尊重学生的个性，注意维护学生的自尊。教师要能够转变角色，以学生为中心，及时体察到学生的隐性情绪，加强对男生群体的关注。教师的纠错一定要考虑环境和方式方法，在纠错的同时也要考虑到学生所付出的努力。适时更新教学理念，多反思教学环节，灵活机动地采用多种授课方法，以减少焦虑情绪，调动学生学习的积极性，保持通畅的师生交流与和谐的师生关系。

其次，教学媒体的变化最明显，而教学方式的变化相对缓慢。在线课程的设计不能是课堂讲授的照搬。那样仅仅是"换汤不换药"。基于网络的联通模式为合作探究与分布式认知发展创造了条件，联通主义学习正好体现了"从关系中学、从合作探究中学"和"分布式认知"等全新观念。可见，这种教育环境有利于合作精神与合作能力的培育与成长。教师应精心设计在线课程的教学内容，为学生搭设脚手架，给学生的合作学习与知识体系建构创建良好的基础。

最后，教师在增强信息素养的同时，还要注重对学生信息素养的培养，以适应线上线下协同教育的教学模式。教学中教师不仅要关注结果更要注重过程的引导，可以利用智慧教室中的投屏功能，不仅可以向学生展示教学课件，还可以投放教师的手机屏幕。这样教师可以示范并指导学生利用手机学习软件，搜寻相关的信息。教师教授的就不仅仅是语言点和某个知识点，而是展示作为学习者知识获取的途径。这样学生学习到的就不仅仅是某个课程中的知识点，而是逐渐地学会遇到相似的问题如何在互联网上寻找解决问题的方法，逐渐培养学生甄别信息、获取优质资源的能力。

学生个人层面。首先，学生应逐渐学会自我心理的构建和调适。可将大目标划分为小目标。本学期大目标如大学英语三级考试未过，但小目标的完成也是自我的成长标志。虽然没有拿到奖学金，可是考试中没有挂科。或者虽然挂了科，但是没有作弊，经受住了品格的考验，内心坦然。挂科并不意味着人生的失败，可以通过补考或者重修来弥补。面对生活中的不如意，要学会自我鼓励和心理调适，不和自己或他人找别扭。开阔心胸，增长自信，坦然积极地面对生活中的困难。

其次，学生应发展批判性思维，加强自控能力。现代知识社会中，充斥着各类信息。互联网是把双刃剑，提供了很多的信息资源。但其中也充斥了很多劣质的资源。如何对信息进行去伪存真、去粗取精获取优质信息，这要依靠自己的批判性思维，多问自己问题，多和同学探讨，多向教师求教，才能获取的。"学问"就是靠问询、讨论、比较才能学到的。同样，智能手机进入课堂，不少"低头族"因自控能力差，未能抵抗手机娱乐诱惑，智能手机反而成为课堂专注听讲的障碍。

另外，学生应加强信息素养提高自主学习能力。"互联网+"时代要求学生具备一定的信息素养，以适应新型的学习方式。不少学生尚未改变依赖的心理。

父母的支持。进入高职院校，学生来自天南海北，任课教师几乎接触不到学生家长。可以通过辅导员与父母搭建的沟通渠道，及时反馈问题。不仅可以使家长对学生的生活多些了解和关注，亦可对于学生克服课堂焦虑起到积极的作用。

随着人本主义心理学的发展，我国外语教学的中心逐步从教师、教材转向学生，第二语言习得焦虑越来越受到研究者的广泛关注，对于该领域的研究呈动态增长趋势。但国内对于英语课堂学习焦虑的研究对象多集中在英语专业的本科及研究生群体，或是非英语专业本科生群体。我国大学生总数中高职学生约占一半，而这部分群体的英语水平偏低，学习焦虑现象较为普遍。大学英语是高职高专院校学生必修的基础课程。并且，英语成绩的高低决定专科学生将来能否通过参加"专转本"或"专升本"考试，升入本科院校接受学历深造。因此，研究高职高专院校大学英语线上线下教学模式中英语学习焦虑现状，可以为一线教师提供理论依据和实践参考，帮助解决学生目前所面临的学习困难，从而有效提高英语教学的质量。

第五节　基于 MOOC 的高校英语"线上线下"混合式教学

在信息技术时代背景下，"线上线下"混合式教学模式应运而生。目前大学英语混合式教学仍停留在传统的以教师为中心的教材配套资源＋课堂教学的模式，但在"互联网＋"背景下，混合式教学模式应依托优质的网络教学平台作为创新发展的基石。文章基于 MOOC 平台，在剖析我国高校大学英语"线上线下"混合式教学模式现状的基础上，构建出适应于大学英语课堂的"线上线下"混合式教学新模式，指出开展混合式教学模式的内外保障条件，以期为高校大学英语"线上线下"混合式教学模式提供新思路。

在信息技术发展的推动下，逐渐涌现出诸多新的学习环境与学习方式，基于互联网环境下的教育思维、理念、方法也在推陈出新。MOOC 就是在信息技术背景下新时代的产物，它开启了"互联网＋教育"的新模式，突破传统的时间、地点、空间的限制，提供一种全新的学习方式和多元化知识传播模式。而"线上线下"混合式教学模式,是将网络在线教学与传统线下教学的优势结合在一起,通过两种教学组织形式把学习者的学习由浅入深地引向深度学习。

大学英语作为大学通识教育的基础课程,对当代大学生的未来发展与英语创新思维的培养具有现实意义和长远影响。本节基于大学英语课程混合式教学模式的教学现状,将"线上线下"混合式教学与优质的 MOOC 网络教育平台互动融合发展,构建出基于 MOOC 的大学英语"线上线下"混合式教学新模式,营造以学生为主体的多元化大学英语课程教学环境,并提出高校大学英语课程开展混合式教学模式所需的保障条件,以期为高校大学英语课程混合式教学提供借鉴,培养出具有国际视野的大学英语人才,帮助学生在大学英语课程中朝着自主学习和个性化学习的方向发展。

一、基于 MOOC 的大学英语混合式教学现状

(一)基于 MOOC 的大学英语混合式教学成效

1. 大学英语课程教学活动主体的转变

在大学英语混合式教学的线上教学阶段,学生通过课前观看教师上传的 MOOC 教学视频来进行自主学习,教师在 MOOC 平台中针对学习者线上自主学习提出的问题进行答疑解惑,不仅加强了师生的互动,而且帮助学习者在大学英语课程中由被动到主动参与教师教学活动的转变。在大学英语混合式教学的线下教学阶段,教师改变传统大学英语课堂中"填鸭式"的教学方式,转变为以学生为中心、多种课堂教学活动并存的授课形式,大学英语课程由"教—学"转变为"学—教"的模式,真正做到以学生为主体开展大学英语教学活动。

2. 大学英语课程教学效果的提升

基于 MOOC 的大学英语混合式教学为学习者提供了个性化学习的可能,突破了传统大学英语课堂缺乏互动教学、统一进度教学的局限性,实现了参与式、探究式、自主式学习方式,为大学英语课程增添了趣味性,提高了学习者的学习兴趣,从而产生教学共振。以往的大学英语课程无法做到兼顾每一位学生的英语学习状态,而现今学生在 MOOC 平台中可以按照自己的节奏进行线上课程的自主学习,教师通过 MOOC 后台掌握各

班级学生的线上自主学习情况,更有利于开展后续针对性教学[①]。除此之外,教师在 MOOC 平台得到的反馈信息也较为真实、准确、充分,学生在论坛中可以选择匿名发表观点,提出意见,教师通过平台数据的反馈信息有效调整教学方法,也在某种程度上提升了教师的英语教学效果。

3. 大学英语课程评价方式多元化

基于 MOOC 的大学英语混合式教学的评价方式改变了以往传统的大学英语课程评价,充分发挥网络在线学习与传统课堂教学的优势,不再以终结性评价为主,更注重"线上线下"的形成性评价,依托 MOOC 平台、课堂活动的过程性评价使大学英语课程评价方式更加多元,学生不仅只关注课程最终考核成绩,而是在大学英语课程中通过各类教学活动培养了学生的合作精神、英语素养、创新思维。同时检验学生对某一部分英语知识的获得程度,是一种对学生"定性"的评价方式,有利于教师准确评价学生对这部分英语知识的掌握程度,进而有助于学校准确评估教师的教学价值。

(二)基于 MOOC 的大学英语混合式教学存在的问题

1.MOOC 平台缺乏有效管理与监督

基于 MOOC 平台的大学英语线上混合式教学需要学习者高度的学习自觉性,在 MOOC 网络教学平台上,不存在督促学习者完成学习计划的管理者或是监督者。课程本身有教师制定的课程结束时间,学习者需要规划好自己的线上大学英语课程学习时间,及时观看大学英语课程教学视频,完成章节习题、论坛讨论、阅读英语材料等其他任务。许多学习者缺乏自我管理、自我约束、自我监督能力,没有合理规划好线上学习时间,无法在有效时间内完成 MOOC 大学英语课程的观看或无法通过大学英语课程考试,线上大学英语课程则被系统判定为不合格,学习者则需要重新补修课程。

2.MOOC 平台教师与学生互动模式单一

虽然 MOOC 平台建立起了教师与学生线上沟通的桥梁,但多限于单方面互动,在平台中教师与学生的互动模式也较为单一,缺乏师生双向有效互动。例如学生针对大学英语课程在讨论区提出疑惑或建议,许多教师会招募助教帮助完成平台的日常工作细则,教师往往不能及时查看并给予学生答疑,难以及时跟进学生的学习动态,在一定程度上影响了学生的学习

---

① 王允庆,孙宏安.高效提问[M].高等教育出版社,2016.

效果。许多学生在讨论区的发言是为了获得模块得分，从而提出无效问题，不利于师生的双向有效互动。

3.教师缺乏混合式教学系统培训

基于MOOC的"线上线下"混合式教学对于教师的信息化素养有更高的要求，教师不仅要学会制作MOOC视频资源，还应懂得MOOC平台中基本的维护与管理工作，在线上为同学们解疑答惑，这些活动的开展离不开教师的信息素养技能与教学资源整合的能力。而现今高校能够熟练应用MOOC展开大学英语教学的教师较少，教师缺乏混合式教学系统的培训，以至于线上教学活动不能有效高质量地顺利进行，使得大学英语课程的教学质量难以得到质的提升。

4.课程考核评价主体仍以教师为主

现今许多高校大学英语课程考核已采用多元化评价方式，评价的方式不再为单一的终结性评价，更为注重"线上线下"的过程性评价与形成性评价，但大学英语课程考核评价的主体仍以教师为主，教师通过学生"线上线下"讨论参与度、签到出勤率、提交的作业、小组展示、课程考试来整合出这门课程的分数，虽然评价方式更具多元，但是评价的主体仍以教师为主。在大学英语课程考核评价中可以采用学生自评、互评、教评的方法给出评价与反馈，学生在自我评价与给他人评价过程中准确定位，有利于学生查缺补漏，构建出更为科学合理多元的课程考核评价体系。

二、基于MOOC的大学英语"线上线下"混合式教学构建的原则

（一）全面发展性原则

基于MOOC的大学英语混合式教学模式的构建需要以学生的全面发展为目标，教师的教学过程不能仅限于基础语法知识的传授，而是注重学习者英语"听、说、读、写、译"能力的提升、学生自主学习习惯的培养、学生运用英语处理实际问题的能力、小组协同合作能力等方面的全面发展。

（二）互动参与性原则

混合式教学模式的构建需要实现各个主体之间的互动，也就是学生与

教学资源之间、学生之间、学生与授课教师之间的互动交流。基于MOOC平台的线上混合式教学不仅需要满足学习者和平台教学资源的人机互动，还需在模块设计中充分体现教师与学生之间的人人互动。在线下混合式教学中教师应灵活运用适合于大学英语课程的合作、探究、情境式等教学方法，帮助学生主动参与到大学英语课程的学习中。

（三）学生主体性原则

传统的大学英语课堂往往是教师占领主导地位，忽视了学生的主体地位。而基于MOOC的大学英语混合式教学模式的构建中，教师在进行教学设计前要对教学要素进行全方位的前期分析，例如对学习者特征、教学目标、教学内容、教学策略、教学环境的整体分析，设计出适合学生的MOOC教学视频，运用能够最大限度发挥学生主体性的教学方法，从而调动学生在大学英语课程中的学习兴趣。

三、基于MOOC的大学英语"线上线下"混合式教学模式的构建

混合式教学模式是学生线上自主学习与线下教师课堂授课的有机整合体，并且在整个教学过程中也离不开网络技术环境与课堂授课环境的支持，因此，学生、教师、网络技术、学习环境与线上线下资源整合方式是混合式教学的五大要素。所以本节以混合式教学的五大要素核心进行融合，对教学要素进行前期分析，将基于MOOC的大学英语混合式教学模式分为线上教学阶段、线下教学阶段、教学评价阶段来构建。

（一）大学英语线上教学阶段

首先，教师在授课前要制作MOOC教学视频，在设计大学英语教学视频时，首先需要分析学生的学情、制定教学目标、选择教学策略，设计大学英语课前学习任务单，帮助学生在线上自主学习阶段对单元有整体的感知。MOOC教学视频与传统线下授课时长不同，MOOC教学视频应把每周授课时长控制在2~4小时之间，每周的教学视频划分成若干小单元，每个短单元时长在6~10分钟为宜。其次，教师在设置MOOC线上教学模块时，可以在MOOC视频中嵌入简单的随堂测试，随堂测试的目的是

测试学生的掌握程度与提醒学生保持注意力，此类题目应简单明了。在前期 MOOC 线上教学准备工作完成后，助教可通过 MOOC 平台给各班级学生发放学习通知。再次，设置学习讨论区，在讨论区中学生可以针对教学视频提出疑问，对教师的 MOOC 教学过程进行评价，还可以帮助班内其他同学答疑解惑。助教通过查阅讨论区的信息帮助教师筛选出有效的反馈信息，教师根据反馈信息及时调整自己的教学方法，更好地把握教学重难点。最后，布置单元作业与考核，阶段性的单元在线授课后，依据此单元的视频课程设置单元作业或单元考核，并且设定最后提交的日期，如果超过截止日期，作业或考核便不能提交，学生也就不能获得对应的分数。

（二）大学英语线下教学阶段

学生动态的、个性化的学习需求是影响课堂教学的重要因素，所以教师在课堂授课前应对学习者线上自主学习情况进行诊断分析，以便后续开展有针对性的教学活动。课中基于 MOOC 的线下教学阶段，首先，师生对课前 MOOC 线上自主学习深入交流，教师用集体讲授的方式对学生在 MOOC 平台上的疑问相应做出解答。其次，按照课前分好的活动小组，开展多种形式的教学活动，如英语词汇打卡积分、英语情景模拟展示、英语主题辩论赛、英语电影配音、英语头脑风暴问答等教学活动形式进行小组合作互动学习，教师灵活运用合作、探究、项目式等教学方法充分发挥学生的主体能动性，培养学生的创新英语思维与协同合作意识。最后，教师根据学生活动展示情况予以指导与评价，并做好本节课的知识总结，布置课后知识点复习巩固作业，发放下一个单元的课前预习任务单。

（三）大学英语教学评价阶段

"线上线下"的混合式教学模式的评价质量体系由线上教学平台、教师、学习者及其教学评价共同决定，而线上教学平台的辅助支持体系、学生线下的自主学习、教师的及时答疑与高质量的教学设计以及贯穿于整个学习过程的评价考核体系是混合式教学模式不可或缺的组成部分，所以，建立一个完整的多元化评价体系有助于混合式教学模式的高质量有效实施。"线上线下"大学英语课程评估主要包括：线上 MOOC 网络学习记录（50%），课堂考勤（10%），课堂活动展示与评价（25%），作业、练习、测试（15%）。将形成性评价、过程性评价、终结性评价贯穿于大学英语混合式教学的全过程，终结性评价不再占据课程评估中的主要部分，其中课堂活动展示部分的评价采用学生自评、生生评价、教师评价三方评价机制，更为科学有效。

四、基于 MOOC 的大学英语混合式教学的保障条件

混合式教学模式的有序运行与开展需要各类部门、各类组织、各类人员的协同参与实施，基于 MOOC 的大学英语混合式教学的保障条件主要分为外部保障条件与内部保障条件。

外部保障条件主要为政府部门及相关社会机构主体组成，政府部门主要通过出台教育信息化相关政策、给予教育信息化专项资金拨款、信息化教学项目实施与评估管理等多种途径引导高校混合式教学的发展，优化高校大学英语课程体系与人才培养方案，紧跟时代发展的潮流，督促高校将信息技术真正应用到大学英语常规教学中，培养出具有国际化视野、英语创新思维和综合运用能力，适应社会行业发展需求的国际化人才。相关社会机构主要是各类教育行业与教育企业，为高校混合式教学的开展提供网络在线教学平台，与高校共同开发精品在线课程，培训高校大学英语教师相关专业混合式教学授课模式的教学方法。

内部保障条件的主体实施者为高校与教师，内部保障条件可从三方面来支撑大学英语混合式教学模式的有效运行。一是教学管理部分，建立教学管理人员、互联网技术人员、教师、学生的教学管理系统。教学主体管理人员主要管理校内在线教育教学的工作规章制度与混合式教学评价体系的建设，如在注册 MOOC 账号时，需要管理员统一将教师账号信息反馈给 MOOC 平台运营人员完成赋权创建课程，选择设置课程负责人并填写相关课程信息；互联网技术人员主要负责网络在线平台的运营与维护工作；教师则需登录 MOOC 平台注册 MOOC 账号激活，并完善个人信息。在大学英语混合式教学中，教师应充分应用移动网络教学平台展开教学，积极参与大学英语课程建设，主导学生为主体的教学理念，参与大学英语混合式教学培训，不断加深自身的信息化素养与英语专业教学水平；学生需要注册 MOOC 账号，填写本校信息认证，并根据教师发送的选课通知选定课程，在规定时间内进行线上自主学习。二是教学资源管理部分，也就是开发建设本校大学英语课程的相关教学资源，如 MOOC 平台的大学英语

教学视频，院校可与MOOC平台签订合作协议，共享共建精品在线课程资源，学生可以跨校选修课程并且学分互认。三是教学实施部分，也就是教、学、管、评四位一体的教学实施体系，全面把握混合式教学实施的各重要因素的协同配合，保证大学英语线上线下混合式教学能够高效运转，最终使线上线下混合式教学逐渐衍生出广泛接受的集成式教学模式。

"互联网+"背景下，传统的教学模式已经不能适应当下信息化时代的教学要求，而"线上线下"大学英语混合式教学模式是大学英语课程教学改革的必然趋势。基于MOOC的混合式教学模式是大学英语课程新的发展方向，当下大学英语教学的关键在于传统面授教学与信息化网络教学手段的整合，打造第一课堂与第二课堂的协同发展。在大学英语课程教学改革的道路上，应进一步在MOOC的混合式教学中不断创新实践探究，在大学英语课程教学中焕发生机，以促进大学生英语素养的全面提升。

第六节　基于在线直播课的高校英语"线上线下"混合式教学

信息技术的快速发展，为大学英语教学改革提供了更多的方法选择，传统的现场课堂教学已不能满足新时代学生的学习需求。文章基于在线直播课，在深入剖析我国在线直播教育现状的基础上，进一步阐述在线直播运用于大学英语教学的可行性，根据自主学习理论、远程学习圈理论、个性化学习理论、现代学习理论，探索出英语学习氛围浓郁，能有效实现实时互动，提供学生多模态表达，延伸学生学习范围的基于在线直播课的大学英语"线上线下"混合式教学模式，并提出模式实施的对策建议。

互联网、人工智能等新技术的不断发展和智能移动终端的迅速普及，以及新媒体技术的广泛应用，加快了信息化时代教育方式的变革，大学英语教学方法也变得多样化。在"互联网+教育"背景下，混合式教学应运而生，最早提出混合式教学的何克抗教授认为，混合式教学是未来教育发展的主要方向。[1]

混合式教学模式（Blended Learning Model）是整合传统课堂教学与网

---

[1] 何克抗.创造性思维理论DC模型的建构与论证[M].北京:北京师范大学出版社，2000.

络学习的优势，弥补传统课堂教学的不足，伴随教育信息化的发展而产生的一种新型教学模式。其具有灵活性和便捷性，教学方法多样化、教学资源丰富性，互动交流渠道多样等特点。在教学中采用"线上线下"混合式教学能较好地体现"以学生为主体，教师为主导"的教学理念，发挥教师引导、督促学生学习的作用，学生学习不再受时空限制，促进学生自主学习，达到最佳的教学效果，提升教学质量。近年来，混合式教学成为大学课程教学改革的研究热点，在众多信息化技术中，学者围绕 MOOC、SPOC、翻转课堂、微课、雨课堂等开展混合式教学的实践探索。但目前，基于在线直播课的混合式教学研究较为缺乏。基于此，本节尝试利用新媒体技术，探索基于在线直播课的大学英语"线上线下"混合式教学模式，以期为促进大学英语教学模式创新、提升大学英语学习效果提供新路径。

一、在线直播教育发展现状

（一）在线直播教育发展现况

在线直播的出现得益于娱乐产业的蓬勃发展，具有碎片化、社交化、移动化的特点，内容丰富、交互性强，不受时空限制，能有效弥补录播视频缺乏互动的缺陷。目前市面上比较热门的在线教育直播平台有 YY 教育、学而思教育、多贝网、腾讯课堂、掌门 1 对 1 等，这些在线教育直播平台都具备视频、语音、PPT、图片、分屏演示、讨论等功能，能满足当今时代学生学习需求。

在线直播课是借助网络直播平台展开的一种在线课程学习模式。国内较早尝试运用在线直播进行大学英语教学的是上海外国语大学冯庆华教授，2013 年其在同济大学讲授《翻译有道》时，运用信息技术手段直播授课内容，吸引了多所高校学子跨校同步学习，这种"线上线下"混合式学习模式，一经推出便备受关注。

目前，在线直播课主要依托 APP、网页、客户端这三种方式呈现教学课程，使用在线直播平台开展教学的教师，在平台上建立自己的直播间，学生可以灵活选择授课时间与课程内容，进入在线直播教室，远程学习知识。伴随着网络直播技术的成熟，这种新型的教学方式，使教学过程变得更为便捷，不仅营造了课堂氛围，还能实现实时师生互动，获得越来越多学生的关注和支持。黎静认为在线教育在课前、课中和课后三个阶段中发挥了不同的作用，在课前，教师主要是根据教学目标提出预习内容，学生自行完成学习任务，预览学习内容、思考问题；在直播课中，教师构建网络化学习情境，进行重难点讲授，引导学生探究学习，互动交流；在课后，教师组织学生拓展练习，固化所学知识。在线直播教育开展的利益相关体对在线教育的关注点有所不同，教师群体主要关注如何结合传统课堂教学，设计在线教育的教学方式与教学活动；学生群体关心是否在线教育会增加学习负担；而家长则担忧在线教育是否会对孩子产生负面影响；教育管理部门则关注教育体系的构建，在保证在线教育有效运用的前提下，转变教与学的形式，提高教学质量。

（二）在线直播教育发展存在的问题

1. 学习者的积极性与参与度不高

相对于传统的课堂，在线直播课程为学习者提供了较为丰富的学习资源，自由性比较高，对学生的管束、限制也比较少。所以，在一定程度上要求学习者要具备较强的自制力，而在学习者群体中，只有少部分学习者拥有较强的自制力，大部分学习者自我约束力和自我控制力较弱，参与在线直播教育课程的积极性不高，能按时参与在线直播课程的学习者人数较少，在直播课堂上，还是以学生听课为主，师生交流互动不太频繁，课堂参与度低，导致完成在线直播课程的质量亦较低[①]。

2. 不同课程内容参与人数存在较大差别

在线直播教育的在线人数与直播课程内容关联度较高，在第一次上课时，实际在线人数往往较多。学生在接受一定授课内容后，能根据自己学习状况，有针对性地选择自己相对薄弱的课程内容和感兴趣的知识点，参与在线直播学习，而对于已经掌握的知识点，则选择不参与，这容易导致不同课程内容参与人数此起彼伏，变化较大。

3. 在线直播课堂教学氛围难以控制

在线直播课即便是通过网络平台进行授课，师生不在同一空间，但是同样能像传统课堂一样，营造出课堂氛围，构建虚拟教学环境，师生直接进入在线直播教室展开教学。在线直播课的课堂主要是由教师进行控制，在线直播教学过程中，是否能营造出活跃的课堂气氛，呈现较好的教学效果，主要取决于教师教学水平的高低、教师的教学风格，以及教师是否有

---

① 赵周，李真，丘恩华. 提问力 [M]. 北京：电子工业出版社，2018.

精心备课。如果教师没有提前了解学生的思维水平和知识点的理解程度，就难以因材施教，调整教学以适应学生接受水平。另外也受学习者本身的专注度和自觉性影响。所以，在线直播课课堂教学氛围往往难以控制。

4.师生间有效互动难以做到及时性

相对于以往的录播课程，在线直播课具有实时互动性，能拉近师生之间的距离，让学生感觉教师就在身边，可以直接交流互动。在线直播课的师生互动，在课前，主要是课前预习的指导；在课堂中，主要是学生对于知识点疑难的地方做出提问，或者设置课堂讨论环节，教师能当堂迅速解决；而课后，学生可能会遇到一些问题，会在学习讨论区向教师提问，这就存在及时性问题，教师不可能24小时在线，难以时时与学生保持联系，给予学生及时快速的回复，再加上在线直播课堂面向的学生众多，当学生提问人数较多时，教师需要一定的时间去一一解决，导致师生间有效互动难以做到及时性。

二、基于在线直播课的大学英语"线上线下"混合式教学可行性分析

（一）教学方式三元化，可以实现以学生为中心的价值取向

传统课堂以教师为主体，学生在课堂学习中往往是被动地接受知识，而基于在线直播课的"线上线下"混合式教学，强调学生的自主性，核心在于学生的"学"而不是教师的"教"，其教学活动主要围绕学生的"学"开展，学生才是教学的主体，反映了以学生为中心的价值取向。相比于以往"填鸭式""灌输式"的大学英语教学课程模式，在线直播课的教学知识点辐射的范围广，其设计充分考虑学生的个体差异性。学生能自行调节学习进度，对于尚未完全掌握的知识可以回放之前直播课的录播，这种方式能有效缓解大学英语教学中学生水平差异问题。

此外，采用混合式教学模式，能提供多样化的学习方式，设计形式多样的学习媒体材料，供学生选择，学生可以自由选择学习环境和学习内容，灵活安排学习时间。在教学方法方面，这种混合式教学模式沿用传统课堂教学方法的同时，采用多样化的现代化信息教育技术手段，能实现教学方式的三元化，即满足个体自主式学习、群体协作式学习、师生互动的支助式学习。

（二）模拟真实情景，体验式英语教学更易被接受

在线直播课实际上是把传统的课堂在网络空间上呈现，现有的在线教学直播平台都具备举手、笔记、点赞、私信聊天、发布文字、图片、视频等功能。其中，"举手"这一功能和现实课堂的举手发言是一致的，在直播课上学生在平台上举手提问，教师即可及时答疑解惑，学生能获得实时反馈，形成互动课堂。库伯体验学习理论认为，体验学习是以体验或经验为基础的持续过程，教师不只是灌输新的思想，还要处理、修正学习者原有的经验。在直播课上，大学英语教师不再是简单地灌输知识，解答错题，而是借助视听化多媒体手段，构建模拟真实情景教学，使一些抽象概念具象化，引导学生理解并吸收知识，组织学生构建学习互帮小组，学习者之间可以在不同空间同频共话，一起练习英语口语对话。即便是把传统课堂迁移到虚拟空间，学生仍然可以看到教师的授课内容、开课时间等信息，整个教学过程是透明化的，更易被接受。

（三）互联网技术的成熟，为在线直播课提供技术支持

移动学习是未来教育的发展趋势，移动学习技术的成熟，学生可以不再受时间、空间等因素的限制。5G时代的到来，网络速度加快，带来了高质量、更流畅的视频传输与通话体验，在线互动更便捷有效，可以随时答疑，教学与学习的体验更为真实，学习资源的下载也变得更加高效，能极大地拓展教师在线直播课堂上的能力。而基于云的存储技术为学生和教师存储与分享学习资料提供便利，学生可以把关于直播课程的相关内容安全地存储在云上，教师则可以按班级将文件分类，随时查看学生作业，共享资源，使得基于在线直播课的混合式学习模式更为便利。云计算和大数据技术则能为在线直播课的教师收集数据，根据学生的作业、测试、出勤等，分析研究学生学习行为，调整教学策略，制定个性化学习课程。

三、基于在线直播课的大学英语"线上线下"混合式教学模式的构建

在借鉴已有相关研究成果的基础上，本研究依据自主学习理论、远程学习圈理论、个性化学习理论、现代学习理论等理论基础，探索出英语学

习氛围浓郁，能有效实现实时互动，提供学生多模态表达，延伸学生学习范围的基于在线直播课的大学英语"线上线下"混合式教学模式。具体通过将基于在线直播课的大学英语"线上线下"混合式教学模式分为线上在线直播教学阶段、线下现场课堂教学阶段、综合教学评价阶段来构建。

（一）线上在线直播教学阶段

首先，教师以学生的需求为目标，根据大学英语的课程标准，选择合适的教学内容，不仅要涉及通识英语（EGP）教学，更要重视专门用途英语（ESP）的教学，合理设计教学，编写教学计划。其次，在教学直播平台上发布课程预告，上传课程预习资料至资源共享区，提醒学生自行下载，做好课前预习，引导大家学习。上课前，学生自行进行课前签到，教师在后台统计学生出勤情况；在大学英语课程在线直播教学中，教师围绕重难点知识进行授课并加以详解，学生进行英语展示交流；发布课堂练习题，开展课堂讨论互动。在讨论区内，学生有困惑的地方可以随时在讨论区进行文字输入提出，教师看到学生的反馈后，可以直接进行交流、解答，教师也可以开启学生语音功能，学生上麦发言。最后，在线直播课结束之后，教师布置作业，分享学习资料，学生存在疑惑或因特殊情况未参与直播学习的，可利用课余时间点播回放直播课程。此外，开设直播答疑教室，方便师生课下互动，也便于教师了解和掌握学生知识水平，根据"反馈原理"，结合在线直播教学及时调整教学内容。

（二）线下现场课堂教学阶段

奥苏贝尔的学习理论认为"学习者要具备一定的知识，以便与新知识产生关联"[①]。学习是基于原有知识经验的构建，线下现场课堂的教学内容与线上直播课堂的教学内容要具备关联性，线下现场课堂教学主要目的是为学习者建立知识基础，以便在直播教学中与这些知识之间建立联系，更好地理解和接受知识，使学习者的学习圈更为有效地运作。教师以课程单元为一个整体，展开主题性知识的概述，邀请名师和外教进行授课，提高学生学习兴趣。在能力提升方面，教师进行听、说、读、写4方面的示范、讲解，让学生组建学习小组开展练习，教师在现场及时纠偏，发现学生深

---

① 戴维·保罗·奥苏贝尔.意义学习新论 获得与保持知识的认知观[M].毛伟，译.杭州：浙江教育出版社，2018.

层思维误区。最后，采用话题展示的教学形式，提供与大学英语相关的话题，组织学生团队学习，围绕话题进行话题讨论，以话题为出发点，打破孤立的知识体系，引导学生积极探索知识之间的联系，深度思考，活化知识，以此提高学生交锋辩论能力，在运用知识中学习知识，在实践中顿悟与修炼，努力提升自我，实现体验中学习，达到知行合一。另外，也能增强学生与教师、学生与学生之间的交流互动，营造宽松活跃的课堂气氛。

（三）综合教学评价阶段

混合式教学模式的教学评价要求关注学习者的成长，实行定量评价与定性评价相结合的评价体系。基于在线直播课的大学英语"线上线下"混合式教学模式尝试从多维度观察学习者在教学中的表现，采用发展性教学评价，而不只是单纯关注考试分数。按照线上在线直播教学、线下现场课堂教学各占50%的比例，覆盖学生的全面表现，设计多维度评价体系，全面考查学生英语综合应用能力。线上在线直播教学评价由以下四部分构成：课堂出勤率（5%）、在线学习（25%）、在线讨论（10%）、课堂任务（10%），教师在直播平台上发布活动与资源时，设计经验分值，学生完成相应的活动或者下载查阅学习资源就可取得经验值，调动学生自主学习的积极性。线下现场课堂教学评价由以下四部分构成：课堂出勤率（5%）、期末考试（25%）、课堂活动展示与评价（10%）、平时作业与测试（10%）。其中，主题讨论、话题展示环节，注重师生与生生间的评价，促进师生自我反思。另外，根据学生在课堂中展现出的协作能力与解决实际问题的能力，建立"课堂表现"加分制度，灵活开展教学评价。

四、基于在线直播课的大学英语"线上线下"混合式教学实施建议

（一）增加有效互动，营造良好教学氛围

大学英语课程具有侧重词汇语法讲解的特性，在直播教学过程中，教师必须做到吐字清晰、语速适宜，防止语音在传输过程中造成语音连片，对于关键的信息可以采用PPT、屏幕显示等途径展示。另外，由于在线直播课教学活动多样，教师要适时地切换，在互动环节避免进入空置等待状

态，要根据学生反馈及时补充，把握师生互动和生生互动的时间，保证课堂的流畅性。同时，教师在授课过程中要及时总结与点拨，引导学生紧跟教师思维，运用新的教学理念创设情境，激发学生参与积极性和自主学习的意识。

（二）做好纪律约束，确保教学内容有效实施

教育直播与娱乐直播不同，不能过于庸俗化、娱乐化，教学内容必须严格按照教学大纲和课程目标进行。学生与教师要主动适应虚拟学习环境与现实课堂的差异，教师要增强在线直播课教学的魅力，让学生"学得进""听得进"，并做必要的教学纪律约束，让学生在直播中集中注意力，专心学习。

（三）组建教学团队，保障课程教学有效开展

教学改革光靠教师个人力量是难以推动的，组建教学团队是推进大学英语在线直播课的重要保障。一是联合英语专业教师，整合教师相关教学资源，发挥在线直播教学的优势。二是组建教师技术团队，提供技术保障，管理教学直播平台。三是组织学生教学助理团队，辅助教师开展教学。

本节对在线直播教育进行了深入的分析与思考，分析了在线直播教育的现状，得出了具有一定参考价值的结论。"互联网+教育"是时代发展的必然要求，将在线直播课与传统课堂相融合，构建"线上线下"混合式教学是大学英语教学改革新路径，适用于信息化时代的大学英语教学。这种新型的教学模式，本质上并不会改变传统的教学，但如何把直播和教育更好地结合起来，是值得思考的问题，抓住在线直播教育的机遇，搭建教育直播平台，实现在线直播教育常态化还有很长的路要走，要做好在线直播课理念、技术、管理、内容等方面的准备，迎接"互联网+教育"时代是大学英语教育教学改革的必然趋势。

第五章 大数据时代下的英语混合教学

第一节 大数据时代下高校英语教学改革

现阶段人类社会迎来了大数据时代，教育大数据的到来给目前高校英语教学造成了很大的冲击和影响，同时也给高校的英语教学带来了一定的机遇，因此高校英语教学应该顺应时代的发展，积极探索改革路径。教师可就大数据时代高校英语教学改革进行探析，先介绍大数据时代的特点，阐述教育大数据对高校英语教学的影响，然后提出大数据时代高校英语教学改革的有效途径。

近年来我国的信息技术在快速发展，互联网已经渗透到各行各业，人们的生活、学习和工作已经离不开互联网，而互联网、物联网以及社交网络的介入让数据的增长速度越来越快，大数据时代已经全面到来。在大数据时代下，人们的生活、文化和经济都受到了巨大的影响，充分挖掘和利用大数据是当前人们关注的热点问题。教育行业也是一样，在大数据时代背景下，教育行业也面临着改革。

随着信息产业和互联网的不断发展，各种数据的增长速度越来越快，人们的生活被各种数据充斥，海量的数据被充分挖掘和利用以促进各行各业的发展，其构成了大数据时代的要素。在大数据时代背景下，人们的思维方式和生活方式都发生了巨大的转变。大数据时代表现出其独特的优势，其具有更大的数据容量、更多的数据种类，并且数据的生成速度更加快速，往往在一瞬间就生成了大量的数据。大数据时代的数据价值密度更加分散，正是由于数据太过庞大，而其中具有重要价值数据所占的比例比较小，数据价值密度更加分散，这使人们对有价值的大数据挖掘和利用的难度也增加了。除此之外，大数据时代下，大数据的呈现方式为可视化，人们可以通过直观的方式来观看和掌握大数据的变化。大数据时代的这些特征转变了人们的生活方式和思维方式。大数据时代的数据非常庞大和繁多，整体大于离散，海量数据总体的特性要比离散的特性更大，并且各种数据混杂，人们要想掌握事物总体的发展趋势，就要接受混杂的数据信息，而非一味追求精确。大数据时代海量的数据在流通，人们更容易获取各种数据，而这就为高校的英语教学提供了新的平台，在大数据时代背景下，高校应该正确使用这一平台来促进英语教学的改革。

一、教育大数据对高校英语教学的影响

教育大数据对高校的英语教学造成了强烈的冲击，成为高校英语教学改革的重要力量。从以往的高校英语教学来看，人们常常通过专家评判来判断一堂英语课的质量，从教师的课堂环节设计是否合理、各个环节之间的关联是否有逻辑性、教学活动的设计和教学目标是否契合、课堂上提出的问题是否有效等方面来评判一堂英语课是否成功。这种评判方式虽然看起来非常合理和科学，但是却缺乏对学生上课体验和感受的重视，一般是专家结合自己的经验来对学生的体验进行假想，总的来说忽视了学生的情感体验，而学生才是课堂的主体。要真正了解学生的听课效果，还是需要采用可靠的数据和技术来进行分析和评判。教育大数据时代的到来就取代了专家的评课，其以实实在在的数据来对每一节课的质量进行分析，教师的每一堂课以及学生的听课都会生成相关的数据，而通过对这些数据的分析，就能够了解教师的授课水平，也能够把握学生的听课效果，了解学生对课程的喜欢程度。大数据让学生的听课感受得到显现和量化，能够更加清晰地分析学生的课堂需求和对课程的学习态度，然后从学生的实际需求出发来对教学方式进行改革和创新，以取得更有效的教学效果。

二、大数据时代高校英语教学的改革途径

（一）将课上数据和课下数据融合来革新教学理念

大数据时代要想对高校的英语教学进行改革，首要的任务就是将课上的数据和课下的数据有效融合来对英语教学的教学理念和教学思维进行革新。现阶段大数据充斥着整个教育领域，课堂上教师的行为、语言以及学

生的动态行为等都可以转化为数据，而这些数据都可以利用起来，为教学改革提供参考。但是仅仅依靠课堂上学生的行为和语言往往难以准确、全面分析学生的成绩以及对英语课程的态度。除此之外，还要充分利用课下数据，加强对学生日常活动提供数据的分析。例如，可以搜集学生访问网络的数据分布来分析学生在线学习的行为，包括学生在课后是否会访问英语相关的学习网站、一般访问哪种类型的学习网站、在学习网站上停留的时间等，进行秒级采集，并对相关的数据进行分析，同时实现课堂上以及课后数据的采集分析，对学生进行多角度和多层面的评估，以此来帮助教师更全面、准确地了解学生的喜好，把握学生的英语学习态度、英语学习兴趣以及英语学习风格等，为课堂教学活动的设计提供参考。

（二）实现教学资源的立体多元化转变

在传统的高校英语教学中，课堂教学内容以教材上的资源为主，教学资源比较单一，并且非常有限，英语教学倾向于各种机械训练，教师不注重学习资源输入的多样化。在这种教学模式下，学生的学习效果往往难以得到有效提升，学生的学习主动性受到打击，并且英语应用能力也难以得到显著提升。而在大数据时代背景下，教师可以充分利用网络上的各种数据和资源来丰富英语学习资源，使学生的英语学习资源多样化，拓宽学生的视野，让学生多学习课本以外的知识，还能够有效激发学生英语学习的积极性，培养学生良好的英语学习兴趣。大数据时代，教师可以将大数据库中的影音、数据、图像等学习资源灵活巧妙地融入英语教学中，通过多样化的学习资源呈现方式来吸引学生的注意，激发学生的兴趣。总之，大数据时代让高校英语的教学资源更加丰富，学生不仅能够从教材中学习到固定的资源，同时还能够利用互联网学习更多的英语国家本土文化，并且可以通过视频、音频、图片等多种方式获取资源，促进高校英语教学和社会的有效结合，以此来拓展学生的学习手段。

（三）实现多种教学模式的应用

在以往的高校英语教学中，教师一般采用传统教学模式来开展英语教学，教师在讲台上讲解相关的知识，学生在座位上听讲，这种教学模式存在着多种弊端。而大数据时代背景下出现了各种新的教学模式，包括翻转课堂、微课和慕课等，教师可以灵活地将多种教学模式应用到英语教学中，以此来改革英语教学模式，营造现代化的高校英语教学课堂。翻转课堂、微课和慕课是大数据变革教育的重要体现，这些教学平台可以通过海量的数据将学生集合在一个课堂上，促进师生之间以及学生之间的有效互动，同时也能够实现学生和机器人的互动。在大数据时代，高校英语教师应充分利用各种高效的技术手段和多种教学平台。从实际情况来看，使用大数据来支持多媒体教学的英语教学已经占据很大的比例，而充分利用大数据来开展英语教学能够吸引学生的注意，激发学生的兴趣，让学生对更具有活力和更新鲜的大数据支持下的教学模式保持高涨的热情，而这也是高校英语教学的重点内容。

高校英语教师应该学会利用各种教学工具和模式为自己的英语教学提供帮助。高校英语教学的目标只有一个，那就是要帮助学生熟练掌握英语这门语言。而要实现这个目标，教师必须利用一切可以利用的资源和教学工具，法无定法，目的只有一个，就是教会学生真正的英语本领。世界上最高的学问不是学问本身，而是使用学问的学问。教师要让学生充分认识到英语是一门实用性比较强的语言，必须在现实中经常使用，才能真正掌握这门语言。

（四）整合数据实现个性化教育

大数据时代，高校英语教师还可以整合相关大数据来实现对学生的个性化教育。在大数据的英语教学中，人们对每一个学生不再采用平均的标准来衡量，教师也不能简单地应用平均水准来教学，而是应该关注个体，实现教学个性化。现有的高校英语教学中是以一个班级为单位来进行教学的，个体需要服从群体习惯采用平均数来教学。而大数据能够帮助教师了解学生更多、更准确的细节，将每一个学生的学习轨迹都记录下来，加强对每一个学生学习行为的分析，从而预测学生的学习难点，并针对个体提出对应的解决方案，这样就能够实现每一个学生的个性化学习，真正做到因材施教，确保每一个学生都能够得到提升和进步。

每个学生都具备自己独特的地方，高校英语教师应该充分发挥他们的特长。以前由于技术的限制，高校英语教师不能很好地实施自己的个性化教育和教学。大数据时代下，教师完全可以利用大数据的优势，发掘每一位学生的优势和不足，根据每一位学生的具体情况制定相应的个性化档案，确保每一位学生都能在自己原有的基础上取得属于自己的进步，而不是在课堂上浪费自己的时间，学习自己已经掌握的英语知识，那样的学习是没有效率可言的。

现阶段，人类社会已经迎来了大数据时代，教育大数据对高校英语教学带来了重大的影响，给高校英语教学改革提供了重要的途径。在大数据时代，应该充分挖掘并利用大数据，将课上数据和课下数据融合来革新教学理念，并实现教学资源的立体多元化转变，不断丰富英语教学资源，将慕课、翻转课堂以及微课等基于大数据支持的教学模式灵活应用到英语教学中，丰富教学模式和教学手段，提高教学质量。除此之外，还可以整合各种数据来实现对学生的个性化教育，真正做到因材施教。

第二节　大数据高校英语翻转课堂教学模式

大数据时代下信息技术迅猛发展，颠覆了传统的教学模式。通过互联网与精确化数据，课程改革与新技术不断寻求整合，产生了较好的教学效果。作为一种新兴的教学模式，大学英语翻转课堂教学具有独特的优势，同时运用过程中也表现出一些问题。本节基于大数据视角，阐述了大学英语翻转课堂模式及特征，对比了翻转课堂模式融入高校英语教学的优缺点，以及线上网络学习资源现状和大学英语教师角色转变的问题，最后从学生、学校和教师三个角度探究了优化高校英语翻转课堂教学质量的对策与建议。

随着互联网的普及，智能化、数字化技术与教育领域深度融合，翻转课堂教学模式应运而生。作为一种新型的授课模式，在大学课堂教学中的应用广泛。传统高校英语教学存在着不同程度的通病，导致学生学习的积极性下降，往往费时低效，教学质量始终参差不齐，教学效果难以有重大进展和突破。在大数据时代背景下，翻转课堂符合时代特征和要求，教学资源更加丰富，分享机制日趋健全，尤其是在学校的大力支持下，以及成熟网络技术条件的保障下，能够充分赋予学生的学习自主权和探究权，凸显了双向性、民主性和交流性，带来了全新的教学体验，实现知识的全面内化。

一、大数据背景下高校英语教师转变角色的必要性

现阶段高校英语教师的教学定位。目前，大多数高校英语教师拥有课堂的绝对主导权，以教师直接讲授为主，学生处于被动的地位。作为教材的跟从者和演示者，英语教学模式单一，网络技术应用不纯熟，按部就班地讲解课本，很少会为学生补充感兴趣的内容。教师是课堂的主讲人，久而久之成为知识的传输者和讲解者，学生在单调的语言环境下，难以身临其境地进入自己思考的空间，对待差异化学情也无法实现量体裁衣。在课堂活动的组织过程中，甚至还在延续板书、录音机和幻灯片等有限的固化模式，不仅缺乏氛围，还会让学生产生抵触情绪，记忆和学习效果自然差强人意。而在作业本和试卷的评价环节当中，传统发布指令者的方式，规划性和有效率都难以保证。

翻转课堂下教师转变角色定位的紧迫性。由于高校英语教师教学定位存在诸多不足，导致教师的主体性过强，主要体现专业知识和系统教育的灌输，学生个性化创造力的开发教育受到制约，统一模式的推进无法做到因材施教。同时教师偏重知识传授，程序性知识相对较少，创新意识与时代发展日渐脱离。此外，评价标准单一，依然延续应试教育的约束，导致学生实践能力严重不足。尤其是对新技术应用缺乏深度认知，新型教学模式不够普及，使得教育的定义被锁定，教学活动的开展没有考虑学生的需求以及就业。

二、大学英语翻转课堂模式

翻转课堂的内涵及特点。众多学者对翻转课堂的诠释并不统一，主要来源于表达方式和界定角度的不同，但实质上来讲，翻转课堂的内涵以及实施过程却趋于一致。一方面，学习知识到内化知识的流程依然是主旋律，无论如何创新，翻转的是结构而不是流程。在师生角色的转化过程中，教师向引导者身份转变，而学生的主体地位得到了很好的诠释，积极主动的学习成为常态，师生课堂交流、互动进一步深化。翻转课堂与微课等网络教育模式不同，学生吸收知识依然需要课堂交流互动得以保障。

翻转课堂颠覆了传统教学模式，重新规划了课堂内外的时间。首先遵循以学生为中心的原则，对学生基础情况进行摸查，制作开发和选择相应

教学资源，学生通过课前自主学习的方式，开展交互式学习机制，形成了个性化学习氛围，以网络信息平台为基础，依托课堂展示学习成果，有效利用现代信息技术的价值和优势辅助学生完成知识内化。师生角色和职能的转变，对于培养学生自主学习能力极为有利，不仅符合语言教学的趋势和实际需求，而且学生学习的积极性将会大大增加。

翻转课堂教学流程。翻转课堂教学模式的共性在于可以按照时间维度和空间维度进行划分，其中前者包括课前和课中或课下和课上，而后者则覆盖网络自学或面授方式。在颠覆传统的课堂教学氛围下，学生事先借助网络平台或移动终端的智能学习工具进行自主化学习，之后在课堂上教师根据学生集中出现的问题组织合理的教学方式开展协作化教学，同时兼顾答疑和成果展示，最后完成后续跟进的评价和反馈。其中学生自主学习的重要性不言而喻，需要学生具有很强的自律性。当然，教学资源要能够引起学生的兴趣和共鸣，充分考虑学生的需求，将学生作为整个课堂的中心。

三、翻转课堂教学应用于高校英语教学的机遇与挑战

优势分析。翻转课堂教学模式的知识呈现方式更加新颖，利用微视频、微课件结合新知识资源，不仅更加灵活和个性化，而且精选或精心制作的课件可以有效激发学生的学习兴趣，而且教师重复教学负担得到了缓解；由于教学以学生为中心，因此形成了协作式课堂学习活动的新机制，潜移默化地提升了学生实践与创新能力，提供了更加充裕的个性化学习创造力条件；基于翻转课堂教学模式的教学特点分析，知识的传授主要在课前实施，在相对自由的学习环境之下，既可以满足学生的个性化的学习体验，还可以助力大学生自我调控能力的生成，而且可以同步咨询求助或搜索问题的难点。此外，大学英语教师综合素质较高，信息技术应用能力也是出类拔萃，拥有良好的互联网信息技术、网络教学资源开发以及快速接受新兴事物的能力。

劣势分析。翻转课堂在我国高校应用和推广时间并不长，尤其是在英语教学当中大范围应用并未取得广泛的实践经验成果。这一方面源自教学视频选择与制作具有不同程度的难点，需要高成本的支撑。而且本身授课对象就是大学生群体，翻转课堂内容及制作与教学的相关性较小、简单的教学视频学生不认可，高质量具有特色、实效的系统教学视频又要花费较长的时间和精力，需要团队协作支持。另一方面，翻转课堂教学模式与高

校的英语教学的兼容性依然有待进一步的研究和总结。英语学科属于文科类，考虑本学科知识的系统性与结构性，微视频的制作与其他理科类课程相比还存在一定的差距，如何设定翻转课堂的比重以及制作何种类型的微视频，都需要在借鉴过程中遵循本身的特点，不断尝试和改进。

机遇与挑战。高等教育信息化是社会发展的必然趋势，而且一系列相关教育政策法规的出台，也表明了国家对教育领域应用互联网技术的重视和决心。此外，慕课教学兴起，以及大型开放式网络课程的深入人心，不仅可以分享其中海量的微视频和微课件，还可以随时随地进行自主式探究学习。

然而受传统根深蒂固教育观念的制约，翻转课堂开展并不会一帆风顺。其中不仅仅是教师难以在短期内改变自身的角色定位，而且学生也不会完全适应离开教师主导的自主性学习方式。颠覆式的教学模式对大学生自主学习与调控能力提出了考验，面对无人监督以及互联网的种种诱惑因素，学习效率难以保证。此外，快速发展的大型开放式网络课程以及学习时间重新分配都是潜在影响学习效果的因素。

四、基于大数据视角的高校英语翻转课堂教学模式探究与建议

大数据时代下，赋予了翻转课堂线上教学新的生机，将其与传统课堂教学相结合，不仅能够集中采取针对性的交流和指导，还为学生创设了更多灵活自由的学习空间。随着高校英语教学改革的深入推进，翻转课堂教学将会得到更为优化的应用。根据大学英语翻转课堂教学的不同影响因素划分，从以下三个角度探究二者融合的最佳出路。

学生层面。大学生应该明确自身主体角色，全力配合教师的教学行为。本着对自己负责任的态度，培养自我调控能力，积极主动参与课前的各种活动。在小组作业和讨论过程中，根据自己的实际情况，在自主学习知识内化阶段中，把握节奏完成知识内化阶段的转化。在大学英语翻转课堂教学中，学生要树立主体意识，提升课堂参与度进行自我知识建构，形成自主性知识探究动机与热情。如果遇到问题，要及时大胆地向教师提出，不断汲取和建构积极的学习体验。在线上教学中，大学生还要及时督促和管控自我，应明确学习目标，培养良好的意志力，设计和执行科学合理的学

习计划。加强小组沟通与协作，拓展和延伸混合式教学模式，营造团结、互助和友爱的协作式学习氛围。

学校层面。高校要为大学英语翻转课堂教学提供坚强的后盾，提供大量设备精良的现代化教学设备，同时引入多元化的资源平台，加强校园网络的流畅性。一方面，要特别注重重塑教育观念，打破传统教育观念的束缚，从学校指导层面引导教师更新教育观念，采取丰富多样的协作式课堂完善线上教学平台。由于目前高校英语翻转课堂教学还处于起步阶段，很多平台还需要进一步开发和完善，为此要提升功能的可操作性和易用性，采取多种途径加强平台建设投资，完善平台的功能。另一方面，确保快速且顺畅的网络功能，为学生增加互联网接入口的数量，继续提高校园网络宽带，为开展线上网络教学提供保障服务。

教师层面。高校英语教师要在提升自身现代教育技术能力的基础上，加强对学生课前学习的掌控力度，在课前环节确保学生能够取得良好的学习效果。众所周知，课前学习效果对于英语翻转课堂具有不可替代的重要性，为了保证课堂教学的有效性，需要列出课前任务单，督促学生对照评分标准及时完成。在参与混合式学习过程中，教师应该针对学生的心理投入、努力倾向，实施个性化的线下教学。在视频和课件制作环节，要根据学生现有的发展水平，设计科学合理的提问和任务布置，把握好题目的难易程度，使学生可以获得积极的自我效能感。与此同时，教师要继续提升现代教育技术能力，做好教学评价方式的完善工作，利用QQ、微信等社交工具对学生情感、态度进行鼓励性评价，和谐的师生关系有助于取得更好的教学效果。

总之，随着大数据时代的到来，高等教育信息化已成为必然趋势。高校英语课程教学应该与时俱进，积极引入翻转课堂教学模式，明确自身主体角色，调整线上资源分值比重，完善网络学习硬件设备设置和课堂评价机制，增加与考试有关的练习题，激发学生参与课堂的积极性，有效监督指导学生进行自主学习，提升课堂学习支持工具软件功能。教师则应找准定位，提高翻转课堂教学驾驭和掌控能力，重视以人为本的理念，尊重学生的个性和认知，综合考虑各方面的因素，形成具有感染力、凝聚力的教学机制，避免课堂模式流于形式，强化线下课堂师生互动效果，有效弥补传统教学模式的不足，提高课堂教学效率与质量。

第三节　大数据高校英语空间教学行为优化

在以网络空间教学平台为媒介的数字化教学中，教育技术不应成为实施数字化教学的壁垒，而应该为教师数字化教学和学习者个性化学习提供良好适宜的环境。教师的教学行为，体现在教学资源的优化、教学过程的实施、教学处方的开设等方面。教学行为的优劣决定了差异化教学效果的好坏。教师的教学行为对英语学习者的学习行为、记忆行为、表达行为产生显著影响；学习者学习行为不断优化，使其个性化学习成为可能；师生交互行为能更好地促进教师教学行为和学习者学习行为的优化，从而实现教师教学效果和学习者学习效果的提升。

随着网络教学的进一步运用，网络教学已经经历了"以技术为主的单向传递"1.0时代、"以教学论为主导的双向互动"2.0时代、"网络教学论为主导的全方位"3.0时代。随着大数据技术在教育领域的发展，网络教学即将进入"以数据分析为主导的立体化"4.0时代。在以数据分析、教学运用、"教学处方"开设等为载体的教师教学行为、学习者学习行为、师生交互行为将发生各种变化。

一、教师教学行为：差异化教学的前提

英国学者维克托·迈尔舍恩伯格在《大数据时代》一书中指出："大数据是人们在大规模数据的基础上可以做到的事情，而这些事情在小规模数据的基础上是无法完成的。"[①] 教师利用大数据分析结果，可以根据学生的个性化需求定制教学内容和进度，帮助教师找寻最高效的教学方式。具体落实在英语教学上，教师的教学行为包括教师的观测行为、设计行为、分析行为和评价行为。

（一）观测行为：相关关系的发现

教师进行教学反思时，总是试图寻找学生英语学习没有取得进步的"原

---

① 维克托·迈尔舍恩伯格.大数据时代：生活、工作与思维的大变革[M].周涛，译.浙江人民出版社，2012.

因"，这种反思往往关注的是事物个体特征，而大数据分析往往看到的是事物之间的相关关系。教师对学习者行为的"观测"，并非在于关注"怎样学得最好"，而应关注具体的学生的行为，以及这种学习行为与学习效果之间的关系。教师根据学习者的各种学习行为特征将学生进行聚类，并根据不同类别的学生，跟踪他们在网络学习空间的行为，观测他们学习不同资源和具体知识点的顺序和效果，利用资源的时间点、访问资源的频次、学习的集中时间段、学习者语音或词汇出错频次等数据来找寻学习行为与个性化学习效果之间的相关性，得出一些关联规则，并对学习者行为进行概率预测与分析。通过对实验班级学生大学英语课程学习行为的关注，我们发现：英语学习者学习英语的有效程度与学习者的母语程度存在相关性；女大学生在英语学习中表现得更出色。如果教师在教学实践中更多关注这些特点，根据不同学生学习特点来上传不同学习资源，分配不同学习任务，学生才能根据自身学习情况选择合适资源进行有效学习。教师在教学中需要及时"观测"学生在课堂内外的表现，抓住学生的有效学习，并积极鼓励学生参与教学活动，根据学生的反馈程度进行教学设计的调整与教学方式的改变。教师只有从日常教学实践中不断观测—反思—实践，才能实现自身专业成长，帮助学生不断提升自主学习能力。

（二）设计行为：实施教学的核心

教学设计行为是教学理念的综合体现，是教师教学方法调整、教学反馈执行与课堂教学管理改变的集中体现，是实施有效教学的核心要素。何时上传何种教学资源、课堂教学如何展现、作业布置形式等需要教师进行精心设计。目前使用网络学习空间开展教学的部分教师还停留在海量数字资源上传的"初级阶段"，教师个人空间存在"僵尸资源"，空间运用存在资源堆积、课程设计缺乏等问题。而通过大数据分析，可以发现哪些资源没有被启用、哪些资源被学生访问的频次高，便于为教师后续资源推送提供参考。

教师教学实施中资源被运用的频率、教师"诊断"学生语音、场景会话中存在的"学习盲点"并开展有针对性的教学活动状况、教师批改作业的频次与及时性等状态数据在教学空间中留下的"轨迹"，是教学管理者对教师评价的重要参考依据。教师通过平台后台数据可以观测学习者的学习状态，从而为不同学生推送个性化学习资源、提供有针对性的学习处方。

教师可以根据学生出错频次进行教学设计的改变，教师对空间的设计能力直接影响教学实施的效果。教师对学生网络学习空间资源的数据信息的整合和分析，了解学生个性化成长轨迹，为后续资源建设以及教学设计提供有针对性的建议。

（三）分析行为：预测规律的基础

一个人在看待整个世界以及世界中的所有事物时，要从物质事物转向交互作用，并把它看作一个收集和分析数据的平台。教师只有运用大数据思维来尽其所能测量、检测学生的学习行为，才能更好地发现学生做什么才最为有效。教师只有成为学生成长过程的合作伙伴，找到学生与学习行为之间的连接点，才能更好地为学生推送有价值的学习资源。教师根据学生在课堂教学中的表现，并利用空间动态化数据分析教学实施和教学处方开设过程的可能性规律，能为如何为不同学生推送个性化学习资源、提供有针对性的学习处方提供参考。在实验班教学中，我们发现教师上传学习资源的时间影响资源被启用程度。通过对这一现象的分析，发现学生学习时间与教师空余时间的不一致导致教师上传的资源没有被及时启用。教师需要对这些显性数据的分析来发现学习者的学习动机，并对这些现象进行归因分析，以找寻更有效的学习方式。

（四）评价行为：实施反馈的前提

空间学习活动"观看视频"时长、在线测试情况、参与互动频次等留下的学习行为痕迹是教师对学生学习过程评价的重要依据。教师对学生学习行为表现进行合理、客观评价是引导学生课堂教学活动有序开展和自主学习的重要条件。网络空间学习的评价不仅关注学生学习参与程度、专注程度，更关注学生在交互活动中参与的频次与效果。教师教学评价的结果及效果与评价标准的合理性和评价执行过程的客观性相关，评价过程不合理势必影响评价的结果。尤其是小组协作完成作业时，如何界定小组成员合作的程度，如何根据小组成员的不同表现进行评价会直接影响小组协作的积极性与有效性。通过网络学习空间实施的评价更能做到"用数据说话"，教师教学评价对学习效果呈正相关关系，起引导、激励、监督作用。研究表明，评价结果的使用也会直接对教师的课堂教学行为产生积极或者消极的影响。

二、学习者学习行为：个性化学习的体现

不同类型的学习者在学习不同资源和知识点的顺序和效果不同，通过对学习者在空间留下的"痕迹"，可以分析出学习掌握利用资源的时间点、访问资源的频次、学习的集中时间段、学习者语音或词汇出错频次等，从而可以了解学生个性化成长轨迹，为教师后续资源建设以及教学设计提供建议。

（一）聆听行为

与传统教学模式相比，网络空间教学能实现全面记录、跟踪不同类型学习者的不同学习需求、与听力训练的情况，教师可以根据学生当前的学习基础和空间学习行为，了解学生动态化的学习轨迹。通过可视化的数据分析，教师可以得知学习者听力训练中的匹配答题情况及答题过程，从而有助于教师在以后教学设计中进行针对性的强化训练。课堂听力教学，学生与教师之间的互动关系为听力材料播放—听力材料理解—听力练习答案核对，不同层次学生听力水平与听力需求差异较大，却无法得到个性化匹配。利用大数据与自然语言算法将搜索数据与个性化需求相匹配，基于大数据的个性化自适应在线学习分析模型及实现，从而能够发现原本隐藏的学习行为信息，教师通过这些行为的相关数据实施预测或干预，用于教学评价与反馈，能有利于学习者听力水平的提高。

（二）阅读行为

空间阅读教学设计中"课前学习—解决问题—课堂互动—课后作业与检测"一系列的教学行为活动形成了"催生疑问—解决疑问—应用知识"的学习过程链。大数据分析通过学生完成阅读任务的先后顺序来判断学习者对文本材料的理解程度，也可以对学生阅读理解思维进行"跟踪记录"，发现学生阅读习惯。在课堂教学中，教师需要对学生的阅读状态进行关注，观测学生注意力是否集中，阅读理解的目标是否达成，课堂教学中的阅读任务完成与空间阅读作业完成状态是否匹配。学生获取阅读材料的主动性不高，而更愿意阅读教师上传的阅读资料，且学生更愿意阅读与应试相关的材料。大多数非英语专业学生并没有坚持每天阅读的习惯，通过"打卡式"阅读学习任务单的形式更能帮助学生建立良好的阅读习惯。教师可以通过

大数据分析结果，找到学生阅读中的"共性问题"，并进行及时反馈。

（三）记忆行为

对于英语学习者而言，词汇的记忆成为影响听力、阅读、写作的"障碍"，据研究发现，教师的基本语言知识与阅读教学能力相关，其中最突出的表现为：教师的词素意识最能预测其教学能力。英语学习与其他学科的学习一样，不仅需要学习投入的时间，更需要投入的不断反复。教师在教学中运用信息化技术手段能激发学生兴趣，激励学生积极参与小组活动讨论，通过组间竞赛、小组截图贴图、小组展示、教师点拨等环节的活动，构建多层次间的反复互动，强化学生知识运用，帮助深化其记忆行为。大数据时代，通过网络学习平台学生可以轻松获取常用词汇在大学英语四、六级考试中的出现频次，一些学习软件还提供了词汇在句子中如何运用的小视频。在实践中发现：教师对词语使用频率做了统计，并详细汇报了词语使用频次，帮助学生掌握英语词汇；教师提供了词汇学习小视频的词汇，学生学习兴趣更浓厚。因此，在教学中教师可以充分利用这些数据，分析出学生感兴趣的学习内容和最有效的学习方式，在教学设计时，尽可能利用大数据技术，丰富大学英语课堂教学技巧，为学生营造良好的学习氛围，以提高学生大学英语学习的兴趣。

（四）表达行为

教师最大的教学智慧不在于展示自我表达能力，而在于唤醒学生运用语言知识进行自我表达的欲望。英语口语表达能力的提高很大程度上依赖于学生课后自主学习的时长和效率。据研究发现，学生在认知与情感方面的自主性较高，而行为自主性最为欠缺，且学生之间的行为自主性情况的差别也最大。学生英语口语表达能力的提升需要在课堂教学中进一步强化，教师应更多关注学生在课堂教学中的参与状态：是否小组成员全员参与讨论，小组汇报是否成员间轮流进行，小组汇报效果怎样，各小组表达中存在的个性与共性问题。在实践中发现：小组活动中，经常进行展示汇报、积极进行质疑、主动发起讨论的学生口语表达能力提高程度显著。口语表达能力强的学生更愿意积极主动对小组成员或对其他小组表现进行评价，且其评价相对更客观。积极参与留言讨论并及时完成空间学习任务的学生书面表达能力更强。因此，教师应通过平台及时收集学生常见书写表达问题，根据对这些"学习证据"分析归类后，在写作教学中进行反馈与强化。

三、师生交互行为：教学效果的彰显

学习者与教师的互动行为体现在他们参与空间互动栏目的程度、参与互动交流的时间点和频次等方面。通过对教师教学轨迹、学生学习轨迹、学生空间测试数据、学生活跃度、阅读量数据、听力训练数据等之间关联规则的分析，能发现教学过程中师生互动行为与学习者学习效果之间的相关性，从而帮助考试了解师生交流的最有效途径与时间段，为教学效果的提升提供参考。

（一）师生互动

正如世界著名教育家、哲学家弗莱雷所言"真正的教育不是通过'A'for'B'也不是通过'A'about'B'，而是通过'A'with'B'"[①]，师生互动是语言类教学的基本范式。空间教学使得师生互动更加便利，不受班级规模的影响，能根据学生个体实施互动交流。空间教学实现了课堂内外的"翻转"，其基本目的是满足学生个性化的学习需求，让学生得到个性化的教育，理想的翻转课堂实施的是真正的差异化教学。大数据分析则能通过对师生互动交流的时间段，交流频次的结果，发现不同类型学生的自主学习规律，发现学生自主学习进度，更有助于基于个体的交流方式。研究表明，在教学活动中构建愉悦的课堂氛围，能提升学生与课程、学生与教师之间的情感联系，实现良好的教学效果。师生之间通过教学空间突破时空的限制，最大限度调节学生的学习投入。新时代大学生在"面对面"课堂会由于羞于表达，再加上班级人数限制等问题，师生互动受限，而空间在线交流能突破时空的限制，最大限度调节学生的学习投入，增加学生表达与师生互动的机会。教师可以根据学生在空间平台互动"学习轨迹"和课堂教学中师生交往状态的大数据分析结果，找到学生自主学习和互动交流的规律，选择更合适的交流时间段，调控共同探讨交流的机会，这样能更大地提高师生互动交流的效率。在情景学习中和协作学习活动中，师生互动效果更好。师生互动程度高的班级，学生进步程度更显著。与教师互动频次多，小组活动中展示频次多的学生进度幅度更大。当师生互动停

---

① 弗莱雷.被压迫者教育学[M].顾建新，赵友华，何曙荣，译.上海：华东师范大学出版社，2014.

留在简单的"提问"与"答问"阶段时,学生思维含量低,学生进步空间较小。通过对大学英语课堂观察发现:师生间"讨论式互动"比"提问式"更能激发学生兴趣;课前有空间互动为基础的班级在课堂讨论中学生更能积极参与;教师"开放型"提问比"封闭性"提问更能引导学生积极思考。师生互动应集中于对"线下课堂"中出现的关键问题,并构建深入讨论的情境,开展师生间的多向互动,才能达成实现有效互动。

(二)生生互动

空间教学的开放性和互动性,使得生生之间的交流时间和空间更加灵活,课堂教学活动得以延伸,使学生在课堂上对没有理解的内容进行深入交流。在课堂教学中,学生与教师的互动积极性较差,他们更愿意选择"线上"交流方式。空间教学平台为学生间的生生互动提供便利,为那些遇到问题不愿意主动求助于教师的同学提供更多交流机会。可以说,空间教学使"你问我答,有问必答"成为可能,真正意义上个性化教学、异步教学在空间教学平台得以彰显。通过对"留言板"和"讨论区"中自动文本分析,根据其关键词的出现次数来确定学习者类别,并根据人工编码。教师可以根据大数据分析结果,提炼教学重点和难点,在课堂教学中进一步强化。通过实验班教学实践发现:由学生主导的提问,学生间讨论较为热烈,参与积极程度较高。在"作业布置"环节中,生生讨论程度高的问题是学生感兴趣的话题或者教学中的重点与难点问题。同伴之间的交往程度高,学生的学习进度程度更高。在网络空间教学这个大系统中,同伴—教师—学习资源各要素需要相互协作,才能发挥其最大效能。

(三)师师互动

大数据下的"合作性"学习可以是"师生"组合、"生生"组合,甚至可以是"师师"组合。教师通过网络学习空间可以共享"云资源库"的教学资源,并通过"教研苑""我的教研室"进行教学问题研讨。教师间的互动除了教师间如教学经验分享、情感交流等"显性"互动交流外,教师间互动还包括教学理念、教学方式的相互影响等"隐性"互动。教师通过"师师"互动能强化教学反思,帮助教师构建自己的教学观,形成个人教学风格。"师师"个体互动受"群体互动"环境的影响,能促进个体专业发展和群体凝聚力。网络空间学习平台为教师间的"师师"互动突破了过去面对面教研时讨论的局限，可以跨院校间研讨交流。"师师"互动的优化是教师自律文化形成的关键，是教师构建"专业学习共同体"的必然趋势，是教师专业成长和教学风格形成的一种"存在方式"。目前网络空间平台中"师师"间互动需要突破"日常"教师间的"显性互动"，而需要构建教师互动共同体，教师间开展更深入的关于教学理念的变化、情感态度的体验等"隐性互动"。教师间的行为互动逐步转化为心灵的互动，从而达成教师间的理性交往。网络空间互动能使两人间的互动转化为多人互动，引发更多人的思考、质疑、碰撞，呈现多角度的交互性。大数据时代的教学设计可以集教师集体智慧实行"众筹教学"，让教师间的教学设计—教学过程—教学反思—教学反馈在不断交流与碰撞中得以最大限度的优化。

四、高校英语网络空间教学行为优化策略

教师通过对学生的多维信息坐标体系的观测，实现"教学资源的精准匹配—个性化教学设计—差异化教学处方—有教学行为痕迹的教学过程—动态化教学评价—针对性教学实施—客观性教学记录—新一轮教学设计"教学模式的良性循环。

（一）采取大数据思维进行精准教学设计

教师在教学过程的各种行为，包括何时提问、何时讲授、何时开展小组活动、何时创设情境等都直接影响学生学习效果。而这些行为都需要教师进行精准化教学设计。信息化时代空间教学过程的动态性及复杂性，使得课堂教学的不确定因素增加，教师的教学设计不能遵循某一既定模式。有针对性的教学设计能使教学过程更生动有趣，学生的创造性思维能得到更好的发挥。

教师可以通过教师和学生在空间的"活动数据"记载情况，实时掌握教师教学实施情况和学生学习情况，并通过学生的反馈行为灵活调整教学计划，并在教学过程中根据班级不同特点设计个性化内容。空间教学设计，容易使课堂中出现教学设计之外的"节外生枝"的问题，教师若能捕捉或创造更多这样的机会，学生参与程度与学习效能也能得到提高。大数据思维能帮助教师不仅看到"云空间"的庞大数据，而且需要对数据进行聚类分析，看到数据之间的相关性，并发现事物与事物之间的相关性。教师在

小组活动设计环节时发现：学习合作小组展示中，性格外向型组合更愿意以"情景剧"表演的方式呈现，性格内向型组合更愿意以"一问一答"方式呈现，英语基础薄弱的小组更愿意通过讲解单词与词组。因此，在下一轮教学设计中，教师尽可能照顾到不同组员的特点，鼓励小组成员间和小组间的相互交流与合作，以帮助学生更全面锻炼学生各个方面的能力。教师只有做到以"数"为"据"，才能及时掌握学生的学习任务完成情况和后续教学重点和难点，才能开展精准教学设计。

（二）利用大数据预测结果完善差异化教学过程

教学过程是师生心理活动的过程，空间教学加快了师生交互作用的进程，教师教学任务的设计可以通过学生空间"访问痕迹"和"留言痕迹"得以实时反馈。教师对教学知识点的安排以及教学进度的安排以学生的"个人学习数据"为依据，及时收集学生的学习知识"盲点"。教师可以通过回看、反复浏览学生数据来分析学生普遍存在的"疑难问题"，也能发现部分学生的"个性问题"，并对不同学生行为进行分析，预测学习者学习规律。比如，教师通过发现不同学生上交作业的时间分析预测学生最有效学习时间段，并根据他们的特点调整作业任务。教师可以根据小组作业贡献度排名来判断小组协作中各成员情况，并根据一段时间表现来分析并预测小组合作效果，同时根据情况适时调整小组合作的形式和作业呈现方式。教师利用大数据预测结果，能促使教学设计—教学过程—教学反馈—新一轮教学设计这一循环过程产生积极效应。教师根据学生对教学资源建设、互动讨论的参与程度，来判断学生的学习进程和学习效果，从而在课堂教学中开展有针对性的教学。在教师实践教学过程中发现：英语学习基础差的学生更不愿意完成书面表达作业，在此类型作业花费的时间较少，更不愿意课堂上主动发起提问，英语学习提高幅度更小。教师对这类任务完成情况不高的学生实施教学干预，有针对性地布置"啄木鸟"挑错任务等，让学生从自己常见表达错误入手，来逐步改变学生英语表达习惯。

在教学的不同过程与阶段，学生的学习行为都会留下一系列的"个人小数据"，数据与数据之前相互联系与影响，形成该课程教学的"系列大数据"。课前采集的数据，是课堂有效教学的基础，课中、课后采集的数据，既是调整教学节奏、开展个性化辅导的依据，又是因材施教、推进分层教学的证据。以数据分析为基础的空间教学促发教师教育教学从"经验主义"走向"数据主义",将使课堂教学从关注"宏观群体"到"微观个体"的转变,让课堂教学发生在每个个体身上,使差异化教学成为可能。

(三)根据大数据反馈行为开设针对性学习处方

空间教学使得师生之间的"庄严感"弱化,在"寻找"与"探索"中得到更多探究知识的乐趣。学生在师生关系中逐步告别"聆听",开始走向"质疑";学生对于知识的态度,也需要从"理解"转向"反思";学生对于教学方式也从"适应"教师,转为对自我认知的"超越",在学习方式上,学生的"体验"要比教师"经验"更加重要。在这种教师与学习者行为转变的背景下,教师对于个性化学习的指导,需要强化学生的发展性思维、反思性理解力、体验性认知等方面。教师根据学生空间的"浏览痕迹"可以得知学生对不同类型资源的浏览频次,了解学生对学习内容的喜好程度,从而及时推送、更新学习资源。教师通过课前学习资源被访问的时间,学生完成学习主题"lead-in"问题的时间和答题情况,可以得知学生对知识点的掌握程度。课中教师可以根据学生"group-work"活动反馈出的问题进行强化训练,并进行及时测试,收集学习后的学生掌握情况。课后学习作业提交时间、答题情况等为下一模块的学习和讨论提供了训练素材。

如在实践教学中,教师发现某些班级学生课前自主学习完成情况较差,课前"lead-in"问题主观题完成人数不理想;课中"group-work"汇报人总是集中在少数人,课后作业完成中的错误"雷同率"较高。教师通过一段时间的观察与课后交流发现,该班学生英语学习基础薄弱,对于教师以"自主学习"为指导的翻转课堂方式很不适应。这些学习行为特征为教师下一步教学方式的改变提供了及时反馈,在教师积极引导下,学生英语学习习惯逐步改变。教师在一学期课前—课中—课后一系列学习行为和学习习惯中可以找寻不同学习任务和不同教学环节学生的学习规律和特点,从而采取不同教学方法,设置不同教学任务,让学生形成良好的自主学习习惯。

(四)实施大数据关照下的动态化教学测量

大数据之大,不仅仅意味着数据之多,还意味着每个数据都能在互联网上获得生命、产生智能、散发活力和光彩。大量实时的数据为课程评价与教师教学评价中"让数据说话"成为可能。对课堂教学中的所有数据进行统计分析，并实施及时反馈，能实现教学测量的过程化、动态化与精准化。大数据分析能直观呈现学习者学习效果的轨迹，这种及时有效的反馈能帮助教师强化学习行为，激发学生自主学习动机，为进一步教学实施提供参考。大数据时代的教学评价以数据为基础，呈现多元化、动态化等特征，然而教师不能过度依赖数据，将数据当作行动指南会导致学生的很多潜能常因为没有"药引"而未被激发出来，大数据只是作为教师找寻学习行为与学习效果相关规律的一种技术手段。

每个教师根据学习者行为特征采取的教学设计的调整以及教学资源的更新，在空间所留下的"痕迹"构成系列小数据，学习者参与程度、互动情况在空间所留下的状态数据也是大数据的一部分。因此，教师在进行教学测量时，需要关注数据的动态性：各协作小组整体表现发言积极程度的变化，小组成员参与程度的变化，学生学习能力与初始测试的变化幅度，学生作业的平均值等，而不是一次测试成绩作为测量学生学习效果的依据。

面向未来的教育，不同于工业化时代"大规模批量生产"的人才，而是要更加关注学习者的个性化学习能力的提升。基于大数据的学习行为分析及时记录学习者学习过程，根据学习者的不同特征进行个性化学习资源推送，是未来英语教学改革的可能趋势，既符合数字化时代的特征，又是未来可持续发展空间学习生态的重要标志。

第四节　大数据对高校英语教育教学的影响

随着世界经济一体化的到来、信息技术的高速发展，尤其是互联网及各类移动终端的普及把人类带入了几乎涵盖所有行业的一个大数据的时代。大数据时代的到来使高校英语教育模式发生了新的变革，教学形式、学习行为、教学评价、教学理论、教学资源以及教学评估等各方面都随着大数据的变化而做出相应更新、改进。笔者结合实践教学活动，从大数据对现代英语教育的影响及运用进行了探索与研究，并提出了相关优化措施。

大数据时代，大学英语教师面临新的挑战，传统英语教学模式受大数据影响与冲击，已经逐渐转变和改进。数据的集中以物联网、数据库技术、云计算等综合技术的成熟为基础，数据是过程性和综合性的考虑，它更能考量真实世界背后的逻辑关系。大学英语教师在大数据相关知识的整合、教师职能与角色的转变、学生主体个性化发展与变化、新型教学设计和教学评价等方面面临巨大挑战。如对一个学生英语考试成绩的研究，可以依靠大数据进行分析，综合考虑这个学生的家庭背景、努力程度、学习态度、智力水平等数据，这些数据正是学生所得分数的正面反映，教师可以根据数据给同学进行相应教育和帮助。但是需要教师要有相关的知识储备，要有大数据整合能力。所以教师要适应大数据时代大学英语教学改革的趋势，从而实现良好的教师职业发展。大学英语教师要加强大数据整合能力的培养以适应个性化教学的需求、改进课堂教学模式和方法以切实提高学生的英语应用能力，提前做好自我准备以适应大学英语教学的一系列变化转型，参加相关培训和研修以提高自身教学的科研水平。

一、大数据时代教学方式的特征

传统教育模式是随着工业时代经济集中批量生产的模式产生的，其主要特征是有标准化模式：教学集中班级化、教材统一、教师的主体地位不可动摇、课堂有时间限制等，这些教学规定兴盛于工业化时代，并且为当时社会培养出了需要的人才。相较这些特征，大数据教育模式更倾向于弹性学制、随时随地在线和多媒体教育、个性化辅导、多师同堂、家庭学习等。大数据与传统的数据相比，就有非结构化、分布式、数据量巨大、数据分析由专家层变化为用户层、大量采用可视化展现方法等特点，而现代网络环境下的大学教育会更加个性化、开放化、数据化、人性化、平台化，两者正好相互融合适应，教育除了是社会学科外，也将变成有数据论证的实证科学。互联网技术在教育中的应用越来越广泛，作用也在不断增加，与以往相比，一定程度上减少了教师的工作量，但是教师的比例并没有相应减少。这主要是由于大数据虽然很大程度上促进了教育的发展，但新事物的产生总要经过反复的实践，必有其不足的一面，如出现了大量信息垃圾，学生如果分辨不清，随意应用反而会造成负面影响，因此需要更多的教师进行指导。不过教师和学校的定义和内涵需要重新定位。目前，仅就知识传播而言，教育资源正在经历的是平台开放、内容开放、校园开放的时代，这是前所未有的。

二、大数据时代的英语教学中要进行的相关优化

（一）英语教师要引导学生形成互动、互助学习状态

高校大学生来自我国的不同地区，生活习惯和学习观念会有很大区别，而且大部分学生在整个中学阶段，受各种学业压力的影响以及教师的教诲，形成了独立学习，对他人漠不关心的学习状态。这种学习状态适应于我国中学应试教育，节约了学习时间，但也造成我们很多大学里，新学生很难融入集体互助合作的活动中，学生在学习上很少进行互动和互助，造成大数据在英语教学中所发挥的作用大打折扣。所以，作为学生英语学习引导者的我们，要想更好地受益于大数据应用所带来的便利，就要掌握现有资源调动学生学习的积极性，营造学生互动的氛围。教师要让学生理解大数据时代进行合作互助的必要性乃至其深远的历史意义，进行相关教育活动，使学生树立起合作互动的理念，并应当以比较切实可行的学习活动，让学生在具体的学习中感受到学习的意义。

（二）英语教材的应用也要根据大数据进行相关调整

我国大学英语教材主要根据教学大纲和实际需要，为师生教学应用而编选的材料。教材是教学的主要依据，是教学大纲的具体化，教学保障包括网络信息基础设施保障、教学物资条件保障、图书资料保障等，在很大程度上影响着教学质量。以下是大数据环境下影响教学质量的主要因素：学习氛围、选用的教材、教学设施、教学服务保障。因此大数据条件下除要为学生营造互助学习氛围外，还要依据实际需要，进行教材方面的调整，适应学生学习要求，以提高教学质量。

三、大数据对高校英语教学的深远影响

随着知识经济时代的到来，大数据在高校英语教学中的应用越来越广泛。两者的深度融合，从根本上改变了我国传统的以课堂为主的灌输式教育模式，转变为更加开放、互动性的教学模式。与此同时，世界经济一体化，科学技术的飞速发展，促进全球信息的高速传播，并且逐步实现无缝整合与共享，其中教育资源信息也位列其中。尤其是近年来所开放的优秀教育

资源正逐步向全球各角落的学习者所同步共享。

（一）大数据对高校英语教学方式的影响

大数据时代下的英语教育，是着眼于其长远发展，它使英语学习者能够学以致用，英语教育的实用性大大增加，并且根据各种数据能够更加科学地进行英语教学活动与管理决策，为英语教育开启新思路创造了条件。一是大数据下的英语学习者可以不受时间、地点限制，利用大数据共享可以获取各自所需的英语资源，以及进行网络服务的多终端访问，能实现数据同步与英语知识的无缝迁移。二是能实现信息的全面交互，英语学习需要学生通过良好的人际交互以更好地理解与掌握语言能力，而利用大数据技术能实现师生之间、学生之间随时随地的互相交流。三是可以通过大数据统计出学生学习情况、家庭环境，了解学生课内外的学习轨迹，并形成具有研究价值的数据报告，供教师进行教学改进。四是能提高教学管理效率。

（二）大数据对英语教学评价的影响

大数据技术可以对教师教学授课过程、学生学习行为以及各种教学管理数据进行全面采集，集中存储、深入挖掘与分析，在兼顾学生英语学习能力评估的同时，也为教师的教学质量评估提供了全面、准确的分析结果。

四、大数据在英语教学中的运用

（一）大数据在英语远程教育中的应用

全球经济一体化时代，各国经济贸易往来会更加频繁，英语作为最通用的国际语言，它的重要性不言而喻。尤其对于我国高素质人才，英语必将成为他们日常生活、工作中不可或缺的交流语言。信息化、网络化的教学方式，可以更加便捷、高效地为学生提供英语学习机会，例如大量网络在线课堂、网络英语学习资源应运而生，实现了人与人、人与机之间的远程英语教育模式。

（二）大数据在英语课堂教育中的应用

学生是英语学习的主力军，主要学习场所还是在大学课堂上，大数据在课堂教学中的有效应用，可以迅速地获取学生学习的相关状态以及教师教学状态，并且通过大数据分析技术、采集技术的应用，分析其数据的成因，进而提出相应的教学对策，进行教学方法、学习行为以及教学模式的改进，以提高学生学习效果和实现教学目的。

（三）大数据在英语考试中的作用

大数据技术可以综合考察学生的英语水平，有助于教师安排更加科学、合理的考试内容。各个高校普遍建立相应的大数据平台，英语教育也从中受益，例如，可以获取试卷的答题结果、班级成绩情况等数据，并且通过数据平台的采集技术、分析技术，详细了解学生的英语知识储备量与英语学习的疑难点，为今后试卷题目设置提供有力的参考，试题更加贴近学生实际学习能力。

总之，大数据时代的到来，给高校英语教学带来了新的教育机遇，虽然存在着一些问题和缺陷，但数据技术和英语教育深度融合，如能合理应用并优化创新，发挥大数据平台的价值，必定会带动英语教学水平更上一层楼。

第五节 大数据时代高校英语数字化教学的转型

1970年，托夫勒在《未来的冲击》中明确地提出了面向未来的教育：倾向小班化，多师同堂，在家上学，在线、多媒体教育，回到社区。着重培养学生适应临时组织的能力，培养能做出重大判断的人、在新环境迂回前行的人、敏捷地在变化的现实中发现新关系的人。[①]凯利（Kelly）也预测，随着大数据时代的来临，学校会更加多元化，未来的人工智能将诞生于由10亿台中央处理器组成的"全球脑系统"，这个系统包含互联网及附属设备——从扫描仪到卫星以及数十亿台个人电脑。

一、大数据背景下大学英语教学面临转型

大数据时代改变了人们的生活习惯，正在引领人们由读书时代迈向读

---

① 阿尔文·托夫勒.未来的冲击[M].孟广均，译.北京：新华出版社，1996.

屏时代。"大数据的'威力'强烈地冲击着教育系统,正在成为推动教育系统创新与变革的颠覆性力量。"大规模开放在线课程出现是当代教育发展的一大趋势。因为当我们进入未来第三次浪潮的经济和社会,我们不再强调同一性,而是强调个性。正是在这样的背景下,2014年我国高校明确区分了研究型大学和应用型大学两大类别。而从建构主义理论来看,由于个人的经验、信念不同,对外部世界的理解也有差异,语言学习者更加关注如何以原有的经验、心理结构和信念为基础来构建知识。建构主义的教学模式应包含4个关键因素:教师、学生、任务和环境,其中任何一个因素都不可能独立于其他因素而存在,它们之间的交互是一个动态的、发展的过程。学生作为个人理解这些任务的意义和个人相关性;任务则成为教师和学生的连接界面。教师与学生之间要有互动。教师的行为反映他们的价值观念,学生对教师的反应方式与他们的个人特征有关。这样教师、学生、任务三者处于一种动态的平衡之中。整个教学过程教师更多的是充当了"脚手架"的功能,学生则凭借由教师、同学以及他人提供的辅助物完成原本自己无法独立完成的任务。随着学生学习能力的逐步提升,学习的责任将逐渐转移到学生身上,最后让学生完全积极主动地展开学习,并通过学习建构出真正属于自己所理解、领悟、探索到的知识。脚手架能帮助学生穿越最近发展区,能促进学生认知和社会性的发展。

基于此,大学英语课堂教学面临转型,即把学习的主动权交还给语言学习者,学习者可以高度自由地控制学习的方向、内容、进度,在各种生活场景和语言环境中漫游,却又没有真实世界的压力,体现在参与中获得愉悦,在愉悦中引起共鸣,在共鸣中获取语言能力,实现语言实际运用的目标。在现代教育技术发达的今天,大数据为我们提供了便利,大学英语数字化教学课可以充分利用"慕课"(MOOC)"多模态"和"翻转课堂"(FLIPPED CLASSROOM)形式教学,设计网络化在线学习模块,强调个性化自主学习,这对于大学英语教学来说,好处在于教学资源丰富,信息量倍增;有利于学生个性化自学潜能的发挥;师生互动量增加,教与学不受时空限制;对学生学习成绩评价多元化;容易激发学生学习的积极性。

二、大数据时代大学英语的数字化教学模式

大学英语课堂教学应视为应用型人才培养的重要环节,作为高校开设的一门公共必修课,在形势不断发展的情况下探索其新的教学模式,充分

利用大数据时代带来的便利，实现课堂教学和课外在线学习相结合的教学方法意义重大：其一，它能满足现代大学生的心理诉求，实现全方位、开放式课堂教学机制。其二，它能使大学英语教学跳出传统的一块黑板、一位教师、一间教室的教学模式，充分发挥视听说优势和融入真实语言环境，并为学生今后的发展做准备。其三，它可以作为高校提升外语教学综合水平的一个参照。就大环境来说，中国要真正走向世界，外语人才的培养至关重要，没有高水平专门知识又精通外语的人才是无法实现"走出去"和"引进来"的战略目标的。从小环境看，高校担负着培养人才、服务地方、振兴国内经济的重担，未来人才的素质将直接关系到国家的创新体制建设。因此，从高等教育国际化的战略高度来看，基于MOOC平台的大学联盟为我国的高等教育提供了同国际一流大学真正对话的机会。但是，这些在线课程的教学语言几乎都是英语，因此没有英语基础的支撑，即使有了全球优质教学资源，我国的大学生也可能会面临语言上的障碍。而未来我国的高等教育都将侧重于学生对所学知识的实际应用方面，他们需要了解大量与专业相关的知识，这就决定了他们对外文信息要有准确的把握。大学英语数字化教学模式开辟了非英语专业学生的第二条获取专业知识的通道——在线自主学习，同时也体现出英语学科的人文性和工具性特点。

大数据背景下大学英语数字化教学模块设置。传统大学英语课只是为学语言而教语言，不仅费时低效，而且还忽略了英语的人文性和工具性特点。大数据时代教学资源可以得到充分整合，通过数字化教学让英语课堂变成语言能力+专业素养课，使学生感受和体验英语，而不再是被动学习英语。目前高校可以结合自身优势，采取多层次、多模块的网络教学平台为学生创设真实语言环境，还可以通过加入大学联盟获取更多在线课程，满足不同层次学生学习英语的诉求。在模块设置上可体现行业特征，并融入人文素质和思辨能力的教育，如基础英语视、听、说模块，通用学术英语读写模块，职场和行业英语模块，文学欣赏模块，文化和科学伦理模块，等等。

大数据背景下大学英语数字化立体教材开发。就目前的大学英语教材来看，以书本+光盘形式出现得居多，这难以满足数字化教学平台的要求。因此，创建立体化教材，以文字、录音、多媒体课件、电子教案、电子档案袋（e-portfolio）、网络课件、学生自主学习系统、资源库和测试库、专业网站等形式来支撑大学英语课堂教学已是必然趋势。它有利于"创建真实的语境或场景，为学生提供'有意义交际'和实践的机会"，从不同的视角为学生营造一个比较和分析的空间，充分发挥教师与学生、学生与学生、学生与课件等人际和非人际的互动作用。

大数据背景下大学英语的教、学、考、管集成。大学英语数字化教学因其理念的革新，教学资源的网络化、数字化、信息化，教学方式更具人性化、个性化的特点，无论是构建语言教学的生态环境，还是营造语言教学人文环境，都对教学管理、教学评价的科学性提出了更高的要求。考试不再以传统方式进行，而是采用网络无纸化考试，评价采取多元评价，形成性和终结性相结合，采用综合和集成的方法，统筹考虑教师、学生和教学管理者三个不同层面的相关因素，将三方的观念更新、课程体系优化、教学方法和学习方法创新、服务和管理效能提高等相关要素纳入教改的总体规划。

三、大学英语数字化教学的预期目标

交互性。长期以来，我国大学英语教学在教学观念、教学模式、课程体系、教学方法和教学测评方面存在不尽如人意之处，导致非英语专业学生英语综合应用能力不强，教学模式相对单一，教学方法和教学手段相对陈旧，学生学习动力缺乏，自主学习意识和能力不强，在文化传承和人文精神培养方面比较乏力，教师积极性不高，学生对英语学习缺乏兴趣等。而通过数字教学平台，师生间的互动加强，学生可以不断向教师提问，教师为了解答学生提问不得不更新知识和提高水平，达到师生间的交互成长。

体验性。依据大学英语教学改革以及我国社会经济迅猛发展对大学英语教学要培养具有很强的国际竞争能力人才的要求，大学英语数字化教学定位于加强实用性英语教学，以培养学生的英语综合应用能力为目标，特别突出和加强了听说与交流能力的训练与培养，通过教师下达任务，学生担当角色，立足校本经验，开辟网上专家空中课堂，在纯英文环境中让学生体验语言的魅力和完成任务后的快感，达到轻松学英语的效果。

建构性。数字化教学模式强调学生积极参与并自主管理自己的学习过程，是一种新型教学模式。这将不仅是一个教育目标，又是一种教学理念，同时还是一种学习策略。因为学习者自主是现代教育心理学尤其是人本主义、认知主义、社会建构主义学习理论的要求。而语言学习过程必须重视人的感情因素，要在教师指导帮助下学生参与甚至决定整个教学过程：知识的获得主要是通过学生自己发现，教师只是组织者、指导者、帮助者和促进者，学习环境（自主学习中心）与社会互动（合作学习）是两个重要环节。可以说，通过在线学习平台，学生将既获得知识，又参与实践，两者相辅相成。

大数据时代颠覆了传统的教学方式，为高校大学英语教学提供了自主学习平台，特别是党的十八大以来我国明确提出要加快发展现代职业教育，推动高等教育内涵式发展，相当一部分新升本高校面临转型，转型过程中必然涉及课程设置、教学手段等的大改革，强调应用型、实用型的专业课程开设，以及学生实践能力的提高。而在转型过程中大学英语课堂教学应考虑"专业+通识教育"模式，充分利用大数据时代带来的便利整合课内外教学资源，借助网络在线教育，结合课堂教学，让学生学习英语的同时也学习专业知识，这将大大提高学生学习的积极性和主动性，真正体现英语的工具性作用。

第六节 大数据背景下英语教学的微传播

在大数据背景下，数据流和信息形态都发生了重大变化，信息共享、交换以及数据处理变得更加便捷，这为学生提供了良好的自主学习条件，对教师的教学方式方法也产生了重要影响。为了适应新形势，高校应加强英语自主学习平台建设；教师要更新教学理念，从知识的传授者转变为学生学习的指导者和帮助者，同时不断提高信息处理能力，充分利用互联网交互平台开展教学。

自2012年以来，越来越多的政府和行业开始意识到数据和信息的重要性，"大数据"成了十分流行的关键词，人们用它来描述和定义信息爆炸时代产生的海量数据。2014年，在全国高校外语教师发展论坛上，杨永林教授做了题为《"慕课"时代大数据在外语教育与研究中的应用——以TRP平台为例》的报告，分析了大数据理念在英语教学中的作用。传统的英语教学方式已很难激发学生的兴趣，也很难保证课程教学效果。在大数据背景下，数据流和信息形态都发生了重大变化，信息共享、交换以及数据处理变得更加便捷，这为学生提供了良好的自主学习条件，使得课堂和教师不再是学生获取知识的唯一途径，这对教师的教学方式方法也产生了重要影响。大数据的发展不但促进了学生学习方法的改变，也促使教师主动改变课堂教学方式，使教学方式更加多样化。

一、大数据背景下英语教学的变化

目前，信息化成为社会各个领域发展的特征之一，英语学习也不例外，大量英语学习工具、平台和管理系统应运而生。这些英语学习工具、平台和系统能够根据大数据分析的结果预判学生的需求，找到学生学习过程中存在的问题，从而有针对性地帮助学生实现英语学习的预期目标。例如，品种多样的语料库系统、在线搜索引擎等能为英语写作提供词汇用法等方面的帮助，有利于学生解决写作过程中的语法问题，不断提升写作能力和语言运用能力。

随着网络技术和现代教育技术的不断发展，学生学习数据的收集也越来越简单，不但数据量越来越大，数据的内容也呈现多样化特征，如通过数据挖掘能够了解学生的学习动机和学习行为，通过学习评价系统可获得学生在线学习效果方面的数据，等等。在当前英语教学中，英语学习的具体化语境例证需求逐渐变大，而教师可以通过网络共享资源下载多媒体教学所需要的课件、例证等，从而有效地提高教学效率。合理利用网络数据资源开展多媒体教学和在线教学，能够促使学生激发自主化、个性化学习的积极性，有效提高学习效率。

在大数据背景下，教师可把学生在学习过程中产生的数据（包括聊天、社交、游戏中的交互信息）收集起来，了解学生接受与掌握英语的程度、学习行为及学习习惯等，及时发现学生学习的误区，进而帮助学生找到适合自己的学习方式，同时有针对性地改进课堂教学。如在阅读教学中，教师可通过对所收集的相关数据的分析，了解学生英语阅读学习的习惯与方式，从而及时改进英语阅读教学计划，开展个性化英语教学，提高教学效果。

二、大数据背景下英语教学的微传播化

在大数据背景下，现代智能软件能够对学习者的学习行为提供实时帮助，网络技术能够为学习者创建一个主动学习的情境，诱导学习者学习的

持续性，帮助学生形成科学的学习习惯和学习方法，也方便学习者对学习效果进行科学合理的评估和评价。同时，在大数据时代，英语教学具有了微传播特征，具体反映在以下3方面：

实时互动性。通过登录微博、微信等平台，教师可以随时布置课程练习和课后作业，学生可以随时接收教师布置的任务。在英语课程教学中，传统教学方式难以满足点对点教学的要求，例如，提高学生语言交流能力和应用能力的难度较大，教师难以判断学生群体的英语能力水平，课后作业难以批改，等等。大数据背景下，教师可以借助"作文批改网"等网络平台解决这些难题。另外，利用大数据云存储技术，还可以根据需要建立学生写作学习轨迹档案，以便捕捉学生写作过程的每一个细节，形成发展性写作评价。

迷你化。根据2023年中国互联网信息中心发布的《第34次中国互联网络发展状况统计报告》，2023年6月，我国互联网普及率达到了76.4%，网民总量10.51亿人，手机使用率达到了99.8%，手机作为第一大上网终端的地位突显。由此可见，微传播的主要载体具有小巧便捷、易于携带、自主性强的优势。当前，各高校的无线网一般都能覆盖校园图书馆、食堂、宿舍等场所，学生通过手机等网络中端，可以在任意的时间和地点登录微博、微信等平台，获取英语学习信息，在很大程度上突破了英语学习的时间和空间限制。智能手机等迷你型移动终端的普及，为学生随时随地搜索资料、查单词、提交作业提供了便捷的途径，使学生的英语学习更加细节化和自主化。

精简化。在无线网络高度覆盖、信息快速传播的时代，信息量的增大和信息传播速度的提高，使得人们在阅读过程中更加乐意用快捷的方式获取信息，在一定程度上改变了阅读方式和阅读习惯。同时，为了加快信息传播速度，要求网络信息更加精简化，由此催生了微博、微信平台上的"微言微语"，反映在英语方面，精练的短句和小段落更加具有吸引力。在微传播背景下，学生更乐意接受内容新颖、简短而有重点的信息，以便充分利用零散的时间。因此，微博和微信平台上的英语学习信息通常是几句话、几张图片或一小段视频（如微电影）。简洁明了，具有即时性、视觉性和互动性等特征的微信息，更容易获得人们的注意和兴趣。

三、大数据背景下英语教学的创新策略

大数据背景下，微课、慕课、翻转课堂等教学方式在全球风靡。新形势下，教师在英语教学中要不断创新教学手段和教学方法，充分利用互联网交互平台开展教学，促使学生快速提高学习成绩。具体讲，应从以下 3 方面创新和改进教学：

（一）建设自主学习平台，促进学生自主学习

大数据背景下，英语教学不再局限于课堂上教师的讲解，提高学生综合运用英语的能力和自主学习能力成为英语课程教学的主要目标。为了适应新形势，高校应加强英语自主学习平台建设。英语自主学习平台应包括课程学习系统、听力测试系统、口语训练系统、师生交互系统等，这些系统不但要有相应的学习资源供学生根据自己的兴趣和需求自由地选择，还应具有测试功能和测试成绩记录功能。这样，借助自主学习平台，学生可以将学习计划上传至网上征求教师的意见，以充分提高学习效率；可以实现知识学习和资料查询，及时检测自己的学习效果，并通过检测结果明确自己的努力方向；可以自由支配听说和读写练习时间，充分利用系统提供的丰富的课外资源开展个性化学习。借助自主学习平台，教师可以向学生推荐学习网站和常用学习软件，了解和掌握学生的学习情况，分析学生的学习行为，及时指出学生学习方法、学习态度等方面的不足。

（二）更新教学理念，注重激发学生的学习兴趣

在传统的英语教学中，由于教学班人数多，更正语音、批改作文等往往耗费教师大量的精力，但难以取得良好的效果。在当前的大数据时代，这些问题迎刃而解。例如，以往学生记单词是依靠单纯地背单词书，而大数据背景下借助手机 APP 可以有效提高记忆单词的效率，且很多在线工具将背单词与闯关类小游戏联系在一起，真正做到了寓教于乐，因此吸引了众多学生的眼球。再如，很多网站都建立了英语语音和英语在线翻译系统，甚至在线英语作文批改也成为现实，这为教师的教学和学生的学习提供了极大的便利。公共英语学习网站和学校的英语自主学习平台，大多能为学生的英语作文提供修改意见，使得学生可以通过不断的修改获得满意的成绩。这种作文批改和反馈形式的改变，可以让学生和教师从书本中解脱出

来，也使教师和学生充分领略了大数据的魅力。可见，在当前的英语教学中，教师必须及时改变教学方式，积极应用新的软件和工具平台开展教学，否则，难以激发学生的学习兴趣，更难以充分提高教学效果。借助软件和工具平台开展英语教学，要求教师从知识的传授者转变为学生学习的指导者和帮助者，积极与学生开展网络交流，及时解决学生遇到的疑难问题。

（三）更新知识，提高信息处理能力

信息技术的快速更新换代，为英语教学提供了大量的平台和工具，而网络上的平台和工具各具特色，功能也不尽相同，有的甚至已经被技术的发展所淘汰。可见，教师应在不断更新知识的基础上，全面了解各网络平台和工具的优势与不足之处，从而为学生提供科学合理的参考意见，否则可能会误导学生。英语教师在了解信息技术特点的基础上，懂得教学规律，才能提高教学效率。例如，在我国传统的教学评价体系中，过程评价和多元化评价是最薄弱的一个环节，而网络英语自主学习平台的测试功能和测试成绩记录功能，不但能够激发学生在线学习的积极性，还能够为英语课程的过程评价提供数据支持，当然，这要求教师十分熟悉英语自主学习平台的功能和操作方法。

第六章　混合式教学模式下大学英语 ESP 和 EGP 融合教学

第一节　ESP 教学研究

就我国的英语现状而言，在高中时期经过长时间系统的训练，以及大量的习题复习，学生能够较好地掌握语法规则，也拥有一定的词汇量。然而，步入大学之后，教材更多的是针对长篇阅读的训练。尽管大部分学生能够通过大学英语四级、六级的考试，但口语差、语法意识淡薄等问题日渐突出。面对此现状，四、六级考试的意义何在？大学英语的意义又何在？因此，国内越来越多的学者关注了课程设置的另一种方式，逐渐把重心转移到专门用途英语的教学。

一、ESP 简介

专门用途英语（English for Specific Purposes），也可称为特殊用途英语（English for Special Purposes），作为英语语言学的一个分支学科，是指与某种特定的职业或学科相关的英语，如今已经成为应用语言学研究的一个热门领域。ESP 教学主张主要形成于 20 世纪 60 年代的英语国家。

而我国，直至 20 世纪 70 年代末才开始对 ESP 给予关注。进入 80 年代后，介绍关于 ESP 教学的文章开始多了起来，如张义斌、伍谦光等学者。然而时至今日，无论是从理论上还是从实践上，我国 ESP 教学尚未进入成熟阶段。因此如何让 ESP 能够真正走入大学课堂还需广泛深入实践。

二、ESP 教学实践现状

ESP 的兴起和发展主要可以归为以下两点：

（1）英语的广泛使用，已经成为经济、文化、政治交流的主要工具。

（2）语言学的研究的重点从语言本身的结构体系转向了语言的实用性。

然而，ESP 是一个多元化的教学理念。其一，ESP 涵盖的知识面广，不仅有语言学知识，同时还涉及专业性知识。其二，针对不同国家的不同教育政策，ESP 的实施方案有所差异。

在一些使用英语的国家，某些高校已经将 ESP 应用到了教学实践中。例如在 1999 年，英国的中央兰开夏大学率先开设了国际商务英语专业，并设置硕士、文凭和证书三个层次和全日制学习、业余时间学习和远程教育三种形式。还有一些大学为了提高教师对 ESP 教学方面的技巧和能力而开设了短期培训项目，如伦敦都市大学商务英语教师培训部等。还有爱尔兰的行政语言培训学院和阿尔法英语语言学院，新西兰的实能学院和澳大利亚天主教大学都开设了多种 ESP 课程。

中国台湾省的成功大学也从 EGP 转向了 ESP 教学。为了学生的学术需求和职业需求，2007 年，成功大学的外文系正式启动了"成功大学提升全校英语能力计划"，简称成鹰项目。

三、国内 ESP 教学存在的问题

尽管 ESP 已经日渐引起国内学者的重视，但始终没有形成一套完整的体系供于学校进行实践，以下是我国针对 ESP 教学存在的一些问题进行的分析。

（一）对 ESP 的重视不够

部分高校缺乏对 ESP 的认识，忽视了对专业英语人才的培养。有些专业类学校尽管象征性地开设了几门 ESP 课程，但教师、学生也并不重视，学分安排少，大部分还是选修成分居多。而公立学校则还停留在只重视四、六级成绩，并把四、六级成绩作为顺利毕业的砝码之一，给教师学生都造成了心理负担。这样的现状造成了大部分非英语专业的毕业生都缺乏一定的口语交际能力，无法在需要专业英语的工作岗位上做到游刃有余。

（二）ESP 教材

教材、教学大纲、教学内容的设置都影响着教学效果。而如今，国内的 ESP 尽管研究火热，但尚未有一套完整规划的教材，大部分还是引进或联合编写，侧重点都有差异。教材并不能给学生以引导，而且没有相对应的习题能供学生课后的练习。

（三）ESP 师资力量薄弱

ESP 对教师的要求较高，不仅要懂得专业知识，还要能用英语流利准确地表达出来，传授给学生。而如今，我国的教师主要有两类：一类是专门学习英语专业的教师，这类教师英语基础好，能够流利用英语授课，但缺乏专业知识的学习，除了英语无法教授其他科目。另一类是非英语专业出身的教师，有一定的专业知识的积累，如果英文掌握得还可以，能够将其与专业知识结合在一起呈现在课堂上，就是我们所要的 ESP 教师，但目前看来，能够胜任的教师数量较少。

四、应对策略

在应对以上提到的一系列问题的同时，我们也要注意以下几点：

首先，我们提倡专门用途英语，但并不是说不重视普通基础英语。专门用途英语也要在学生有一定的英语基础后，进一步学习专业知识。基础英语教学是一定要有的，而 ESP 也会逐渐成为英语教学的主要方向。这就要求学校进行分批次教学。对英语基础较弱的同学还要进行英语的强化训练，对英语基础较好的同学则可以开展相对应的 ESP 课程。

其次，对于教材的指定，不同地区有不同的文化背景和教育设施。应针对不同地区的不同情况，通过主管部门的协调，制定符合本地区形势的教材。例如部分地区的旅游业较丰富，可以倾向于旅游英语的教授，部分地区商业发达，可以倾向于商业英语的教授。而教材的指定，也需要更多的专业性教师学者共同努力，完成一套合格的教材范本。

最后，面对生疏的领域，教师的带领才能让学生更好地接受新鲜知识。我们可以邀请国外的一些 ESP 专业教师莅临学校进行指导，也可以派出一些拥有良好的专业知识以及较扎实的英语基础知识的年轻教师到国外进行学习，促进我国 ESP 专业教师快速成长。

如今，我国的进口和输出日益增多，与世界的联系也日益紧密，旅游、科技、商业等各个领域都需要大量的拥有外语能力的人才，因此外语的工具性和实用性也日益增强。然而，面对如今的大学毕业生，证书在手，说不出口的现状，ESP 教学的改革势在必行。

第二节　ESP 教学与需求分析

一、需求分析与 ESP 教学

需求分析是 ESP 教学理论的重要部分，并在 ESP 教学实践中被广泛应用，它使得语言课程与不同目标群体学生的需求相适应成为可能。目前高等院校的 ESP 教学存在诸多问题和困难，例如教学方法的陈旧、考核方式的僵化、师资力量的匮乏、教材使用的按部就班、课程设置的不合理等，对 ESP 教学进行改革势在必行。而需求分析是进行 ESP 教学的首要的、基础的步骤，它为制定教学目标、教学大纲、教学计划、教学内容与方法、教材设计、教学评估等提供依据和参考，对于 ESP 教学改革十分必要。

国内开展 ESP 教学需求分析的研究在近 10 年来不断涌现，取得了很多代表性的研究成果，例如，陈冰冰构建了由学生个人需求分析和社会需求分析两个子模型组成的大学英语需求分析模型；[1] 郭剑晶从职业需求角度对 ESP "教"与"学"进行需求分析，提出 ESP 教学设计建议；[2] 蔡基刚对高等教育国际化背景下的 ESP 需求分析进行了实证研究；[3] 黄萍等阐述了 ESP 课程教学理念的本质，认为 ESP 的本质就是基于需求分析，以学习为中心的教学理念。[4] 虽然 ESP 教学需求分析研究硕果累累，但是也存在着一些不足之处。

二、国内 ESP 教学需求分析的不足之处

（一）需求分析理论尚处于国外理论的借鉴阶段

目前国内研究者的研究成果，大多数是以国外需求理论为指导，例如

---

[1] 陈冰冰.大学英语教学改革新探 基于独立学院需求分析的调查研究 [M].上海：上海交通大学出版社，2010.
[2] 郭剑晶.专门用途英语教学研究 [M].北京：知识产权出版社，2012.
[3] 蔡基刚.中国大学英语教学路在何方 [M].上海：上海交通大学出版社，2012.
[4] 黄萍.学术交流写译模板 All-in-One[M].重庆：重庆大学出版社，2011.

哈钦森（Hutchingson）和沃特斯（Waters）等人的理论作为经典成果，被反复引入和借鉴。尤其在进行需求分析实证研究时，国外的需求分析模型常常被用在国内 ESP 教学研究的需求分析中。虽然一些国内研究者在理论学习研究的基础上，尝试构建了中国背景下的外语教学需求分析模型，例如夏纪梅和孔宪辉、束定芳、陈冰冰等，但是总的来说，这些研究并未突破国外需求分析理论的经典框架，仍停留在对国外研究成果的借鉴层面，未能开辟出全新的分析方法或研究路径。

（二）需求分析调研对象较为局限

高校 ESP 教学研究多聚焦于微观课程，例如针对某一 ESP 课程或某一专业学生所学 ESP 课程的教学研究，需求分析的调研对象集中于在校学生、毕业生、教师和教学管理者、用人单位几类。研究者主要关注的是在校学生的需求，即便有同时关注到教师或用人单位或其他方面的需求，但仍然是以学生需求研究为主。而且某些调研的样本数量过小，调查区域或者调查行业非常局限，调研结果与分析往往缺乏说服力。

（三）需求分析研究工具略显单薄

在我国 ESP 教学需求分析实证研究中，使用最多的研究工具是问卷调查。在研究的起步阶段，有些研究者仅使用了问卷调查一种研究工具。随着此项研究的深入和发展，一些研究者尝试使用了其他研究工具，例如访谈、案例分析、观察、文献研究等，并且将问卷调查与其他研究工具组合使用，例如问卷调查＋访谈、问卷调查＋案例分析、问卷调查＋文献研究等。目前，"问卷调查＋"非常普遍，但问卷调查仍然是最主要的研究工具，其他研究工具仅为辅助工具。

（四）缺乏动态性和持续性的需求分析

受多种因素的影响和制约，人的需求是动态的、变化的，因此需求分析应是一个动态的过程。ESP 与通用英语的不同之处就在于其课程设计是动态而灵活的。而我国 ESP 教学研究者在进行需求分析时，绝大多数是一次性研究行为，例如研究发生在课程开始前，希望研究结论为教学大纲的制定、教学内容和方法的设计等提供依据和参考。实际上这样的研究只能表明某一时间点上的静态需求，无法代表整个课程的动态的、整体的需求。需求分析缺乏持续性的另一表现是大多数的需求分析没有循环往复地进行，没有作用于教学反馈和评估，需求分析的作用并未充分发挥出来。

三、完善 ESP 教学需求分析的建议

（一）深化理论研究

需求分析是一个动态的过程，需求分析理论和方法也应该是与时俱进、不断发展的。事实上，达德利·伊文斯（Dudley-Evans）和圣·约翰（St. John）的研究成果 *Developments in English for Specific Purposes：A Multi-disciplinary Approach* 出版于 1998 年，哈钦森和沃特斯的研究成果 *English for Specific Purposes：A Learning-centered Approach* 出版于 1987 年，虽为经典理论，但至今已有二三十年的时间了。国内研究者在引入和借鉴经典研究成果的基础上，应多关注新的研究动态和研究成果，加强理论研究意识，不断梳理、反思和深化理论研究，并尝试运用新思维，从新视阈探索适应时代背景和中国国情的需求分析理论，构建本土化的适合中国 ESP 教学的需求分析模型和研究路径。

（二）合理设定调研对象，适当选择研究工具

调研对象的准确设定保证需求分析的科学性，研究工具的适当使用保证需求分析的顺利有效进行。高校 ESP 教学需求分析调研对象主要包括在校学生、毕业生、教师、教学管理者、用人单位、语言学家等，研究工具主要包括测试、观察、访谈、问卷调查、案例分析、文献研究等。调研对象和研究工具是多样化的，在进行需求分析时，应根据调研目标，合理确定调研对象，科学设置调研规模和样本数量，选择适当的研究工具或工具组合，减少研究的盲目性和随意性。

（三）持续化需求分析

ESP 教学需求分析应该系统化、常态化，持续进行。例如，在 ESP 课程开始前、ESP 课程进行中、ESP 课程结束且学生经历工作实习后对同一批学生开展调研，了解不同时间点上学生的需求，并分析需求变化。一方面，教学人员根据需求的变化实施相应的调整，可以更好地满足学生需求。另一方面，将调整后的教学方案付诸新一轮的 ESP 教学实践，在新一轮的

实践中再次了解学生需求，并和上一轮比较，分析差异，可以发现新问题，采取新措施。下一轮亦是如此。如此循环往复，推动 ESP 教学发展。因此，持续化的研究过程对于 ESP 教学来说意义重大。

需求分析本质上是一种高度基于本土情境、讲究实用的活动。因此，中国的研究者应不断深化基于中国国情的需求分析理论和实证研究。在高校 ESP 教学需求分析研究过程中，应根据实际情况合理确定调研对象、调研内容和调研工具，科学地揭示 ESP 教学的真实需求，并持续进行需求分析，努力提高研究质量。

第三节　ESP 教学与 EGP 教学

随着世界经济全球化的不断推进和中国政治、经济实力的腾飞，有越来越多的国家正在走进中国，同时，中国的发展也正在走向世界。英语作为世界使用最广泛的语言，正是世界了解中国、中国走向世界的有效媒介。随着英语在中国的普及化教育，越来越多的中国人通过学校学习、自学、出国深造等多种方式，来认识英语、学习英语。大学英语作为中国学生英语学习的后半程即冲刺阶段，教学方面存在着一定的利与弊。首先，随着英语学习在中国的普及，学生可能在很小的年龄就开始英语的学习，在他们步入大学前，可能已经学了 12 年或更久的英语。对于一部分学生而言，他们已具备了扎实的英语基础；大学阶段的英语学习对于他们而言，是英语学习马拉松中的冲刺阶段，一旦他们在这个阶段中，掌握了适合自己的学习方法，培养了英语学习的真正兴趣，他们的英语学习也随之升华，进一步向语言习得迈进。那么此时，英语对学生而言，一生受用。但是，大学阶段，也不乏对英语充满厌学、弃学情绪的学生，对于这样的学生，教师是很难再将其拉回传统的英语课堂的。也许，对于这样的学生群体，在他们学生时代以后，他们是不太可能会主动学习或使用英语的。其次，在大学英语教学数十年的发展中，已经积累了丰富的教学方法，大学英语的教学方式也正趋于多模态化，如微课、慕课、翻转课堂、蓝墨云等，教学内容、材料丰富，但如何在这样强大的教学背景下，找到学生学习兴趣、学习积极性合适的切入点也是大学英语教师所面临的重要课题。最后，随着社会、学生对英语学习需求的不断提高，这也对大学英语教师提出了更高的要求。大学英语教师必须走出传统的英语教学课堂，根据学生所需、所缺、所用来满足学生的英语学习需求，这就要求教师要不断丰富大学英语的课程内容。将 EGP 通用英语教学向 ESP 专门用途英语教学迈进，也不失为发展大学英语课程的一条有效途径。但就目前我国高等教育阶段的大学英语课程体系而言，笔者认为大学英语课程由 EGP 向 ESP 的教学转型，并不该是一蹴而就的，而是一个渗入式的、发展的长期过程。

一、从 EGP 向 ESP 转型的课程设置

目前，就我国高等教育阶段的 ESP 专门用途英语课程本身而言，在多数学校还没有形成一个较为完善、成熟的课程体系，只限于学生的选修课或结束大学英语公共基础课程以后的一门专业辅修课程，由本专业非英语专业教师授课。此外，课程教学内容多停留在对一些专业文章的阅读理解和专业学术词汇的记忆方面。由此可见，课程体系的不完善、教学内容的缺陷都是限制 ESP 专门用途英语课程发展的屏障。

在 EGP 向 ESP 转型的课程设置上，高校应鼓励有英语介入的跨学科建设。鉴于目前处于转型的起步阶段，因此，学校可创设由大学英语教师和专业教师共建的 ESP 专门用途英语选修课程。课程共建不仅可以促进教师的专业发展和跨学科发展，还有利于教学内容的深化与丰富，英语教师与专业教师教学相长，实际上，对于二者都是共赢的。此外，对于学生而言，课程设置上，更多地根据学生的专业需求、个人学习需求来设计，会更大程度上满足学生的需要，同时，也增加了学生对课程的新鲜感和兴趣。

随着学生 ESP 专门用途英语选修课程的不断成熟与发展，学校下一步也可根据学生的学习、专业发展、就业需求等方面，将 ESP 专门用途英语课程细化，可在学生大学学习的最后阶段开设与其专业相关的诸如职场英语、职场英语会话、专门学术用途英语、英语应用文写作等侧重实用性方面的专门用途英语选修课程。

二、从 EGP 向 ESP 转型对教师的要求

无论是课程共建中的英语教师还是专业教师，对 ESP 专门用途英语的课程观念都需要有正确的认识。提及专门用途英语，很多教师倾向于侧重

其专业性方面，教学中，尤其在专业词汇词义、用法等方面，倾向于与通用英语词汇词义、用法割裂开来，着重其差异性，更多地让学生去学习新鲜的、陌生的知识。因此，学生在学习专业英语时，往往抱怨其生僻、晦涩、难懂。其实，在专门用途英语的教学中，教师不妨转变观念，从语言的专门通用性入手，关注学生未来步入社会语言使用的实用性方面，由简入难、求同存异，以学生更容易接受的方式，展开他们新一阶段的 ESP 学习。

如前所述，我国英语教学的 ESP 转型之路还处于起步、试验性阶段，因此，不免会遇到这样或那样的磨合问题。那么，在试新的过程中，教师与学生一定要避免急于求成的心态，做到戒骄戒躁，遇到问题，分析、解决问题。一步一个脚印，用可持续发展的视角，对待一门学科的成长与发展。EGP 向 ESP 的转型目前也可以称为一个准备阶段，它需要师资的准备、教学内容的准备、学生的准备、经验值的准备等，只有准备得充分，才会厚积薄发。

教师除了观念和心理的转变，还应专注自身的学识的拓展。这就要求教师不单关注本专业的发展动态，深化学识；还应注重本专业和不同的学科的交叉发展，寻求学习、教学新的契机，不断更新教学内容、教学理念，从而激发学生学的求知欲、学习主动性，赋高等教育以新的春天。

三、从 EGP 向 ESP 转型对教学内容的安排

大学英语教学从 EGP 向 ESP 的转型之路任重而道远，但却有无限的新思维、新内容可供教学者去探索，这不失为教师科研工作的一个新方向。就转型期的教学内容而言，教师除了在传统上关注学生英语学识、学知的新旧衔接，通用英语向专门英语的过渡；教师还应从英语语言的共性、通用规律、一般释义出发，研究语言在某一专业语境下的派生规律、衍生意义。从学生认知的最近发展区入手，教学内容上趋向共性的、规律性的知识点，切勿一味图新、过难，从而使学生失去学习的兴趣和信心。

转型期的教学内容上还应注重英语语言的多向性，即任何英语的教学都要培养学生的听、说、读、写、译等综合能力，学生在语言的学习中也在不断学习、积累英语的语音、词汇、语法、篇章、语篇等方面的知识。目前有很多的专业英语教学侧重培养学生专业语篇的理解能力以及掌握词汇、语法的知识方面，而忽视了学生听、说交际能力的培养、对语篇整体

谋篇布局能力的培养和词汇、习语的发音、灵活运用方面的提高。因此，教师在日常的英语教学中，应帮助学生站在语言之上，学会驾驭语言的能力，而不是使学生一味地死板记忆，被动学习，沦为语言的奴隶。

此外，ESP 专门用途英语的教学还应侧重语言的实用性方面，从语言运用的角度习得语义、语用方面的知识。教学内容也应涉及跨文化交流方面，而非单纯的学术类、说明类的书面表达和范式的语言表达。学生学习一门外语甚至专门外语，学习的目的是在提高其自身的综合文化素养和跨文化交际能力。因此，教师的教学内容上除了传授语言本身外，还应包括语言所传播的人文精神和语言在交际中的媒介作用。

大学英语作为高等教育的一门传统课程，它并不是一门新兴学科。近年来，因为学生专业学习的偏重、课程定位的偏差、学时学分的限制，大学英语的课程地位在不断弱化，这对大学英语教学者在新的时期提出了新的挑战，有挑战同时就有机遇，大学英语教学从 EGP 向 ESP 转型不失为新时期大学英语发展的一条新的路径。大学英语的 ESP 转型，它需要教师树立正确的课程观，付出学科共建的努力，深化专业、跨学科的学识，梳理合理的教学内容，等等。因此，这是一条任重而道远的道路，它是教师和学生不断试新、不断磨合的过程，但它同时也为我国的大学英语发展注入了新鲜活力。

第四节　大学 ESP 课程的建构

随着国际化进程的不断加快，我国在英语教学中实施了重要的发展策略，不仅要培养专业的素质人才，还要将英语文化运用到各个领域中。因为基础语言的建设已经不能完全适应当代社会发展的需要，英语人才的培养已经成为多种方式的实现。所以利用 ESP 课程，使我国的英语课程能实现复合型的建构方式。

ESP 教学是一种教学方法，它主要是根据学生在学习基础上的需要进行创建的。主要以学生的发展为核心理念，建立多元化的创新模式。ESP

教学课程中的资源包括很多方面的建设，不仅体现了整个教学方法，也创建了适合当今社会发展的实践活动。ESP 教学具有 4 方面的服务特点，它是一种服务性的特种学科，尽管 ESP 教学是一门不脱离英语的主要学科，但它在应用与实践创建上也是一门语言学科。而且，它还是以学生的根本出发点建立的，根据学生在社会中的需求进行分析和研究，从而设立的大纲课程。ESP 教学与其他的教学方式也不同，它不仅是一种专业技能教学比较全的学科，在实践方法研究中也体现了新的创新模式。ESP 教学在分类上也分为不同的方式，根据具体的不同功能，可以分为乘务英语、科技英语以及商务英语等。

一、英语课程中的 ESP 课程

ESP 课程与其他的英语教学不同，它主要是对语言知识进行输入，在语言能力培养方式上是由专业性的应用能力决定的。为了符合我国发展英语复合型的专业课堂，在英语专业课程中开始运用 ESP 课程。ESP 课程是一种语言实用性比较强的课程，它不仅能给本专业的英语学科提供目标服务，也能为非英语专业的学生提供有效的目标服务。创建英语复合型的专业人才是以学生的语言能力、文化与社会中的发展创建的，专业难度比较高，所以在 ESP 课程教学中不仅要在广度上拓展学生掌握的知识能力，还要挖掘学生在英语能力上学会创新，从而实现以更多的英语语言学会创新方式。在传统的英语专业培养方式上，不仅没有掌握英语实践知识在社会中的发展方向，也没有将英语作为社会中主要的交流工具。为了创建英语复合型专业人才，不仅要克服英语教学中的弊端，还要将 ESP 课程教学进行创新，不仅要突出它的实用性效果，还要在创新与发展建设中适应国际文化的发展需要。

二、英语课程中的 ESP 课程存在的问题

（一）没有明确的目标

为了创建我国英语复合型的专业课程，各个高校在创建 ESP 课程中，都已经开展了专业性的课程教学模式，如商务英语学科、外贸翻译学科的建立。但这种课程体系在建立中还只是传统的、以英语学科作为基础的，

从而导致教学模式之间的较大差别性。对于商务英语这项学科来说，为了追求整个教学的英语化水平，在教学中运用英语语言实施课堂教学，不仅没有使学生接受这种方式教学，也没有确定的教学目标。

（二）没有规范的 ESP 教材

我国实施 ESP 教学课程也没有规范的教材，很多教材的使用不仅没有统一，而且也没有一定的教学。先进的学科教学在教材上的选择应遵循一定的目标，成为更系统的教学模式，不仅要具有一定的权威效果，还要具有一定的参考价值。根据我国在学校教学中的调查分析，很多学校运用的商务英语学科教材都不同，不仅没有进行课程的规范、统一，很多教材的质量也不具有一定的应用价值。在实际的课程教学中不仅出现较大的随意性，涵盖的知识内容也没有提升学生在知识上的运用能力。

（三）没有专业的 ESP 教师

我国在 ESP 教师上的选择还不具备相应的专业性，由于我国传统教学模式的不断影响，我国英语学科的教师大多是单科知识的掌握，虽然他们具有丰富的教学经验，但在 ESP 教学模式中就比较弱。不仅没有完成实际教学中的大纲要求，教师实际教学的知识水平也没有得到较大的提高。很多 ESP 教师都是从英语学科上转过来的，他们对原有的知识经验比较丰富，但 ESP 教学课程模式就成为他们面临的新挑战，不仅没有充足的专业知识，在内容教学模式中也出现较大的困难。

（四）没有先进的 ESP 教学方法

我国之所以没有实现新的教学模式，就是因为在 ESP 课程教学中没有先进的教学方法。ESP 课程教学是当今发展的新型教学模式，它不仅能提高学生的兴趣，也能在学生发展语言教学中实现应用。但由于这种规模的不断扩大，而且在创建中也没有统一的教材，教师的知识水平也比较落后，所以我国关于 ESP 课程教学的学习方法还比较落后。实际的课堂教学还在利用传统的教学模式，虽然教师能够将重要的知识点进行讲解，但学生的自主能力、实践能力以及掌握知识的运用能力都没有得到有效的提高。传统的教学方式不仅在思维建设、技术建设等方面没有改善，学生对新目标学习的概念和学习方法也没有得到有效的实施。

三、实施 ESP 英语课程复合型专业建构

（一）建立 ESP 课程资源和学习目标

明确教学中的目标建设是整个教学的基本教学方式。为了培养英语专业中的复合型人才，就要选择合适的教学目标。因为在主要的学习过程中，只有建立良好的学习目标，明确相应的学习任务，才能构建以下的学习方式和过程，才能实现整体的教学模式。在 ESP 课程建立过程中，首先根据学校的基本情况建立相关的课程资源，还要将英语教学的重点放在信息交流的方向上，将英语专业知识的结构进行系统的整理和建立，根据学生在学习中的实际情况，利用有效的学习资源使学生在实际学习中能根据已经掌握的学习目标分配任务。

（二）规范 ESP 课程使用的教材

根据我国教学内容在 ESP 课程英语教学中的利用，出现很多的 ESP 教材乱用的现象，这种现象不仅没有改变我国英语教学传统课程教学，也没有达到提高英语水平的目的。因为一个教材的应用是整个教学最基本，也是最重要的知识材料。在当前发展 ESP 课程英语教学中，就更要搞好教材的基本建设。所以根据我国在教材方向的改革和创新的发展趋势，就要不断制定适合当今发展的、能够"走出去"的基本教材。还可以与国外的教材商家友好合作，从而编撰出更好的、适合学生发展的 ESP 教材。

（三）加强 ESP 课堂中的教师专业性

为了实现英语复合专业课程的建构方式，引进了 ESP 英语课程模式。这种课程模式不仅能使学生通过专业的学习方式掌握语言的魅力，还能在不同层次上了解英语知识结构，从而加深对英语学习的印象。ESP 课程教学是一门专业的、具有语言能力的学科，所以在实际教学中，教师发挥着关键作用。一个教师在知识水平上的建设是整个教学过程中的主要因素，因为教师是整个教学中的主导力量，教师的知识水平决定了整个教学的知识水平。所以在 ESP 教学中，就要运用高水平、高素质的教师队伍，才能实现英语复合型专业课程的实施。在 ESP 课程教学中，可以要求任教教师与外国教师进行友好的交流与合作，明确主要的教学目标，对这种教学模

式展开深一步的讨论和创新，从而发展为自己的知识体系。因为英语专业拥有自己的教学目标和教学要求，所以教师要具有相当的水平才能实现更好的资源分配，所以他们既要掌握专业的英语知识，还要提高自己在教学中的素质建设，这样才能实现更好的引导效果。

（四）使用先进的教学方法

在当前英语教学活动中，都是以学生为个体实施教学的，ESP英语课程模式就是针对学生为主体来进行的，建立的英语教材内容与英语学习目标都是根据学生在社会中的发展要求实施的。一个好的学习方法能够使学生在良好的基础上积极面对学习，也能使教师在实际教学中实现良好的教学价值。所以，要实现ESP英语课程模式的创新，将学生作为整个教学的中心的同时，还要建立良好的学习方法，根据不同学生在学习中的需要创建不同的学习方法，从而使学生在应用方式上也能适应当代社会的教育实施。因为ESP英语课程模式在实际学习中，并不只是学习语言的运用方式，而是将这种方式在学生交流与互动中完成的，从而使学生掌握更好的英语运用模式。

由于我国英语教学模式的不断创新和发展，为了满足当今社会发展的需要，就要创建复合型的英语专业人才，在新时期开展过程中引入ESP英语课程教学模式。通过这种建构模式的产生和发展，外语学习已经广泛地应用于各个领域，不仅改变了单一方式的教学模式，这种课程的融合也实现了更专业化的创新。所以学生在学习中不仅要具有基础的专业知识，还要掌握相关的技能，从而提升学科的知识水平。

第七章 大学英语与文化自觉的混合式教学

第一节 大学英语教材中的文化自觉及其实现

大学英语教材是学生与目的语文化接触的载体，文化自觉使学生认识母语文化和其他文化之间的异同，并且能从不同的参照系反观母语文化，又不盲目排斥异文化或被其同化。本研究基于对大学英语教学中常用的两套主流教材内容的分析，从母语文化和目的语深层文化方面分析大学英语教材中的文化自觉和实现，为未来大学英语教材编写者提出一些在教材中实现文化自觉的建议。

语言是文化的产物，同时又是文化的载体，一个人不可能学习使用一门语言，而不学习该语言的文化。"跨文化交际已经成为现代交际不可避免的现象，具备跨文化交际能力亦成为现代交际能力的必要组成部分。"[1]文化自觉指生活在一定文化中的人对其文化有"自知之明"，明白它的来历、形成过程、特色和发展趋向，不带任何"文化回归"的意思，不是要"复旧"，同时也不主张"全盘西化"或"全盘他化"。自知之明旨在加强对文化转型的自主能力，取得决定适应新环境、新时代文化选择的自主地位。文化自觉使人能够认识母语文化和其他文化之间的异同，能够从另一个不同的参照系反观自己的母语文化，同时又能对异文化采取较为超然的立场，而不是盲目地排斥或被同化。培养这种文化自觉，需要在接触异文化的过程中深入了解异文化的深层内涵，在明晰自我文化身份的基础上理解"他

---

[1] 严明. 商务英语话语实践能力构念、评价及效度验证[M]. 哈尔滨：黑龙江大学出版社，2016.

者",实现文化身份的重构。

教材是实现教学目标的主要手段,大学英语教材促使学生与目的语文化发生接触、交往,也是大学生明晰自我文化身份以及文化身份重构的过程,因此大学英语教材要帮助大学生意识到文化自觉的重要性,更好地理解世界文化,提高学生的跨文化意识和能力。

大学英语教材重在关注不同语言负载的文化在深层结构即价值观和思维方式上的差异,而不只是介绍交往礼仪、风土人情和时政要闻等,要让学生能从不同的文化中吸收养分,发展对语言和文化的认知和元认知,明白母语文化和目的语文化不是分隔和对立的,从而获得世界的整体性知识。因而在大学英语教材中应凸显文化自觉的重要性。

一、现行教材中母语文化的缺失

文化自觉首先要认识自己的文化,充分认识自己的历史和传统,理解接触到的多种文化,才能在这个已经在形成中的多元文化的世界里确立自己的位置。

大学英语教材要科学合理地配置英语国家文化、中国文化和国际文化的知识才能适应全球多元文化发展的需要。母语文化在大学英语教材中至少有两方面的重要作用:①对比母语文化与目的语文化,能更加深刻地揭示出目的语文化的特征,从而加深对母语文化和目的语文化本质特征的理解。②调整学生的民族中心主义观念,培养学生对目的语文化的积极态度,提升学生英语学习的积极性。

我国的大学英语教学长期以来以语法—翻译法为主,学生和教师在应试的压力下往往忽略文化学习和传授,而且汉语和英语在时间取向上、思维上和篇章结构上差异大,学好英语存在难度,因此国内的大学英语界避免教学中以"己文化"度"他文化",导致文化"负迁移"的现象,强调尽量给学生营造英语环境,课堂上要求全英文授课,有意识地回避母语和母语文化,只关注目的语和目的语文化。

目前,大学英语使用的两套主流教材:《新视野大学英语读写教程》[①](郑树棠2011)的第一册9单元B中提到学习汉语;第二册3单元B写

---

① 郑树棠,孙永捷.新视野大学英语[M].北京:外语教学与研究出版社,2011.

的是华裔美国人生活中外籍女婿见华人丈母娘的故事，9单元B写的是华裔在美国艰苦磨炼而成功；第三册6单元A中有一句话提到中国古代就积累一些地震预测经验；第四册3单元B中提到中国人，4单元A中有一句话提到中国的电信发展。在80篇文章中，只有6篇文章提到中国，其中4篇文章仅有一句话涉及中国，另2篇文章是华裔美国人的生活经历，与中国人生活相关的、与中华文化相关的文章几乎没有。《全新版大学英语综合教程》[①]的第二册单元A是一个美国教授所写的对比中美教育方式的文章，第四册3单元B是英籍华裔知名女作家韩素英的自传，回忆她15岁在中国求职的经历。在64篇文章中，共有2篇文章涉及中国，其中一篇出自美国人之手，另一篇也不完全是中国人的生活写照，教材中也几乎没有涉及中华文化的文章。

大学英语教材中母语文化的缺失造成中华文化失语现象，例如在口语强化培训课上，有学生谈到孔子时直接说Kongzi不知道用Confucius，外教不知所云，当外教探询中国Confucianism／Taoism（儒／道）传统时，学生却不知如何作答，更无法向外籍教师介绍中国的文学、朝代、建筑、艺术和伦理等，从中亦可以看出大学英语教材忽略对母语文化的传授，造成大学生对母语文化的表述不理解、不重视，使学生很难在跨文化交际中向外传输母语文化，使学生学习的过程中容易盲从地接受目的语文化的规范，反而疏远自己的文化传统。实际上学生在开始接受正规教育时就已经内化母语文化的价值观，外语教学不需要切断学生与母语文化所有联系。在大学英语教材中我们应该重视母语文化并能将其英译，让学生熟悉其目的语表述，学会用目的语介绍中华文化。

成功的外语学习者，对目的语和母语的掌握是互相促进的，对目的语文化更深层次的理解和欣赏与对母语文化更深层次的理解和欣赏也是相辅相成的。中国的英语学习集大成者，如林语堂等都精通母语文化，不理解母语文化很难真正学好英语语言和文化。霍尔指出"多年的研究已使我坚信，真正的工作不是理解外国文化，而是理解本国文化，我也坚信，人们从研究外国文化能得到的不过是表面的理解，这类研究最终是为了更加了

[①] 李荫华，王德明. 全新版大学英语 综合教程1[M]. 第2版. 上海：上海外语教育出版社，2018.

解自己系统的活动状况"①。学习目的语文化并不意味着同化,而是用一个新的角度去看待母语文化和目的语文化,学会包容和理解不同文化。只有对母语优秀传统文化有充分的认识和足够的修养,才能理解目的语文化,并逐步拓展自己的跨文化心理空间,对文化的多元性展现出一种恢宏大度和兼容并蓄的跨文化人格。

二、现行教材中目的语深层文化的忽视

文化是知识、信仰、价值观、宗教、时间概念、空间关系、宇宙观累积的沉淀物,以及一群人通过数代人的个体和群体的努力获取的物质对象和财富。文化可以分为表层文化和深层文化,表层文化包括服装、建筑物、交通工具和通信手段等。深层文化是软文化,即精神文化,其核心是观念(包括传统观念与当今观念),而观念的核心是价值观念。深层文化范围远远超过表层文化,包括法制观、道德观、人权观、婚姻观、发展观、宗教观、个体与群体观等,它是文化的内核,是民族文化的精神本质,决定着文化的特征和风范②。对于理解目的语文化,重要的是理解深层文化,因为文化隐藏之物大大甚于其揭示之物,它隐藏的东西最难为其自身的参与者识破。而文化的深层结构是一个文化不易变动的层面,它是相对"表层结构"而言的。在一个文化的表面层次上,自然是有变动的,而且变动往往是常态。

国内教材的编写者和研究者尽管很重视目的语文化的输入,但是在教材编著中强调目的语的表层文化,忽略目的语深层文化的内容。由于大学生触摸到的基本上是目的语文化的外壳,缺失对目的语深层文化的了解。例如在表层文化的输入中,学生很容易知道《圣经》及其中的《创世记》等,但在深层次的交往中,就表现出目的语文化的欠缺,对外教在交流时信手拈来的有关《圣经》典故等完全不了解。在介绍"鱼米之乡"时,学生使用 land of fish and rice,可外教并不理解,因为英文使用源自《旧约·出埃及记》的 flowing with milk and honey。摩西对受苦难的犹太人说:"我下来是要救你们脱离埃及人之手,领你们出了那地,到那牛奶和蜂蜜遍地流淌的地方。"学生不了解这个典故,使用英语表述时就不准确,这样的用法也反映出中国传统农耕文化和西方游牧民族文化的差异。因此学生的

---

① 霍尔. 西方文学批评简史 [M]. 张月超,译. 南京:南京大学出版社,1987.
② 顾嘉祖,陆升. 语言与文化 [M]. 上海:上海外语教育出版社,2002.

英语交际障碍不能简单地认为中国学生羞涩、词汇不够或者语法不清，还应该考虑到在大学英语教材中缺失对目的语深层文化的理解。

《新视野大学英语读写教程》中的 80 篇课文绝大部分选自 20 世纪八九十年代出版的英美报刊和书籍，也有 21 世纪刚刚问世的作品。为配合教学需要，对选材的部分内容进行过删改，但没有一篇出自著名的作者或者经典的作品；《全新版大学英语综合教程》64 篇课文绝大部分摘录自报纸和杂志，作者绝大部分是报纸或杂志的记者、专栏作家、编辑。经典作家或者作品几乎没有涉及，甚至节选也没有，经典阅读的缺失对教学产生很大的影响。

苏霍姆林斯基曾试过用很多方法促进学生的思维，得出的最有效的手段就是扩大他们的阅读范围。因此在大学英语教材中应该重视学生的阅读广度和深度，要让学生对目的语文化有整体性的认识和了解，注意克服因自身文化定式可能导致的对异文化过分简单化的概括乃至偏见，认真汲取目的语文化中的人类文化宝贵遗产。时至今日，全球化已经成为社会的发展趋势，在回应这一现实的过程中，文化自觉不仅是理解与把握自己文化的根和种子，更要深刻、完整地认识西方文化，以找到一个真正能够相互对应的发展坐标。

三、大学英语教材中的文化自觉实现

在当今西方文化为"强势文化"的世界格局下，文化价值的渗透更为隐蔽，这更需要建立本民族的"文化自觉"，拥有文化自觉的人能更清楚地认识到各种文化相遇时的彼此关系以及判断如何确定自己的文化认同。也许我们不能改变现状，但我们可以让它向更理想的方向转化。

通过与其他文化的交流，人们感到自己同属于一种文化。任何文化都在与其他文化的联系中，或是在其他文化的对立面来定义自己，通过揭示与其他文化的差异，才使我们感到我们属于哪一种文化。文化身份的建构离不开"他者"，这里的"他者"是相对于"自我"的一个参照物，我们通过与他人的联系认识自我、定义自己。因为必须有"他者"，人们才能给自己定身份。身份的"主体"（自我）的独立离不开"他者"，"主体"（自我）既要得到"他者"的承认，又要在与"他者"的对抗中，满足被"他者"承认的愿望。

实际上，文化之所以要进行认同，是因为有"他者"存在，担心被"他者"同化而失去自我，如果没有"他者"，也就没有自我确认的意义和必要性。一个人或民族通过与"他者"的区分来确定自己的身份认同，每一种文化的发展和维持都需要一种与其相异质并且与其相竞争的另一个自我的存在。理解他者，建构自己的文化身份，一定要深入目的语文化的核心，要在大学英语教材中体现出目的语深层文化的经典哲学、经典文学和古典文化，强调对目的语深层文化的真正理解。

（一）大学英语教材须加强目的语经典历史文献阅读

解决现代社会面临的理性危机就要重视大学教育，完善学生的天性，使学生懂得关于人、人类的永恒问题，这就需要在大学里开展通识教育，回归传统，阅读经典。让学生接触名著，以净化他们的灵魂，懂得追求卓越与德行的完美，西方教育家赫钦斯对"共同人性"及"本族群的属性"这种永恒性的研究，其精华首先体现在西方文明的历代经典著作中，大学生在进入专业研究之前，不分系科专业全部应首先学习"西方经典"。这些学习会发掘出我们共同的人性要素，因为它们将人与人联系起来，因为它们将我们与人类以往的最佳思维联系起来，因为它是进一步学习和理解世界的基础，一本经典名著在任何时期都具有现实意义，这就是其经典之所在。如果一个人从来没有读过西方世界的任何名著，我们如何能称他是一个受过教育的人？

学生要阅读原著。经典教育的最好途径是将注意力放在经典作家的著作本身，而不是放在论述他们著作的书籍上，必须使读者与天才面对面地接触。经典著作揭示人类普遍关心的基本问题，教师在教学中要引导学生在学习过程中不断思考它们如何影响我的生活，它们能医治我们的哪些疾病，它们如何改善并弥补我们的缺陷，何处是我们的榜样，何处是我们的警告。大学不是青年人来寻找其职业的地方，而是来找到自己的地方。

大学英语教材应有哲学的内容。"哲学"一词是古希腊人所创，意为"热爱智慧"。古希腊人把热爱智慧，追求智慧作为人的始终如一的精神状态。从古希腊的毕达哥拉斯、苏格拉底、柏拉图、亚里士多德以及古罗马的西塞罗，到后来的卢梭、孟德斯鸠和康德等，西方哲学大师对西方的思维方式、民族性格、公民文化及崇尚民主、自由、科学和理性的传统都有深刻的影响。林语堂说:"少时读《亚里士多德》,使我不胜惊异的,就是读来不像古代人的文章,其思想、用字、造句,完全与现代西洋文相同,使人疑心所读的不是二千多年前古代希腊哲学家所写的,而是19世纪或20世纪的西洋论著,最重要的是他的《逻辑学》(Organon)中逻辑的形式系统,后来这逻辑系统统制西欧二千年的学术。"[①]中国与西方哲学的差异,体现在思维方式、人文精神、伦理观念、逻辑、人生观和世界观等各个方面。中国人讲"天人合一",而西方哲学则持"天人相分"的观点;中国人遵从集体取向,而西方人崇尚个人奋斗;在时间取向上中国人常感怀过去,而西方人则着眼于未来;在思维方面,中国人重整体、重主体,而西方民族重逻辑、重理性、重分析,反映在篇章组织结构上,汉语是螺旋形,而英语呈直线形。

哲学的使命在于把个别、具体的东西与更一般的东西联系起来,最终深入人与自然融为一体的境地;同时,哲学也是一切精神活动的中心,每一科学活动,甚至每一针对内在目标的人类努力,都根据哲学确定方向,并从哲学中获得精神的生命力,就语言来看,哲学的有益影响几乎遍及所有方面,在一个民族中间,科学教育的性质越偏于哲学,就越有助于语言的发展。因此,加深学生对最根本的哲学层面上的文化认识,不仅有利于学生提高跨文化交际意识,而且有助于提高阅读、写作和听力等各方面的语言技能。

大学英语教材应包含经典文学的内容。文化能够通过文学的媒介表述自己,文学是第二语言教学中的组成部分,文学的主要功能之一是作为媒介传播。没有文学,就不能发现他国文学的独特之处和对多样的叙事文体难以有深层次理解,从而也无法理解其他国家人民的相似性和不同性;无论是全球经济发展,还是多民族的社会都需要公民能够理解自己和他国的语言、传统和文化历史。文学文本是学习者能利用的语言资源,阅读文学作品能帮助他们发展语言能力。利用文学作品去阐释渗透其中的目的语文化的价值观有助于学习者重新定义在母语文化中获得的价值观,文学作品相当于提供一个新的视角帮助学习者了解文化之间的共同点和差异。大学

---

① 丹·克莱恩,沙龙·沙提勒,比尔·梅布林图.逻辑学[M].陈仕伟,译.北京:生活·读书·新知三联书店,2019.

英语教学中的阅读材料可以被用于教授文化。目前，大学英语教材的阅读材料只是我们自己根据不同难度水平架构的语言体系，这就变成没有文学成分的读本。

希腊文化是欧洲文明的发源、人文主义的摇篮，也是西方全部人文研究的根底。两千年来，古典文化不仅是西方学人从未间断的研究对象，更是他们永远眷念的精神家园。古典文化产品因代代相传而得以延续久存，其作用和影响惠及当代。"这些产品播种着生命，因为它们本身即生成自完备的生命。"但在大学英语教材中没有这方面的内容，外籍教师在课堂上提到美国著名诗人爱德华·罗宾逊（Robinson）的诗，结果同学不知道，外教提到波塞冬（Poseidon）时，有同学记忆起观看过的日本动画片，指出波塞冬是希腊神话中的海神。实际上，古典文化和希腊罗马神话对英语文学（如诗歌）具有深刻长远的影响，莎士比亚（Shakespeare）、弥尔顿（Milton）、雪莱（Shelley）、济慈（Keats）和勃朗宁（Browning）等都用神话故事丰富他们的题材。意大利的但丁（Dante）、德国的歌德（Goethe）和席勒（Schiller）等都从神话中汲取素材和典故。不了解希腊罗马神话故事，就在相当程度上失去欣赏和了解目的语国家文学和艺术的机缘，对于一名学习英语的大学生来说，了解一点神话故事知识非常必要。

大学英语教材应该涉猎西方经典原著，这些是学生在繁忙的日常生活中可能不会有时间和机会去探求的领域。有些知识是人类智力成就的共同基础，学习这些语言的句法所形成的坚韧性及自我克制精神足以增强个性，提高个人的道德发展水平，实现外语教材的人文价值和工具价值的融合。

（二）大学英语教材须加强母语文化的目的语表述

语言是国家的灵魂，我们可以通过语言分析发现国民性。因为语言学习本身应该是一种双向交流，文化输出和文化输入具有同等地位，没有文化输出就变成单方面的文化引进，跨文化交际表达的是双向的交际行为，决不仅仅局限于对目的语文化的理解，还包括与对方的文化共享和对对方的文化影响。

大学英语学习并不是抛弃母语的过程，实际上正是与异文化的接触，才更能让学生意识到自己的文化，才更能让人意识到自己的文化身份，如果没有文化他者的存在，母语文化传统就只是一种未经比较和反思的智慧。他者提供一个参照系，在与参照系的比照中可以重新认识自我以及文化传统。

大学英语教材中的文化内容只有通过文化对比，才能促使学生对文化进行国际性的思考，继而提高学生的全面综合文化素质。作为大学英语教材应该包括：①目的语文化材料，以英语为母语的地方的文化。②源文化材料，学习者自己的文化。教授文化时，教师应该记住的是需要提升学生对学生自己文化的意识，母语文化是与目的语文化进行比较的基础，这样方能显现目的语文化的主要特色，同时提升学生对母语文化和目的语文化中精华部分的深层理解，只有这样学生才能获得跨文化交际所必需的容忍和敏感度。

大学英语教材应加强对母语文化的哲学、文学和古典文化的目的语表述。首先，是帮助学生意识到自己的中华文化传统，意识到自己的文化身份，帮助学生认识自我、理解主体，在学习目的语文化时加深和强化自己的文化，使他们学会表达自我，让学生树立民族自信心，提升民族自豪感，树立平等的交际意识。其次，是要深化对目的语文化的"非西方视角"探索，推进中西方文化的平等对话，要在中外师生的交流中，培养学生输出母语文化的意识，保证文化的双向传输，用目的语介绍、传播中华文化，增进外国人对中华文化的了解；维护中华文化的话语权，从而在交际中处于较为有利的地位。最后，是在和西方世界保持接触、进行交流的过程中，把我们文化中的精华传播出去，使其变成世界性的，获得中华文化的话语权，不是让中华文化与西方文化对立起来，或者简单地以民族自豪感取代文化交流中实事求是的态度，使学生意识到中国的历史和文化是世界的一部分，自己不仅是中国文化的传承者，也是世界的一分子，是世界文明的延续者，这正是外语教材的桥梁作用。

本节通过对常用的两套主流大学英语教材内容的分析发现，现行的大学英语教材中缺失用"地道"英语表述的母语文化内容，中国学生在中外师生交往中很难用英语准确地表述自己的母语文化。同时，现行的大学英语教材忽视目的语文化的深层文化内核如价值观、与语言文字有关的思维方式和信仰等，中国学生面对所学的目的语文化，因为未能触摸到文化的内核，徘徊在他者文化的边缘，导致理解的障碍。

本节希望能引起大学英语教材的编写者对文化自觉的重视。文化自觉是一个艰巨的过程，首先要认识自己的文化，理解接触到的多种文化。一种文化只有努力保持自身的凝聚力，同时吸收异文化的精华，才能使自身得以提升。一个文化如果缺乏凝聚力，在世界多元文化中处于一种消极保守的状态，不及时汲取异文化的优点，最终将失去发展的机会，很可能会被同化。母语文化和目的语文化之间既不是简单的认同，也不是彻底的疏离，而是辩证的统一关系。

在未来的教材编写中将母语文化和目的语文化内容分层次、系统地纳入大学英语教材，让学生接触到中外经典作品，帮助学生意识到文化自觉的重要，确立自己的文化身份，使学生能客观地评价中西方文化的异同，帮助学生从不同的视角去认识、观察世界，从而更深刻地理解自我，学会融合母语文化和目的语文化的不同思维方式和价值观念，调整学生的民族中心主义观念，培养学生的批判性思维和解决问题的能力，继承人类的共有传统和普世价值。

第二节　大学英语教学与文化帝国主义

在大学英语教学中存在着诸多语言崇拜现象，比如英语被过分地美化，英语的地位被过分地拔高以及英语大众传媒、音像制品和书籍备受追捧等"虚热"现象。英语崇拜现象既是英、美等国长期推行语言帝国主义的结果，也根源于以应试为特征、具有强大社会分层功能的英语考试制度。英语语言崇拜现象已经给我国高校教学和人才培养带来了诸多负面影响，一些学生把大部分的时间和精力投入英语学习中，以至于专业课成了辅助学科；一些教师和学生轻视母语和优秀传统文化，他们的思想和行为在一定程度上被资产阶级文化和价值观念所控制。大学英语教学中，应该适当降低大学英语课程的学分；改革英语考试制度，变封闭性的应试考试为开放式的语言能力测试；自觉抵制语言的侵略，热爱母语，坚定汉语语言自信和民族文化自信。

大学英语课程是非英语专业大学生的一门必修的基础课程，兼有工具性和人文性双重性质，它在提高学生的语言交际能力、拓宽国际文化知识视野和培养文化素质等方面，发挥了重要作用，适应了改革开放以来我国经济社会迅速发展和国际交流的需要。然而，在大学英语教学过程中也不同程度地存在着语言崇拜现象。语言崇拜是指因为盲目地推崇某种语言，致使人们的思想和行为受这种语言控制的状态。

一、大学英语教学中的语言崇拜现象

当前，由于多数发达国家以英语作为母语或者官方语言，英语似乎成了现代文明和科技发达的象征。伯奇菲尔德（Burchfield）说："如果任何一个有文化教养的人不懂英语，他就在真正意义上被剥削了，就会立刻认识到贫穷、饥饿和疾病是最悲惨的和最不能解除的剥削形式。"[①] 长期以来，尤其是改革开放以来，我们常常以落后者和学习者的心态引进和学习发达国家的先进技术和管理经验，特别重视英语的教学，以至于在大学英语教学中出现了一些英语崇拜现象。

（一）教学过程中过分美化英语

在大学英语教学中，有些教师或者是出于对自己专业的偏爱，或者是受到外国传媒的影响，在课堂上总是有意或者无意地美化英语语言。他们认为，英语是现代科学技术的载体，是信息社会的主导语言，意味着文明、开放；懂英语是一个人有学问的标志，能说一口纯正、流利的英语是身份的象征，在外文期刊上发表文章，更能彰显学术能力。在这种错误语言观的误导下，英语成了一些大学生心目中最为完美和最敬畏的东西，致使他们的思想和行为处于受控制的状态，比如，一些学生刻意模仿外国人的形体语言、生活方式，醉心于资产阶级文化；一些大学生爱屋及乌，羡慕以英语为母语的人，将其视为英语发音的标准和偶像，因为心存畏惧和崇拜，他们与外国人交流时难以做到不卑不亢，往往有失身份和尊严。

由于英语语言被过分地美化，一些学生崇拜英语，把大部分的时间、精力和金钱投入英语学习中。他们轻视母语和传统文化，甚至错误地认为：汉语最难学，是一种晦涩难懂的语言；汉语是以自然经济为基础的农业社会语言；汉语与现代信息社会脱节，不利于科学技术发展以及国家交往；

---

① R.W. 伯奇菲尔德. 话说英语 [M]. 北京：外语教学与研究出版社，1992.

等等。这些错误思想误导了学习行为，在某种程度上取消了母语的生存权，产生出诸多不良后果。例如，一些学生汉语语言功底极差，以至于写毕业论文时不会遣词造句，不会用标点符号；不少毕业论文逻辑混乱，错别字连篇。海德格尔说："语言是存在的家。"[①] 意思是说，母语是人们赖以栖息的精神家园。从这个意义上说，那些因崇拜英语语言，而轻视母语学习、丢失了自我的人，是没有精神家园的流浪者。

（二）在大学英语教学中，英语大众传媒、音像制品和书籍等备受推崇

在大学英语教学中，教师普遍采用基于计算机和课堂的英语教学模式，利用当代信息技术，在计算机网络上创造出一个由英语大众传媒、音像制品、电子书籍等构成的网络语言环境，让学生接触和学习"纯正的"英语，以消除在学生中普遍存在的"哑巴英语"和"聋子英语"现象。在这个网络语言环境中，教师不再是课堂的教学中心，学生也从被动的知识接受者变为能动的知识建构者，极大地拓展了学生的知识来源范围。

基于计算机和课堂的英语教学模式将知识性、趣味性和实用性等教学原则有机地整合在一起，符合"教师为主导、学生为主体"的教学规律，创设了一个学生置身其中，并能自主学习和个性化学习的网络语言环境，极大地提高了教学效果。但是我们也应该清醒地看到，这种推崇英语大众传媒、音像制品和书籍教学模式，使得学生在利用这些知识资源学习的时候，易受这些资源中知识权力的控制。

不少大学生练习听力，喜欢欣赏英语广播、电视节目。"美国之音"（VOA）广播、BBC和CNN等电视节目，打着新闻"中立""客观公正"的旗号，标榜"新闻自由"，实际上经常歪曲事实，颠倒是非，到处煽风点火，唯恐天下不乱。一些大学生练习阅读时，喜欢阅读《时代》《新闻周刊》等英文杂志，但是在这些刊物的字里行间，常常渗透着浓厚的殖民主义思想。《时代》杂志在报道香港回归时，把香港歪曲成"英国的殖民地"，并且普遍使用了"revert"而不是"return"表述"回归"。"return"的意思是归还，即归还被他人非法占有，或者被强盗掠走的财物。"revert"的

[①] 海德格尔. 海德格尔说存在与思 [M]. 武汉：华中科技大学出版社，2017.

意思是"返还捐赠品",指捐赠者捐献的财产在到了捐赠者与接受者商定的期限后,接受者把赠品返还给捐赠人的法律行为。香港回归中国只能是"return to China",如果用"revert to China",就掩盖了西方帝国主义列强对中华民族一个多世纪的侵略和掠夺的历史。当大学生"沉浸"于各种英语知识资源中学习时,他们的思想和价值观因受到知识资源中所蕴含的知识权力的控制,而潜移默化地发生了嬗变,这种嬗变往往是不自觉的,甚至是在他们积极主动的配合下完成的。

二、英语崇拜现象原因分析

大学英语崇拜现象的成因是复杂的和多因素的,既有体制和心理学的因素,也有英语语言帝国主义潜移默化的影响,是内因与外因交互作用的结果。

(一)从体制上看,具有强大社会分层功能、以应试为特征的英语考试制度是英语崇拜现象的总根源

在大学生面前,有形形色色的英语考试,比如,英语四、六级考试,硕士研究生招生考试中的英语统考,学位英语考试,雅思考试,托福考试,等等。在这些英语考试中,试题偏僻而古怪,即使人们耗尽了大部分的时间和精力,也难以过关。在硕士研究生招生考试中,英语的筛选功能被发挥到极致,不管考生报考的专业研究方向是否与英语有关,也不管他专业能力、科研能力多么强,唯有通过了英语统考,才能被录取。可见,英语考试已经成了一种设立围墙的社会行为,它在最后一名被录取者和最后一名被淘汰者之间,设立了一道无形的隔离围墙和社会边界,这边是拥有知识、财富、社会地位的成功者,那边是一无所有的失败者。因此,知道一个人通过了多少次英语考试,也就知道了他的社会地位。由于英语考试的强大社会分层功能,使得英语在一些大学生的心中成了支配他们命运的神秘力量和无形的手,英语变体为神圣知识。英语成了一些学生心中的救世主,一些大学生将英语神圣化加以崇拜,出现了英语崇拜现象,也可称为英语拜物教。

当前,各种英语考试普遍采用闭卷考试形式,题目涵盖听力理解、选择题、完形填空、阅读理解、英汉互译、作文等题型,偏题、怪题多,生

僻字词多，题量大，试卷多达十几页，即使一些大学生几乎把所有的时间和精力用在英语学习上，也难以考到 60 分。最令人奇怪的现象，莫过于研究生录取中的公共英语考试了，很多人拼命地学了十几年的英语，竟然只能考三四十分，并且 40 多分还能过关！英语真的有这么难吗？显然，不是人们的学习能力有问题，而是以应试为特征的考试制度存在着缺陷，它是英语语言崇拜现象产生的总根源。

（二）从心理学上看，英语崇拜现象源自一种弱者对强者的仰慕心态

在鸦片战争以后的一段时间内，中国积贫积弱，一些人持有弱者心态，缺乏民族语言和文化自信。甚至一些革命者也误将汉字作为国家落后的一个重要原因，因此在新文化运动中，一些学者提出了"汉字不灭，国家必亡"的错误主张。1918 年，著名文学家钱玄同发表了题为《中国今后之文字问题》的文章，主张"废孔学""废汉字"。瞿秋白也力主废除汉字，他提出："现代普通话的新中国文化必须罗马化。罗马化或者拉丁化，就是改用罗马字母的意思，这是要根本废除汉字。"[1]新中国成立后，国家进行了汉字改革，在简化汉字、推广普通话、推行拼音方案等方面，成效显著。在当时，汉字走拉丁化、拼音化道路成为一种主流声音。20 世纪 80 年代初期，汉字再次面临挑战，一些人认为汉字不能在电脑上输入，甚至断言："电子计算机是方块汉字的掘墓人，也是汉语拼音文字的助产士。"改革开放以后，面对西方发达国家的科技成就，一些人将自己定位为学习者和落后者的角色，盲目崇拜西方的语言、文化、科技成就等。

（三）英语崇拜现象是英美等国长期推行语言帝国主义的结果

英语从 1600 年的一个小语言，发展成为当今用于国际交流的领导语言，经历了至少 4 个世纪。英语的显著发展是在 17 至 19 世纪期间，是英国成功地征服、殖民化和贸易的最终结果。随着美国在"二战"后崛起为世界军事强国和科技领导者之后，英语实现了加速发展。在此过程中，一些帝国主义"御用"语言学家编造了诸多虚假谎言，积极鼓吹英语的所谓"强大功能"：一个人学会了英语，就等于走上了一条通向现代化、民主、自

---

[1] 瞿秋白. 论中国文学革命 [M]. 北京：大有书局（北京）有限公司，2022.

由和科学技术的康庄大道；一个国家若使用英语，就能实现民族团结、增强国家之间的相互了解；英语是世界性的语言、广泛的交际语言、通向世界的窗口、连接性语言；等等。一些发展中国家在取得民族独立以后，希望通过重视英语语言教学，引进和学习西方现代科学技术，建设一个独立、富强、现代化的国家。由于过分地崇拜英语的功能和作用，它们常常在赶跑了带枪的帝国主义者之后，又被语言帝国主义所侵略、控制。大学英语教学中的一些英语崇拜现象，表明语言帝国主义已经将触角伸展到我国的高校，对一些师生的思想和行为产生了负面影响。

三、消除英语崇拜现象的对策和建议

高校中英语语言崇拜现象存在着进一步泛滥的趋势，已经对专业课教学、大学生思想政治教育产生了诸多负面影响，必须采取一些积极有效的措施消除这种教学异化现象。

（一）适当降低大学英语课程在总学分中的比例

在高校课程体系的学分构成中，大学英语课程已经喧宾夺主，干扰了专业教学，影响了思想政治教育工作。为此，部分研究型大学已经大幅缩减了大学英语课程的学分，一些地方本科院校也陆续跟进，掀起了一股缩减英语学分的热潮。

在大学英语教学中，通过理论与实践相结合的教学模式，着重培养学生的听说能力、综合应用能力和自主学习能力等"潜能"。这种潜能只有被实践需要所激发，才能转化为现实。恩格斯说："社会一旦有技术上的需要，这种需要就会比十所大学更能把科学推向前进。"[①] 一旦学生踏上社会，如果从事的工作迫切需要英语作为工具，他的英语潜能就会转化为极高的语言应用能力。反之，如果一个人的工作性质与英语无关，即使大学英语考试成绩优异，也会随着时间的流逝，逐渐生疏，乃至忘光。

（二）改革英语考试制度，变封闭性的应试考试为开放式的语言能力测试

随着英语逐渐淡出高考的舞台，各种应试性的英语考试也将退出大学

---

① 恩格斯. 史的唯物论 [M]. 上海：新汉出版社，1938.

校园，开放性的英语语言能力测试，必将成为占主导性的学业评价方式。语言的生成规律是先会说话，然后才是认读和作文。英语语言能力测试应该主要测试大学生的语言交际能力、认读能力和写作能力。教师对语言交际能力的测试应该是过程性的和形成性的，要融汇在大学英语教学过程的始终，不能单凭期末试卷中的几道听力试题，就做出终结性评价。

　　在教学中，尤其是在实践课程中，教师要鼓励学生开口说话，分组交流，也可以采取唱英语歌曲、表演小话剧和演微电影等丰富多彩的形式。开始时，一些学生可能会因害羞、心理紧张，而出现词不达意、语法错误、逻辑混乱等现象，教师要及时地纠正并加以鼓励。熟能生巧，人的语言交际能力都有一个从生到熟的过程，一句话、一个习惯用语，反复说过几次，就熟练了。教师在课堂上，语言要幽默生动，态度要和蔼可亲，课后要详细记录每个学生的表现、参与程度、存在的问题以及取得的进步等，学期结束时给出平时成绩，占总成绩的40%。我们建议：大学英语课程期末考试采取开卷的方式，考试时间为120分钟，占总成绩的60%；题型为主观题，包括英译汉、汉译英和作文等，题目要难易适度，拒绝偏题和怪题，旨在考查学生的认读能力和写作能力；考试期间允许学生查阅字典、辞典，也可以参考相关资料，但是不准交头接耳说话、相互抄袭。

（三）热爱母语，坚定汉语语言自信和民族文化自信

　　改革开放以来，随着中国迅速地发展成为一个强大的社会主义国家，全国各族人民增强了民族自豪感，也坚定了对民族语言和文化的自信心。客观地说，汉语语言相对于拼音文字有其独特的魅力，它讲究对称与节奏，语言舒缓徐疾、收放自如，如同音乐节奏，富有诗意，蕴含着摄人心魄的韵律美；它是一种视觉语言，将音、形、义融为一体，将使用功能和审美功能完美地结合起来，如同图画一样，能激发人的想象力，给人以美的享受。法国哲学家亨利·列斐伏尔非常喜爱汉语语言，对它赞不绝口，他说："当我观察'田'这个汉字的时候，如果我尝试解译我所看到的，我就会说它是一块稻田的鸟瞰图。稻田之间的边界线不是石墙或者带刺的铁丝篱笆，而是与稻田连为一体的沟渠。当我思考这个字符、这块稻田的时候，我似

乎变成了一只翱翔在稻田的正上空、在最佳位置俯视稻田的鸟儿。"[1]

语言是文化的载体，汉语语言相对于拼音文字的独特魅力，还在于它承载着中华民族五千年的灿烂文化。党的十八大报告指出："文化是民族的血脉，是人民的精神家园。"如果说我们的物质家园坐落在故乡，那么精神家园就存在于汉语语言中。我们只有热爱母语，坚定民族语言和文化自信心，才能正确地对待包括英语在内的各种外国语言，才能从中华优秀传统文化中汲取智慧和力量，给心灵一个栖息之所，即"充满劳绩，但仍诗意地，栖居在这片大地上"。

第三节　在英语教学中培养大学生母语文化自觉和自信的路径探讨

语言具有社会文化属性。学生在学习英语语言和西方文化的同时，母语和母语文化认同会受到冲击。国内的语文化教学对中国大学生的文化价值观产生了很大的影响。为了增强大学生对本族文化的自觉和自信，英语教师有义务主动肩负起正确引导学生文化价值观的重任。教师不仅可通过多种途径在课堂教学中渗透优秀本土文化，还可以通过在考试中增补相关内容和第二课堂活动的主题设计等唤起大学生的重视。

语言是思想上层建筑的重要组成部分，它具有社会文化属性，承载着特定的文化内涵，并存在一定程度的阶级属性和意识形态属性。学习某种语言时，学习者不可避免地会接触、了解它所包含的文化意义和价值意义，并在一定程度上受其影响，重塑自身的文化价值观念。大学英语作为我国本科教育中学分比重最大、持续周期最长的人文社会科学课程，对大学生文化价值观的影响不可小视。学生在学习英语语言和西方文化的同时，母语和母语文化认同会受到很大冲击，这是一个值得引起重视的问题。

大学生对英语学习的重要性有着广泛认同。因为英语学习成绩影响着学生的毕业、考研、就业和出国深造等未来各方面的生活，很多学生对英语学习投注了大量的精力。同时，英语教师大力鼓励他们全方位地接触目

---

[1] 亨利·列斐伏尔.空间的生产[M].刘怀玉，译.北京：商务印书馆，2021.

的语文化以提升语言水平。他们不仅广泛阅读各种英语学习书籍，而且大量接触英语影、视、歌曲以及各种网络交流形式，因为他们深知，只有更深入地沉浸在英语的文化环境中才能更好地学习这门语言。

同时，回顾 20 多年来我们使用的英语教材，绝大多数教材编写者都倡导"原汁原味"的英语，课文的选材基本来自母语为英语的作者，反映的也大多是西方的文明、生活和价值观，而涉及中国文化内容的课文极少。众多的学者对从中学到大学的英语教材的文化内容构成进行了研究。研究者认为目前通行的教材普遍缺乏中国文化元素，中西方文化在教材中的体现严重失衡。可是，这就涉及一个很重要的问题：在大学这个人生观、价值观和世界观塑造的关键时期，一方面是西方文化大量地输入，另一方面又缺少母语文化营养的系统补充，很可能导致大学生对母语文化认同淡漠，甚至产生怀疑。

一、英语教师在加强大学生文化自觉和自信方面的责任

很难想象一个缺乏民族精神和自信的国家能够长久地屹立于世界民族之林。培养青年学生对中华优秀传统文化的自觉和自信，让他们在横向的文化开拓与纵向的文明传承中分辨是非，把握方向，明确目标，不仅仅是高校大学生思想政治教育工作者的时代课题，也是全体高校教师的重要责任。英语教师作为学生与异域文化之间的桥梁，尤其要认识到并承担起自己肩上的重任。大学英语的教学内容非常丰富，课文涉及文史哲各方面的知识，外语教师完全可以深入发掘其思想政治教育资源，并通过各种渠道积极传播中华优秀传统文化，使学生在学习英语的过程中，自觉加强思想道德修养，提高自身的本土文化素质，加强文化自觉和自信，成为未来祖国建设的中坚力量。

正确引导学生的文化价值观，首先要求教师端正自身的价值观，提升母语文化素养。作为教学中坚力量的 30~50 岁年龄段的英语教师，求学期间正是目的语文化教学在我国大行其道的时期。而这一时期，国内学界对于优秀本土文化在英语教学中的渗透呼声甚弱，几乎没有引起任何重视。在他们当年所受的教育中，没有中国文化类的英语选修课，更没有必修课。

由于自身多年受到目的语文化教学的影响，很多英语教师本身就具有亲目的语文化价值观的倾向，因此在教学中也可能会有意无意地流露出来。作为中国人，英语教师应该具有母语文化意识，在教授英语的同时主动思考自己在"育人"方面的双重责任。而他们的母语文化素养及认识将直接影响所培养的学生的文化素养结构、质量和内涵。因此，英语教师应该有意识地加强自己的本土文化修养，培养扎实过硬的汉语语言基本功，充实文学、历史、哲学、宗教乃至音乐、绘画等各方面的中外人文知识。

英语教师应该明确，目的语文化在课堂中的导入，是为了让学生更好地了解一门语言以及使用这种语言的人们的思想及生活，更顺畅地理解不同文化之间的差异，站在一个新的角度和位置来更深刻地理解本民族文化，从而建构起更完善、更全面的价值观和世界观。绝不能不分良莠一味追求西方文化的价值观，甚至继承别人的行为规范和思维方式，认为西方文化优越于我们本族文化。漠视母语文化对塑造人才、完善人性之不可替代的重要意义，对民族、国家的复兴和发展是非常危险的。因此，英语教师应该时时注意自己的言行态度，明确自己的中国人身份，绝不能成为西方文化的代言人。并提醒学生端正其学习英语的目的和出发点，对学生的思想和言行应该持有警觉的态度，不能放任自流，而应以引导者的身份启发学生做理性的分析和思考，得出客观的结论。

二、在大学英语教学中培养学生文化自觉和自信的途径

要在外语教学中传播中华优秀传统文化，培养学生的文化自觉和自信，首先应该让学生学会一些中国优秀传统及当代文化的表达方法。通用的大学英语教材中很少有这方面的内容，对于中国文化中的精髓，学生不知道如何用英语表达，就谈不上作为文化使者在中外交往中传播中华文化。英语教师应努力让学生在语言中学习文化，在文化中学习语言，使他们能够用所学的英语知识比较地道地表述中外文化思想的相关内容，并做出恰当的评价。让学生在提高思辨能力的同时，体会到中国文化精髓的优秀之处。

那么如何在英语教学和学习中合理地渗透中华优秀传统文化呢？教师

在讲解单词时，可以有意识地选择一些能够反映中国文化精髓的句子作为例句，既帮助学生学习了英语单词，又以很自然的方式使学生与中华优秀传统文化近距离接触。例如在讲解"impose"这个词语的时候，教师不妨利用《论语》中的"己所不欲，勿施于人"（Do not impose on others what you do not desire yourself）作为例句。再如，在讲解"tread"一词时，教师可以提及2010年时任美国国务卿希拉里在第二轮中美战略与经济对话开幕式中，引用中国成语"殊途同归"（treading different paths that lead to the same destination）来形容有着五千年古老文明的中国和历史年轻的美国只要共同面对机会和挑战，最终会达到一样的目标。这种引介自然而没有强加性，没有把英语课上成中国文化课或者思想政治教育课的嫌疑，但例句中所蕴含的人文与道德内容却可以自然而然、悄无声息地影响学生的人格培养，唤起学生对传统文化的兴趣和重视，达到"随风潜入夜，润物细无声"的效果。

教师在组织课堂活动例如小组讨论、小辩论时，可以在合适的时候引导学生在活动中思考并讨论中国传统文化中的相关元素。在学生能力不足的情况下，教师应指导性地加以补充。当然，在师生双方能力许可的情况下，直接用英语讲述不失为一种好的选择。由于课堂时间有限，这类补充不一定必须多么系统或者深刻，但即便是只言片语地提及也能让学生在深化英语学习的同时，体会中华传统文化的博大精深，丰富英语学习的内涵，强化其民族意识，提升学生的文化自觉和文化自信。

在考试中增加中国文化元素不失为一种新的尝试。传统的四、六级考试、研究生英语考试，或者各高校自己命题的期末大学英语考试，很难见到中国文化的踪影。考试既是学习的检验手段，同时也是学习的风向标。如果在考试中能够适当增加对此类内容的涉及，无疑会提高学习者的重视。当然，测试的方式需要慎重考虑，应注意避免将对语言水平的测试变成对文化内容的测试。在阅读理解中增加相关的篇章是比较好的选择，既可以测试学生的阅读理解能力，同时又在客观上使他们接触相关内容，从而在潜移默化中增加对中国传统文化的了解和重视。

由英语教学发展而来的第二课堂活动是对英语课堂的补充、延伸和发展，是拓宽学生视野、激发学习兴趣、培养能力、提高其综合素质的有效途径。在第二课堂的内容与主题设计上，如果能适当注入中国文化元素，将有效地提升学生对优秀母语文化的兴趣、关注和重视。例如，在英语知识竞赛的内容设计上，可以给出英文释义，看谁能最快地找出对应的汉语成语；或者用英语作为问答媒介，考查参赛者对中国文化的了解。这种内容设计可以很自然地将英语能力和本土文化知识结合起来，并增加此类活动的趣味性和新颖性。英语演讲比赛和英语角作为英语第二课堂活动的重要组成部分，在主题的设计上都可以适当地融入爱国主义和民族精神。

　　文化认同能够增强一个民族的凝聚力。当代大学生不仅是中国未来经济建设的主力，而且是维护和发扬民族文化的重要主体。增强大学生对优秀传统文化的认同，是思想政治教育的重要课题。外语教师对于此项任务的积极参与，可以使大学外语课堂成为实现全员育人的广阔平台，丰富思想政治教育的实现途径和教育方法，用文化的张力减少思想政治教育的单调与枯燥，使外语教学成为对大学生进行渗透式教育的重要环节和有效途径。

参考文献

[1] 黄文源.英语新课程教学模式与教学策略[M].上海：上海教育出版社，2004.

[2] 潘景丽，黎茂昌.新课程中学英语教学理论与实践[M].成都：四川大学出版社，2011.

[3] 乐伟国.新课程教学素材与方略小学英语[M].宁波：宁波出版社，2006.

[4] 程可拉，邓妍妍，晋学军.中学英语新课程教学论[M].广州：广东高等教育出版社，2007.

[5] 黎茂昌，潘景丽.新课程小学英语教学理论与实践[M].成都：四川大学出版社，2011.

[6] 郑秉捷.中学英语新课程课堂教学案例[M].广州：广东高等教育出版社，2003.

[7] 尹世寅，赵艳华.新课程：中学英语课堂教学如何改革与创新[M].成都：四川大学出版社，2005.

[8] 高洪德.高中英语新课程理念与教学实践[M].北京：商务印书馆，2005.

[9] 郭宝仙.英语课程开发原理与实践[M].上海：上海教育出版社，2015.

[10] 刘春燕.英语产出能力与课程优化设计研究[M].北京：科学出版社，2016.

[11] 戴小春.英语专业课程结构优化论[M].北京:北京理工大学出版社，2011.

[12] 黄胜.新课程标准下的高中英语（必修）教材研究[D].桂林：广西师范大学，2019.

[13] 尚瑞林.新课程标准下的小学英语课程资源开发[D].呼和浩特：内蒙古师范大学，2019.

[14] 廖欣.小学英语教师课程知识生成策略研究[D].西安：陕西师范大学，2019.

[15] 常德萍.高中校本课程英语演讲赏析的调查研究[D].济南：山东师范大学，2019.

[16] 陈燕.中等职业学校英语语音选修课程开发研究[D].宁波：宁波大学，2018.

[17] 宁静.英语新课程改革背景下初中生跨文化交际能力的调查研究[D].淮北：淮北师范大学，2018.

[18] 孙贝.基于具身认知理论的初中英语词汇教学研究[D].重庆：重庆大学，2018.

[19] 谢晓莉.高中英语课程资源的开发及其管理[D].苏州：苏州大学，2017.

[20] 侯琨.基于学习动机理论的英语校本教材开发研究[D].上海：上海师范大学，2017.